협력과 갈등의 동북아 에너지 안보

현황과 쟁점

협력과 갈등의 동북아 에너지 안보

– 현황과 쟁점 –

한국세계지역학회 편

김규륜/김일수/김재두/류동원/박상현

이재승/이준범/장지호/정상화/주재우 지음

인간사랑

머리말

21세기에 접어들어 국제사회는 에너지 공급과 수요와 관련된 불안정성이 증대함에 따라 에너지 안보에 비상한 관심을 기울이고 있다. 석유의 전략적 가치가 재평가되면서 에너지 안보가 국제적 현안으로 등장하고 있고, 이에 따른 에너지 자원 수급문제가 패권경쟁의 수단으로 작용하고 있다. 특히 동맹의 기준이 이념에서 경제중심적 국가이익의 부합 여부로 전환되고 있는 상황에서 에너지 안보 이슈의 부상은 필연적인 흐름이다. 2007년 7월 발표된 국제에너지기구(IEA) 연례보고서는 "석유와 천연가스 공급이 5년 안에 극심한 부족사태를 맞을 것"이라는 경고를 하고 있다. 따라서 에너지 공급의 안정적 확보뿐만 아니라 에너지 공급의 안정과 관계된 물리적 또는 경제적 요소들을 포괄하는 개념인 에너지 안보는 매우 중요한 연구영역이다.

특히 동북아 지역의 중국, 일본, 한국 등 3국은 석유 매장량의 절대부족과 경제성장을 위한 에너지 소비의 증대로 인해 에너지의 안정적 확보를 국가의 핵심 이익으로 설정하고 있다. 에너지 자원의 대부분을 해외지역에 의존하고 있는 동북아 3국은 중동지역에 편중된 공급 의존을 탈피해 다양한 공급원의 확보와 자원의 해상수송로(SLOC)의 안전을 확보하는 데 주력하고 있는 상황이다.

중국은 세계 5위의 석유 생산국이고 18위 천연가스 생산국임에도 불구하고 급증하는 에너지 소비를 감당하기 위해 에너지 공급선의 안정성 확보를 위한 전방위적인 공세전략을 추구하고 있다. 2003년 중국은 일본을 제치고 미국에 이어 세계 제2의 석유 소비국으로 부상하였고, 2030년에 이르면 세계 최대 석유 소비국인 미국을 앞지를 것으로 예상되고 있다. 일본은 세계 2위의 석유 수입국으로 석유수입의 대부분을 중동 산유국들에 의존하고 있다. 한국은 세계 10위의 에너지 소비국으로 세계 5위의 석유 수입국이자 세계 2위의 석탄 및 천연가스 수입국이다. 한국의 에너지 수입 의존도는 97%를 상회하며 78%에 이르는 석유자원을 중동지역에 의존한다. 또한 북한은 심각한 만성적 에너지 및 전력부족을 겪고 있다. 이와 관련하여 북한 핵문제를 둘러싼 6자회담 협상과정에서 한국과 주요국의 대북 에너지 공급문제가 핵심적 사안으로 대두되고 있다.

한편, 미국은 세계 2위의 산유국이지만 동시에 세계 1위의 석유 소비국으로 에너지 자원의 안정적 확보가 매우 절실한 상황이다. 더불어 미국은 중동으로부터 동북아지역으로 에너지를 수송하는 대표적 해상경로인 동남아 말래카 해협의 안전을 위해 해군력을 전개 · 운용하고 있다. 그러나 말래카 해협을 경유하는 에너지의 해상수송로는 해적의 출몰과 해상 테러의 위협에 직면하고 있다. 또한 남사군도 및 서사군도와 대만 근해에 이르는 해상수송로에서는 접경국 간의 영토분쟁과 더불어 해저자원 개발을 둘러싼 이해 당사국 간의 충돌로 심각한 갈등이 노출되고 있다.

이러한 상황에서 중국을 포함한 일본과 한국은 중동지역 이외의 에너지 공급선 확보를 위해 다각적인 노력을 경주하고 있다. 중국과 일본은 러시아의 서부 시베리아 석유개발을 위한 송유관 및 가스관 건설에서 치열한 경쟁을 벌이고 있으며, 중앙아시아 카자흐스탄 등에서도 유전 확보를 위한 공세적 활동을 전개하고 있다. 이와 같은 동북아 국가들의 에너지 수요에 힘입어 러시아는 석유 매장량 세계 2위, 천연가스 매장량 세계 1위인 에너지 부국의 강점을 이용하여 동북아 국가들과의 관계를 유리한 상황으로 이끌어 가고자 하고 있다. 예컨대 러시아는 서부 시베리아의 가스전과 유전을 개발하고 동북아지역으로 가스관과 송유관을 건설하여 판매하려는 계획을 수립해 놓고 일본과 중국을 경합시켜 자국의 이익을 극대화하는 협상전략을 구사하였다.

이 책은 "동북아 에너지 안보의 갈등과 협력 : 다자적 해법과 남북한 에너지 협력"이라는 대주제로 개최되었던 2006년 한국세계지역학회 추계학술회의 발표문을 수정 · 보완하여 나온 결실이다. 먼저 제1부에서는 동북아 에너지 안보 협력의 현황과 쟁점을 검토하고 있다. 제1장에서는 21세기 국제질서와 에너지 안보 문제를 동맹의 재편과 패권경쟁 구도에서 살펴보고 있으며, 2장은 동북아 지역협력과 국가 간 에너지 안보협력 현황과 필요성을 논의하고 있다.

제2부에서는 동북아 각국의 에너지 안보정책을 살펴보기 위해 미국, 중국 및 러시아의 정책을 분석하고 있다. 3장은 미국의 대내외적 차원에서 에너지 안보 정책을 행정부 문서를 중심으로 분석 · 평가하고 있다. 4장은 중국의 에너지 안보에 대한 위협인식과 대응전략에 초점을 맞추고 있다. 5장은 에너지 부국 러시아와 에너지 소비국과의 관계를 국제

정치경제적 관점에서 탐구하고, 동북아지역에 러시아 에너지가 갖는 의미를 검토하고 있다.

제3부에서는 에너지 안보를 위한 남북한 협력문제를 고찰하고 있다. 6장은 북한의 에너지 실태를 주요 에너지원을 중심으로 살펴보고 문제점을 제시하고 있다. 7장은 한국의 에너지 수요 · 공급 패턴과 정책 기본방향 및 장애요인들을 규명하고 있다. 8장은 남북한 에너지 협력 현황과 단계별 · 부문별 협력 구축방안을 살펴보고 있다.

이러한 동북아 국가들의 에너지 자원 확보를 위한 경쟁구도와 각국의 에너지 안보 정책을 분석하고, 동시에 에너지 안보를 위한 협력적 방안 창출과 해상수송로 안전에 대한 다차원적이고 심층적 논의는 최근 치열해진 동북아 에너지 안보의 현황과 쟁점에 대한 이해를 향상시키는데 기여할 것으로 기대한다.

학술회의의 발표문을 세심하게 수정 · 보완해 주신 필자들께 감사드리며, 이를 출판해 준 도서출판 인간사랑 여국동 사장님과 편집진께 감사드린다. 더불어 2006년 한국세계지역학회 추계학술회의를 총괄하고 이 책의 출판을 위해 노력해 준 윤태영 교수님과 홍원표 교수님, 그리고 모든 2006년 한국세계지역학회 임원진 여러분께 고마움을 전한다.

2007년 11월

2006년 한국세계지역학회 회장 **이정희**

차례

머리말 5

1부 동북아 에너지 안보 협력의 현황과 쟁점

1장_ 21세기 국제질서와 에너지 안보
/ 김재두 13

2장_ 에너지 안보를 위한 동북아시아 협력 및 거버넌스 : 패러다임의 변화와 문제점
/ 정상화 63

2부 동북아 관련 각국의 에너지 안보 정책

3장_ 미국의 에너지 안보 정책
/ 이재승 85

4장_ 중국의 에너지 안보 정책 : 목적, 전략 및 정책
/ 주재우 · 류동원 117

5장_ 러시아의 에너지 안보 정책 : 소비국 에너지 안보와 러시아와의 관계를 중심으로
/ 이준범 157

3부 에너지 안보를 위한 남북한 협력

6장_ 북한의 에너지 실태 및 과제
/ 김규륜 203

7장_ 한국 에너지 정책의 변화 : 수급구조의 변화와 에너지 안보
/ 장지호 · 이준범 235

8장_ 남북한 에너지 협력 구축방안
/ 김일수 · 박상현 259

1. 동북아 에너지 안보 협력의 현황과 쟁점

21세기 국제질서와 에너지 안보

김재두(한국국방연구원)

Ⅰ. 문제 제기

21세기에 들어 에너지 안보는 국제사회에서 가장 주목받는 주요 명제의 하나로 부상하고 있다. 그러나 석유 전쟁의 역사는 20세기 이래 지속되어 온 사안이며, 구조적 고유가 현상과 자원확보 전쟁은 이미 수십 년 전부터 예고되어 왔다. 단지 언제부터 시작되어 어떤 형태로 해결될지에 대해 다양한 견해가 존재해 왔으며, 우리는 지금 '예고된 재앙의 입구' 에 서 있다. 필자는 이 글에서 에너지 안보를 패권경쟁의 구도에서 살펴보는 것이 더 정확한 통찰력을 얻을 수 있다는 점을 강조하고자 한다. 단적인 예가 고유가 문제에 대하여 시장의 논리로는 예측하기가 매우 힘들어진 상황을 들 수 있다.[1] 1970년대의 오일 쇼크가 충격은 강했던 반면 단기간에 해소된 특성이 있다면, 현재 진행되는 고유가 현상은 석유자원의 고갈 가능성과 관련된 시장의 구조적인 문제와 이에 따른 지전략적(地戰略的) 갈등요인들이 복합된 만성적인 성격을 강하게 띠고 있다.

에너지 안보가 국제적 이슈로 등장한 것은 석유의 전략적 가치가 재평가되고 있기 때문이다. 기본적으로는 급증하는 수요를 공급이 안정적으로 받쳐주지 못하는 시장의 불안이 원인이 된다. 중국, 인도 등 아시아 국가들의 소비 급증, 미국 같은 최대 소비국의 불균형적인 대량 소비, 가격 안정판 역할을 해온 잉여 생산능력이 거의 없다는 점 등 다양한 요인이 지적되고 있다. 1990년대 공급능력의 20% 수준에 달하던 잉여 생산능력은 현재 1-2% 수준으로 하락해 있다. 그러다 보니 오일 공급에 지장을 초래하는 특정 사건이나 정책변화가 시장에 충격을 주는 상황으로 변화하고 있다.

우리가 주목해야 할 점은 러시아, 이란, 베네수엘라 등 자원 강국들이 잇달아 자원 국유화 조치를 취함으로써 시장의 논리에 의해 움직이는 것이 아니라 국가전략 구사의 중요 수단으로 변화되고 있다는 점이다. 이른바 석유의 정치적 상품화 경향은 미국 주도 하에 점차 강해지다가 이라크전쟁을 계기로 세계적 차원에서 자원 확보전의 형국으로 발전했다. 현재 진행중인 이란 핵문제를 포함하여 이라크전쟁을 전후하여 독일, 프랑스 등 유럽 주요 국가들과 미국 간에 나타난 갈등, 시베리아 가

---

1) Anthony H. Cordesman & Khalid R. Al-Rodhan, "The International Energy Outlook 2005 : It is hard to make predictions, Especially about future," *The Burke Chair in Strategy*, August 5 2005, CSIS. pp. 1-10.

스전을 둘러싼 한국 · 중국 · 일본의 경쟁, 카스피해와 중앙아시아 및 아프리카에 대한 경쟁적 외교 강화 움직임, 아프리카의 전략적 가치 부상 등은 다양한 원인이 있을 수 있으나 에너지 안보에 입각한 국가전략의 충돌이라는 개념을 배제하고는 설명하기 어려운 변화이다.

에너지 안보는 국제질서를 재편하는 중요한 원인으로 작용하고 있으며, 미국의 정책 구사에 대하여 친미 동맹국가와 반미 견제국가들로 구분되는 일종의 반작용 현상이 나타나고 있다.[2] 미국의 동맹 재편은 다분히 이분법적인 관점에서 이루어지는 경향이 있으며, 그 중의 하나가 "미국 주도의 에너지 수급질서 재편"에 동참하는 국가와 그렇지 않은 국가들로 나눌 수 있어 대테러전의 양상과 유사함을 볼 수 있다. 대테러전에서는 대상이 되는 일부 불량국가들을 제외하고는 대부분의 국가들이 원칙적 공조를 하는 것과 달리 에너지 분야에서는 노골적인 국가전략의 충돌이 벌어지고 있다는 차이점이 있다. 그리고 에너지 협력과 더불어 군사외교 강화, 방산협력의 확대, 통상증진 등이 동시에 진행되는 특징도 가지고 있다. 중국-러시아의 전략연대가 주목받는 것도 이러한 맥락에서이다. 즉 에너지 그 자체의 수급문제보다 에너지 안보가 동맹의 재편, 더 나아가 패권경쟁에서 등장 가능한 위협국가의 견제와 반작용의 전략적 수단으로 발전함으로써 과거에 비해 훨씬 중요한 비중으로 관심을 끌고 있는 것이다.

---

2) 김재두, "에너지 안보와 세계 동맹의 재편," 미래전략연구원, 『이슈와 대안』(2006년 6월 13일).

〈그림 1〉 토마스 바넷의 개념 지도

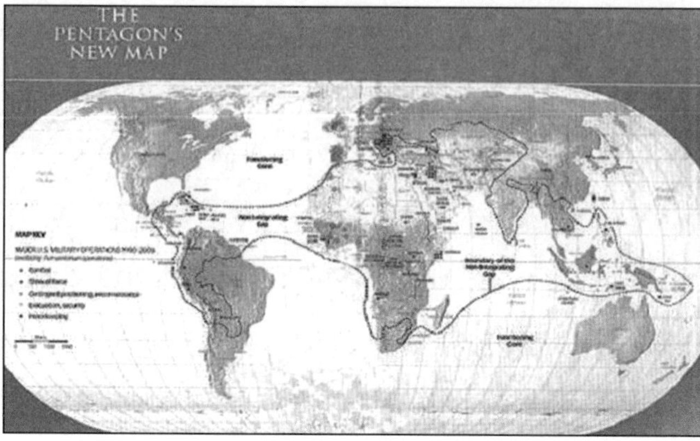

토마스 바넷(T. Barnett)이 *The Pentagon's New Map*에서 제시한 신안보전략 개념 지도. 세계를 점선으로 분할, 점선 밖의 미국을 포함한 중심국(Core)이 점선 안의 주변국(Non-intergrating Gap)을 안보 차원에서 공동 관리해야 한다고 주장. 미 국방부는 현재 이 개념을 토대로 해외 미군기지를 재편중에 있음.

Ⅱ. 21C 미래 분쟁과 자원고갈의 시대

1. 왜 미래 분쟁의 유형으로서 에너지 갈등이 부각되는가?

헨리 키신저는 향후 지구촌에서 가장 발생 가능성이 큰 분쟁은 화석연료를 둘러싼 갈등이라고 주장하였다.[3] 키신저는 미래를 이야기했지만 지구촌은 이미 그 갈등의 터널에 들어와 있다. 특히 이라크전쟁 이후

3) Caroline Daniel, "Kissinger warns of energy conflict," *Financial Times*, June 2, 2005.

〈그림 2〉 토마스 바넷의 대테러전 연계 지도[4]

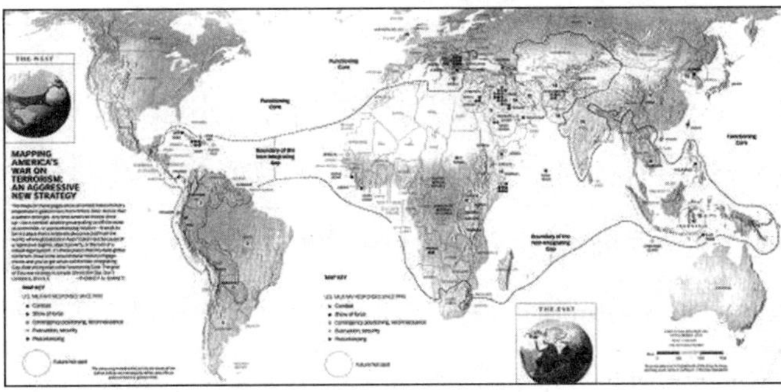

중동은 이란 핵문제로 인한 긴장과 이스라엘-헤즈볼라 간의 전쟁으로 연일 갈등의 중심에 서 있다. 원인은 다양하게 진단할 수 있지만 자원분포 면에서 구조적 갈등 촉발 요인이 존재한다. 오일과 천연가스 공히 중동과 중앙아시아 지역 매장량을 합치면 72-73%에 달하며, 아프리카를 포함하면 80-84%를 차지하고 있다.[5] 한마디로 경제발전의 원천이 될 화석연료의 분포는 메카아사(ME-CA-A-SA) 지역에[6] 집중되어 있으

4) 대테러전 전개지역과 세계화를 연계한 지도로서 좀더 자세한 설명은 http://www.thomaspmbarnett.com/images/pentagons_new_map.jpg 참조.

5) 오일 매장량 기준으로 중동 62%, 중앙아 10.9% 아프리카 9.5%가 매장되어 있다. 천연가스는 매장량 기준으로 중동 40.1%, 중앙아 32%, 아프리카 8.3%, 아시아 8.3% 순이다. 남미 베네수엘라의 경우 오리노코 강 유역의 유전지대 매장량이 확인되면 사우디아라비아를 제치고 세계 최대의 오일 매장량을 보유한 국가로 올라설 가능성이 매우 높다. 챠베스 대통령의 최근 반미진영 결집 행보를 개인적인 돌출행동으로 인식하는 경향이 있지만 그 배경에는 자원강국으로서의 영향력이 작용하고 있음을 고려해야 한다.

6) 메카아사(ME-CA-A-SA)는 중동(Middle East), 중앙아시아(Central Asia), 아프리카(Africa), 남미(South America)를 잇는 화석연료 분포 벨트인데, 메두사를 연상

며, 나머지 20%에 속하는 서방권의 북해 유전이나 미국 유전들은 급속하게 생산능력이 감소하고 있다.

9 · 11 이후 발생한 아프간전쟁과 이라크전쟁, 아프리카에 대한 미국과 중국의 경쟁적 외교 강화를 오일 프리즘만으로 보는 것은 무리가 있지만 에너지 확보에 대한 국가전략이 녹아 있음을 부정할 수는 없다. 토마스 바넷(Thomas Barnett)[7]은 자신의 저서 『펜타곤의 새 지도』(*Pentagon's New Map*)에서 9 · 11 사태 이후 지구촌의 국제질서 형성 추이와 그 속에

하며 필자가 즐겨 사용하는 약어이다. 메두사는 '지배하는 자'라는 의미를 가진 그리스 신화의 괴물인데, 메카아사는 '향후 에너지 질서를 지배하는 벨트'가 될 가능성이 높다. 또한 자원의 축복과 더불어 분쟁에 의한 갈등을 포함하고 있어 반인반사(伴人伴蛇)의 이미지와도 일치하는 점이 있다.

7) 토마스 바넷은 해군대학원(Nayal War College) 선임 전략 연구원으로서 안보전문가의 경력을 시작했으며, 한국에서는 'Y2K' 문제로 알려진 '2000년 인식 문제'(The Year 2000 Problem)의 발생 가능성에 대한 장기 연구과제를 이끌었다. 2000년 초반, 바넷은 월스트리트의 캔터 피츠제럴드와 해군대학 간 공동 연구 프로젝트를 주관하면서 국가 안보 정책결정자와 월스트리트, 그리고 학계가 널리 참여하는 워게임(War Game) 모델을 만들어냈다. 당시 이 프로젝트는 세계화가 어떻게 세계 안보환경을 재구성하며, 훗날 『펜타곤의 새 지도』라는 자신의 저술서의 토대를 마련해 주는 계기가 되었다. 그 내용은 9 · 11 사태가 벌어지면서 하나의 국가 안보 전략으로서 미국 정-군 지휘부의 주목을 받게 되었고, 바넷은 국방장관실 산하 신설 기획 부서인 전력변환국(the Office of Force Transformation)에서 미래 전략 담당 보좌역에 임명되었다. 그는 펜타곤의 전략 비전을 재검토하는 작업을 시작하였고, 그 작업결과는 미 국방부뿐만 아니라 국무부와 주요 정부기관들에 널리 전파되었다. 특히 영국과 프랑스를 포함한 다른 국가의 전략 부서들도 그의 이론에 지대한 관심을 보인 바 있다. 영국의 경우 하원의 초청을 받아 특강을 한 바 있으며, 프랑스에서도 2003년 말부터 그의 이론을 분석한 보고서가 작성되었다. CEIS, "En quoi le footprint illustre et accompagne-t-il la stratégie d'influence améircaine dans le

서 미국이 해야 할 임무를 제시한 바 있다. 바넷의 시각은 세계화(globalization)야말로 미국의 초강국 지위 존속을 위한 도구로 보고, 이를 토대로 향후 국제질서 재편의 흐름을 규명하고 있다는 점에서 크게 주목할 만하다. 바넷은 대테러전과 연계하여 자신의 안보전략 개념을 설명하고 있으나 에너지 안보 관점에서 볼 때 앞에서 언급한 메카아사 지역과 정확히 일치하고 있음을 알 수 있다.

세계 인구의 4%를 차지하는 미국의 경우, 매년 세계 총생산량의 4분의 1에 해당하는 석유를 소비하고 있다. 매장량을 현재 생산량 기준으로 보면 중동이 81.6년으로 가장 길고, 중남미 40.9년, 아프리카가 33.1년인 반면 유럽 21.6년, 아시아 · 오세아니아 14.2년, 북미 11.8년 순이다. 메카아사 지역에 비해 미국과 유럽으로 대표되는 서방진영의 에너지 안보 상황은 불과 10－20년 이후면 자국 내 화석자원이 고갈될 수도 있다는 절박함을 반영하고 있으며, 최대 소비국가들이 모인 동북아 역시 에너지 안보에 대해 국가 차원에서 정책적 비중을 부여하고 있다.

현 시점에서 미국 중장기 안보전략의 제1우선순위는 "아시아 시대의 등장"을 지연 혹은 차단한다는 데 있을 것이다. 이를 위해서는 비교우위가 있는 군사력, 민주주의 확산 같은 이념의 전파, 문화적 흡인력 등을 최대한 활용하면서 비교 경쟁력이 떨어지는 경제력 향상에 치중해야 하는 것이 미국의 현실이다. "아시아 시대의 등장"이라는 전략적 위협은 중국 위협론 혹은 중국－러시아 전략 연대에 대한 견제형태로 나타나고 있으며, 중국은 미국과는 반대로 경제성장 엔진의 힘을 이용하여 "에너지 협력＋통상협력 증진＋군사협력 확대≒동맹 확대"라는 메커니즘

monde?," Paris, January 2004.

을 이용, 미국의 아킬레스건인 경제력 약화 쪽으로 몰고 가는 형국을 하고 있다. 대표적인 예로서 달러화 대신 위안화, 루블, 유로화 등을 결제수단으로 사용하는 달러 약세화 정책, 중국의 핵심 이익인 동남아 해양주권을 잠정적으로 유보하면서까지 시행하는 ASEAN 국가와의 통상증진 강화 및 협력 강화를 들 수 있을 것이다.

로버트 매닝(Robert A. Manning)은 아시아와 중동이 에너지를 매개로 결합하는 연합세력(Islamic–Confucian Coalition)으로 등장할 가능성을 제시하였다.[8] 또한 중동과 아시아의 결합이 통상과 자본투자의 확대로 이어질 것으로 보았으며, 중국이 핵심 역할을 할 것으로 진단했다. 이러한 분석은 21세기에 들어서면서 점차 가시화되기 시작한다. 중국이 FTA 협상을 통해 하나의 시장으로 연결할 구상이라면, 미국 역시 해상수송로 확보와 테러전쟁 등 다양한 이유로 이 지역 국가들과 통상 확대 및 군사교류의 강화에 심혈을 기울여 왔다. 동남아 역내 국가들은 어느 사이엔가 경제적으로 중국과의 신경망을 강화하면서 안보 면에서 미국에 의존하는 등거리 외교의 과실을 향유하는 상태에 이르게 된 것이다.[9] 중앙아시아 지역 국가들 역시 상하이협력기구(SCO)에 가입하여 중국과 러시아와의 관계 강화 현상을 보이지만 여전히 미국과 일정 수준의 협력관계를 유지하는 상황이다. 그러나 유라시아의 서남단에 위치하면서 아시아와의 관계가 날로 심화되는 중동은 친미국가와 반미국가로 선명하게 갈

---

8) Robert A. Manning, *The Asian Energy Factor*(New York : Palgrave, 2000), p. 60.

9) Liselotte Odgaard, *Maritime Security between China and Southeast Asia*(Hampshire : Ashgate Publishing Limited, 2002). Odgaard는 동남아지역이 중국과 미국 간 군사력, 경제력을 통해 세력균형을 이루는 지역으로 변화하는 중이라고 진단하고 있다.

리고 있다. 이러한 현상은 미국의 국가전략에 큰 영향을 미치고 있다.

탈냉전 이후 미국의 각종 안보전략 문서에는 초강국 미국의 지위 존속 공고화를 위해 아시아 시대의 도래에 대한 대응책이 어김없이 나타나고 있다. 미국의 대전략에 숨은 가장 큰 메시지가 "미국의 지위를 위협하는 잠재적 위협국가 출현의 저지"라고 볼 때, 당연히 아시아 세력권의 형성 및 성장 정도는 결정적 요인이 될 수밖에 없다. 중요한 것은 미국이 대전략 구사를 위해 테러, 에너지, 세계화 등 다양한 수단을 구사하다 보니 냉전시대의 이념동맹이나 군사동맹보다 복합적 목적이 개입된 새로운 형태의 동맹 재편이 이루어지고 있으며, 대표적인 지역이 앞에서 언급한 유라시아의 완충지역들인 것이다. 이란, 시리아 등은 그 자체로서 반미진영의 핵심을 이루지만, 미국이 우려하는 아시아와의 결합을 통해 중국의 입지를 넓혀주는 연결고리 역할을 한다는 점이다.

미국이 유라시아 내륙과 해양을 통해 이중 포위전략을 구사하는 것에 대하여 중국의 진출구도는 그물망을 뚫고 해양으로 진출하는 양상을 보이고 있다. 해밀턴(Booz Allen Hamilton)이 주도해서 럼스펠드 장관에게 보고된 미 국방부 내부 보고서 "Energy Futures in Asia"에서는 중국이 "String of Pearls" 전략을 구사하고 있다고 분석하고 있다.[10] 이 전략은 중국이 파키스탄 과다르 항을 포함해서 중동부터 남중국해에 이르기까지 해군기지 확보와 외교관계 증진을 병행하면서 친중국 동맹권을 형성하는 것을 의미한다. 그러나 세밀하게 살펴보면 에너지 시장에서 중동과 아시아의 결합현상이 정책적 의지에도 기인하겠지만 공급자와 수요자

---

10) Bill Gertz, "China builds up strategic sea lanes," *The Washington Times*, January 18, 2005.

의 자연스러운 결합이라는 구조적 문제에서 출발한다는 점을 알 수 있다.

그러다 보니 미국은 자신들이 테러와의 전쟁이나 대량살상무기의 확산 방지에 열중하는 과정에서 초래된 국제 에너지 시장의 구조적 변화가 냉전 이후 미국의 패권지위에 가장 심각한 도전요인이 되고 있다고 인식하게 되었다. 미국의 이러한 인식은 중국을 중심으로 한 위협세력을 오일의 축(Axis of Oil)이라고 여기게 된 것이다. Axis of Oil은 새로운 용어가 아니며, 프린트 레베르트(Flynt Leverett), 어윈 스텔처(Irwin Stelzer) 등 여러 사람이 사용해 왔다.[11)]

그 중에서 미국이 당면한 현안 문제로는 중동문제의 해결인데, 내전상황으로 변해가는 이라크, 이란 핵문제 해결, 이스라엘과 헤즈볼라 간의 갈등 진화, 이란과 시리아의 적대성 해소 및 배후 역할 차단, 사우디아라비아의 체제혼란 방지 등 숱한 난제를 안고 있다. 중앙아시아에서는 중국-러시아의 세력균형 유지, 베네수엘라를 중심으로 한 남미의 반미 분위기 차단, 동북아의 북한문제 해결 등이 있으며, 이를 위해 기나긴 전쟁(THE LONG WAR)으로 개념을 정의한 테러와의 전쟁, 민주주의 확산 구상, 대량살상무기 반확산 및 PSI 등은 정책목표임과 동시에 수단의 성격을 가지고 있다.

에너지 문제는 앞에서 거론한 다양한 안보현안의 핵심 혹은 연결고리 역할을 하고 있으며, 미국은 당면한 사안을 분리해서 처리하려는 경향이 강하다. 그러나 각 지역의 이해 당사국들은 반대로 글로벌 네트워크를 구성하려는 의도를 강하게 드러내고 있는바, 북한과 이란의 미사

---

11) lynt Leverett & Pierre Noël, "The New Axis of Oil," *The National Interest*, Summer 2006, Vol. 84, pp. 62-71.

일 커넥션, 이란과 베네수엘라의 관계 강화, 이란에 대한 중국-러시아의 다각적 지원 등을 들 수 있다.

에너지 안보상의 갈등국면에서 중동은 글로벌 네트워크를 구성하는 가장 핵심 지역이며, 이란과 사우디아라비아가 중심축으로 작용하고 있다. 미국이 국가이익 확보 차원에서 중동에 기울여 온 노력은 이미 잘 알려진 사실이다. 그러나 1990년대 이후 중국의 대중동정책을 보면 미국이 기울이는 노력 못지않게 대외전략의 핵심에 두고 있음을 쉽게 알 수 있다. 중국의 오일 확보에 대한 집념은 중동을 포함한 유라시아 주변 국가들의 대외정책에 영향을 미쳤을 뿐만 아니라 그 대상이 라틴아메리카와 아프리카까지 미치고 있다.

1980년대에 이미 미국을 제국이라 불렀던 브레진스키는 1997년에 출간된 『거대한 체스판』(*The Grand Chessboard*)에서 미국이 "역사상 최초로 진정한 의미의 세계 강국"이 되었다고 주장했다.[12] 그러나 이런 강력한 미국의 압도적 지위가 언제까지 지속될 것인가라는 점은 가장 기본적인 토대가 경제력에서 출발한다는 점에 가서는 다소 상이한 생각을 하게 된다. 불과 20년 전까지 세계 2위 자리를 굳건하게 고수하던 구소련의 지위가 왜 오늘날 상황으로 전락했는지를 살펴보면 답은 간단하다. 국가 해체에 따른 군사력의 절름발이 형국을 감안하더라도 몰락한 경제력에서 오는 추락의 정도에 비교할 수는 없다.

---

12) 브레진스키는 과거의 제국들은 '지역적 제국'들이었던 데 반해 미국은 최초의 '세계적 제국'이라고 강조한다. Zbigniew Brzezinski, *The Grand Chessboard : American Primacy and Its Imperatives*(New York : Basic Books, 1997), 김명섭 역, 『거대한 체스판 : 21세기 미국의 세계전략과 유라시아』(서울 : 삼인, 2000), p. 27.

경제력의 쇠락은 단순하게 돈이 부족하다는 차원을 뛰어넘어 문화적 흡인력 감소로 이어지고, 이는 양질의 인력공급을 차단하여 기술력의 쇠퇴를 초래한다. 경제력과 문화적 흡인력의 쇠락은 종국에 가서는 군사력의 약화현상을 야기하며 패권경쟁에서 밀려나게 된다. 그러므로 미래 가장 위협을 줄 수 있는 국가나 지역의 아킬레스건이 에너지라는 사실이 판명된 상황에서 미국이 정치군사적 접근을 통해 적극적인 위협 제거/감소의 정책을 구사하는 것은 당연한 일이다.

최근 중국과 인도에 대한 국제적 관심도 단일국가에 대한 주목도 있겠지만 아시아권의 부상이라는 차원에서 더 큰 의미를 가지고 있다. 중국이나 인도가 개별국가로는 미래 20-30년이 흘러도 미국보다 약한 경제력을 가지게 될 것이라는 공통된 분석에도 불구하고 경제적·군사적·문화적으로 미약하나마 공동전선을 구축하고 그것이 경제적·문화적 흡인력을 발휘하기 시작하면 미국이 가지는 상대적 우위의 정도는 급속도로 축소되고, 그것은 두 가지 면에서 가시적으로 나타날 것이다. 미국의 대외정책에 대한 견제세력의 강화현상은 먼저 나타나는 현상이다. 10여 년의 시간차를 두고 군사력의 상대적 차이가 축소되는 현상이 뒤따를 것이다. 두 가지 현상은 서로 상호작용을 하면서 새로운 국제질서의 양상을 나타내며, 그 변화방향에 따라 초강국 미국의 지위는 결정된다는 것이다.

미국이 중국을 견제함에 있어 다양한 수단이 구사될 수 있다. 중국이 강하게 희망하는 시장경제적 지위의 부여 여부가 될 수도 있고, 중국 내 인권문제를 문제 삼을 수도 있다. 통상문제나 특허권, 지적 재산권 보호를 둘러싼 국제규범의 준수도 중요한 수단이다. 수많은 수단 가운데서 가장 강력하고 중요한 세 가지는 지정학적으로 중국이 유라시아의 대륙세력에서 해양세력으로 진출하는 것을 견제하는 것이고, 경제적으로 중국의 아킬레스건인 에너지 분야의 취약점을 확대시키는 것이다. 이 과정에서 동맹세력을 규합하고 군사적 배치문제나 유라시아의 해양 라인에 의한 중국 견제전략 등이 논의될 수 있다.

모든 분야 중에서 현 시점에서 미국의 초강국 지위 보장에 가장 극명한 결정요인이 될 것을 하나만 고르라면 바로 유라시아에서 벌어지는 테러전쟁과 에너지 전쟁의 복합게임을 들 수 있다. 미래 분쟁의 다양한 가능성 가운데 에너지 갈등을 최우선 순위에 두는 것은 단순한 경제재의 확보 차원이 아니라 국가 흥망의 차원에서 작용과 반작용이 이루어지기 때문이다. 그러므로 이로 인해 발생하는 현상은 사안이나 관련 국가별로 다양한 양상을 가져오지만 협력의 가능성보다 충돌의 가능성을 강하게 가지게 마련이다.

테러전쟁과 에너지 전쟁이라는 두 개의 키워드는 동전의 양면과 같은 유사한 성격을 띠고 있다. 명분상 두 개는 전혀 다른 논리이다. 그러나 바넷의 안보 지도와 화석연료 분포지도에서 나타나듯 현실적으로는 밀접하게 연관되어 있으며, 그 결과는 동맹의 재편으로 나타난다. 동맹의 재편현상은 과거 어떤 시기보다 급속하게 다양한 형태로 발전되고 있는데, 변화를 촉발시킨 동인(動因)은 미국의 대전략(Grand Strategy)에 대한 적응과 생존전략의 추구라고 규정할 수 있다. 미국의 대전략 속에 숨은 가장 큰 메시지가 "미국의 지위를 위협하는 잠재적 위협국가 출현의 저지"라고 볼 때, 당연히 아시아 세력권의 형성 및 성장 정도는 결정적 요인이 될 수밖에 없다. 중요한 것은 미국이 대전략 구사를 위해 테러전쟁, 에너지 안보, 세계화 등 다양한 구호를 앞세우다 보니 냉전시대의 이념동맹이나 군사동맹보다 복합적 목적이 개입된 새로운 형태의 동맹 재편이 이루어지고 있으며, 대표적인 지역이 유라시아의 내륙과 해안을 동서로 관통하는 완충지역들이다.

미래 에너지 분쟁의 가능성이 높게 평가되는 이유는 세계 주요 국가들의 전략이 협력의 가능성보다 양보할 수 없는 제로섬 게임의 속성을 지니기 때문이다. 미국의 견제전략에 대한 중국의 에너지 확보전은 가히 필사적이라 할 수 있으며, 그 과정에서 미얀마, 수단, 이란, 베네수엘라 등 대표적인 반미국가들과 강력한 동맹관계를 형성하게 된다. 갈등이 촉발될 수 있는 분야도 에너지에서 시작되어 핵이나 미사일 등 대량살상무기 문제까지 확산되는 경향이 있다. 이란과 베네수엘라가 공개적으로 반미 연대를 선언하고 나선 것이 대표적인 사례라고 할 수 있다. 중국과 일본의 관계는 역사적 배경과 관련한 영토분쟁의 전형적인 양상을 나타내고 있다. 그러나 그것이 전부는 아니다. 춘샤오 유전 등 중-일 간의 자원분쟁은 크게 볼 때 중국을 견제하려는 친미 동맹국가의 압박과 중국의 반응으로 확대할 수 있으며, 제해권을 둘러싼 해군력의 긴장으로 이어지게 마련이다. 아프리카를 둘러싼 미국, 중국, 일본, 유럽의 에너지 확보전은 수많은 국가들의 해묵은 민족갈등, 종교분쟁, 인권문제까지 포함되어 있어 충돌의 가능성을 더욱 높이고 있다.

2. 자원고갈 시대의 도래

오늘날 그 누구도 지구상에 얼마나 많은 양의 석유와 천연가스가 매장되어 있는지 정확히 알고 있지 못하다. 영국 BP가 발표한 『세계 에너지 통계』(*Statistical Review of World Energy*, 2005. 6)에 따르면, 2004년 말 기

〈그림 3〉 상반된 석유고갈 시점

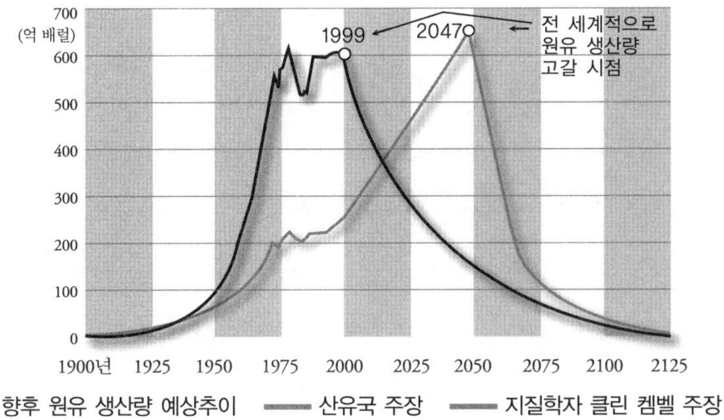

자료 : 미국 에너지정보센터

준 전 세계 석유 확인 매장량은 1조 1,886억 배럴이다. 미확인 매장량도 1조 배럴 정도이니 합하면 2조 배럴을 조금 상회한다. 이 중 중동지역 확인 매장량은 7,339억 배럴로 전체의 61.7%에 달한다. 반면 지난해 말 기준 1일 생산량은 세계 산유국 합계 8,026만 배럴 중 중동지역의 경우 2, 457만 배럴로, 30.7%를 점유하고 있다. 확인된 매장량은 61.7%인데, 현재 생산하는 양은 30.7%에 불과한 셈이다.

국가별 매장량은 중동지역의 사우디아라비아가 2,627억 배럴로 가장 많고(세계 전체 매장량의 22.1%) 이란 1,325억 배럴(11.1%), 이라크 1,150억 배럴(9.7%), 쿠웨이트 990억 배럴(8.3%), UAE 978억 배럴(8.2%) 등이다. 이어 베네수엘라 772억 배럴, 러시아 723억 배럴로 각각 6.5%, 6.1% 점유율을 기록하고 있다. 대륙별로는 중동이 81.6년으로 가장 길었고, 중남미 40.9년, 아프리카 33.1년, 유럽 및 유라시아 21.6년, 아시아 · 오세아니아 14.2년, 북미 11.8년 순이었다. 하지만 생산량의 경우 사우디아라비아가 매장량보다 훨씬 적은 세계시장의 13.1%를 점유하고 있고 이라크, UAE, 쿠웨이트는 각각 2.6%, 3.3%, 3.1%에 그치고 있다. 그만큼 향후 개발 가능한 원유가 무궁무진하다는 분석이다.

한편, 산유국들의 가채년수(可採年數)는 전 세계 평균이 40.5년, 이 중 석유수출국기구(OPEC)의 평균은 73.9년으로 나타났다. 가채년수는 자원(원유)의 확인 매장량을 연간 생산량으로 나눈 것으로, 앞으로 얼마나 오랫동안 자원을 채굴할 수 있는지 보여주는 지표이다. 이 통계를 분석하면서 한국석유공사는 "원유의 장 · 단기적인 공급능력이 중동이라는 특정 지역에 편중돼 있으며, 현재 30% 수준인 중동의 원유공급 비중이 2030년쯤에는 43.6%까지 늘어날 것"이라고 분석했다.

지구상에 얼마나 많은 석유가 매장되어 있으며 언제쯤 고갈될 것인가라는 오랜 논쟁에서 비관론과 낙관론이 있다. 대표적인 비관론자로는 『다가오는 석유위기』라는 책을 쓴 영국 지질학자 콜린 캠벨이 있다. 그는 "석유생산의 정점이 빠르게 다가오고 있으며, 이르면 2006년쯤이 될 수도 있다"고 주장한다. 그의 주장은 인류가 이미 약 9,440억 배럴의 석유를 써버렸으며, 앞으로 7,640억 배럴 정도를 채굴할 수 있고, 1,420억 배럴 정도는 추가로 발견할 수 있겠지만 전반적인 원유생산은 정점에 이른 뒤 매년 2–3%씩 하락할 수밖에 없다고 압축할 수 있다.

낙관론자들은 그의 주장에 대해 현실적인 근거가 부족하다며 비판하고 있으며, 국제에너지기구(IEA)나 OPEC, 석유산업 옹호자들은 주로 낙관론를 펴고 있다. 지난 2000년 미국 지질조사연구소(USGS)는 새로 발견할 것으로 예상되는 매장량 등을 더하면 지구상에는 앞으로도 3조 배럴의 원유가 남아 있으며, 앞으로 30년 동안은 생산 정점에 도달하지 않을 것이라고 전망하면서 21세기 중반 정도에나 원유생산이 줄기 시작할 것이라고 주장하고 있다. 국제에너지기구도 생산 정점을 2013–

2037년쯤으로 보고 있고, OPEC도 수요증가 추세를 감안하더라도 50－100년 정도는 버틸 수 있는 매장량이 확인되고 있다고 주장하고 있다. 이와 더불어 탐사기술이 발전하고 채굴비용이 줄면서 새로운 유전이 더 발견될 것이란 주장도 나온다.

온갖 주장이 난무하고 있지만 여기에는 의도적으로 왜곡된 것이라고 할 수 있는 함정들이 있다. 그 중 대표적인 사례가 석유회사들은 새로 발견된 유전의 가능성을 부풀려 선전하면서도 이미 수명이 다해가는 기존 유전의 현실에 대해서는 입을 다무는 관례를 보이고 있다는 점이다. 사우디아라비아의 가와르 유전, 북해 유전 등 대표적인 대형 유전들이 수명이 다해가는 상태라는 것은 공공연한 사실이다. 쿠웨이트 역시 이런 현상이 서서히 나타나고 있다. 실제로 현재 생산중인 유전의 80%는 1970년대 이전에 발견된 것이며, 상당수가 생산량이 줄고 있다는 것이다.

다음 그림에서 보는 바와 같이 양측의 주장을 단순 산술적으로 나누어 봐도 대략 2025년경에 이르면 석유 종말을 둘러싼 갈등이 두드러지게 나타날 수밖에 없다는 결론이 나온다. 갈등은 항상 불안감과 함께 미래의 현실을 대비하는 형태로 나타나는 속성이 있다는 점을 감안할 때 중간의 전반부, 즉 2010－2015년이면 본격화될 가능성이 많다. 필자는 현재 나타나는 구조적 고유가 현상이 본격적 갈등의 서막이라고 판단하고 있다. 여기서 지구촌 주요 국가들, 특히 미국이 독점과 군사력에 의한 강압을 선택하는가, 아니면 공존과 협력의 길을 선택하는가에 따라 갈등의 폭과 깊이가 결정될 것이다.

Ⅲ. 에너지 수급질서 주도 위한 미국의 정치군사적 접근

1. 미국의 해외 기지 조정과 에너지 안보

해외 기지에 대한 미국의 고민은 어제 오늘의 일이 아니다. 전력 투사를 위해 필수적인 해외 공군기지의 경우 예산, 전략, 그리고 주둔국들의 압력에 의해 지난 40년간 감소추세를 보여왔다. 해외 공군기지 현황을 보면 1965년 25개국에 70개 기지, 1975년에는 19개국 58개 기지, 1985년에는 17개국 46개 기지로 감소되었다. 냉전구도가 해체되고 1995년에는 겨우 10개국에 15개만 남게 되었다.[13] 이런 현상이 발생하게 된 원인은 물론 미국 자체의 예산상 제약도 작용하지만,[14] 날이 갈수록 소음과 공해를 유발하는 미군 기지를 자국민의 반발까지 감수하며 수용하려는 우방국이 축소된다는 점도 작용하였다. 군사적 대치에 따른 해외 기

---

13) Christopher J. Bowiem, *The Anti-Access Threat and Theater Air Bases*(Center for Strategic and Budgetary Assessments, 2002), p. 31. 여기서 기지라 함은 자체적으로 공중공격, 전투지원, 훈련이 가능한 규모를 말한다. 단위부대로는 적어도 비행전대 규모가 주둔하고 임무를 수행할 수 있는 규모이다. 연락용이나 소규모 기지는 1985년 기준으로 유럽에 60개 정도가 있고 걸프전시 중동에도 60개 정도가 산재하였다.

14) Christopher Sanders, *America's Overseas Garrison : The Leasehold Empire*(Oxford : Oxford University Press, 2000), pp. 265-280. 미국은 1987년 터키에 기지사용권과 관련하여 매년 56,900만 달러를 제공하기로 하였다. 1990년 그리스와는 매년 34,500만 달러, 1991년 필리핀과는 매년 200만 달러를 제공하기로 하였다.

지보다 경제적 이익 보호를 위한 군사력 가시화가 필요하다는 점도 기지의 이전과 규모의 다양성을 요구하게 되었다.

이라크전에서도 미국은 기지 사용은 물론 영공 통과까지 거부당하는 사태에 직면하기도 했다. 이 시기에 기지 수용이나 영공 개방을 허용한 국가들의 대다수는 오일 파이프라인의 통과, 유전개발 등으로 인해 미국과 공동 이익을 함께 하는 국가들이었다. 이러한 일련의 경험으로 럼스펠드는 전략적으로 필요한 지역에 대하여 군사기지를 구축한다는 것이 정치 · 경제적으로 얼마나 중요하며 군사적으로 유용한 점이 많다는 사실을 인식하기에 이르렀다. 이를 위해 딕 체니는 국무부와 국방부의 유기적 협조가 필수적이며, 통상부와 에너지부와의 다양한 협상전략을 강조하였다. 럼스펠드가 주창한 사전배치 전략은 군사적 측면이 강조된 것이지만, 이런 관점에서 배치된 기지들은 국무부와 통상부로서는 협상전략에 힘을 실어주는 도구이며, 에너지부로서는 파이프라인 보호와 유전개발권에 한층 가깝게 다가설 수 있는 중요한 기반을 제공한 것으로 볼 수 있다.

미국은 여전히 신뢰할 만한 대체 에너지를 찾지 못한 상황에서 자국 내 원유 생산량이 매년 대폭 감소되고 있는 현상을 좌시할 수 없었으며,[15] 특단의 조치를 취하지 않으면 정세가 불안한 중동산 원유에만 매달릴 수밖에 없다는 판단 아래 대외적으로 에너지 안보 문제를 무역 · 외교정책의 최우선 과제로 설정하여 중동지역을 대체할 수 있는 에너지 공급원을 확보하는 데 진력하기 시작하였다.

---

15) 정기호 · 이만기, "미국 에너지 위기의 원인과 전망," 지역연구회 시리즈 01-05, 대외경제정책연구원(KIEP) 보고서, 2001년 발간 참조.

두 차례의 '테러와의 전쟁', 아프가니스탄전쟁과 이라크전쟁을 준비하고 치르는 과정에서, 또한 NATO의 대폭 확대 과정에서 미국은 동맹관계를 맺거나 미군 기지를 개설한 국가들로 발트해 연안에서 시작해 유라시아 대륙의 남부를 가르는 장대한 군사기지의 벨트를 확보하는 데 성공했다. 이 군사기지 라인은 공교롭게도 전 세계 석유 부존량의 2/3를 차지하고 있는 중동과 카스피해의 기존 파이프라인이나 현재 건설 중인 파이프라인의 통과지역과 일치한다. 미국의 유라시아 군사기지 벨트 구축 성공은 향후 국제질서에 막대한 영향을 끼칠 두 가지 사실을 시사해 주고 있다.

첫째, 미국은 아프가니스탄전쟁과 이라크전쟁을 통해 이제 전략적 요충지인 중앙아시아와 중동, 그리고 카스피해 지역을 직·간접적으로 통제할 수 있게 되었으며, 그 결과 세계 차원의 석유자원에 대한 영향력을 강화할 수 있는 위치에 올라섰다는 사실을 지적할 수 있다. 비록 중국의 입김에 의해 우즈베키스탄 공군기지를 철수하기는 했지만, 2004년부터 급속하게 강화된 동남아 해안국가들과의 군사협력으로 내륙과 해안으로 이어지는 군사적 접근성은 대폭 강화되었다.

둘째, 향후 국제질서는 경제 안보와 군사 안보가 융합된 복합 안보 개념에 의해 주도될 것이라는 사실을 들 수 있다. 특히 미국은 이라크전쟁을 수행함에 있어 단기적으로는 군사 안보상의 목표를 겨냥한 데 반해 장기적으로는 경제 안보상의 목표에 기초한 것으로 보인다. 즉 단기적으로는 대테러전쟁의 연장을 전쟁목표로 상정하였다면, 장기적인 전략목표는 중동지역의 질서 재편, 중동과 카스피해 에너지 자원에 대한 영향력 강화, 이에 따른 국제 에너지 수급체계의 통제력 확보에 두었다고 할 수 있다.[16)]

미국의 해외 기지 변화는 단순한 군사전략 차원의 변화일 수 있으나 고유가의 장기화 현상과도 밀접하게 관련이 있다는 데 주목해야 한다. 즉 오랜 기간 동안 미국 군사력의 손길이 닿기 어려웠던 지역이 이제는 명분과 의지만 갖춰지면 언제든지 군사적 개입을 비교적 용이하게 감행할 수 있는 여건이 조성되었기 때문이다. 과거에 비해 석유시장이 정치 · 군사적 요인에 쉽게 영향을 입고 유가가 급등하는 것은 에너지 자원의 생산/정제지역에서 긴장이 일정 수준에 도달하면 군사적 개입이나 무력 충돌로 쉽게 전화(轉化)될 수 있는 군사전략 환경상의 변화가 있었기 때문이다.

2. 중동에서의 미국과 중국의 에너지 갈등

(1) 미국의 중동 접근 전략

중동을 둘러싼 미국과 중국의 에너지 경쟁은 매우 대조적인 양상을 보이고 있다. 미국은 친미국가와 반미국가를 구분하여 전자의 경우 협력 강화에 주력하고 이란, 이라크, 사우디아라비아 등 주요 3개국에 대해서는 본질적인 질서 재편을 시도하고 있다. 이라크에서는 이미 전쟁을 통해 후세인 체제를 전복시켰으며, 이란은 유엔 안보리 결의에 따라 경제 및 외교적 제재 수순으로 들어가고 있다. 사우디아라비아는 미국의

16) 이라크 공격 직전에 아프리카 일레트리아에 건설된 미군 기지도 전쟁 지원을 임무로 하고 있었으나 서부 아프리카의 대형유전 발견과 무관치 않은 것으로 보인다.

중동 교두보라는 오랜 역할에서 탈피해 중국, 러시아와의 관계 강화를 점증시키는 단계에 들어서 있다.

중동질서 재편의 그림으로 본다면 사우디아라비아는 아직 미국의 테러 잣대에 의해 관계 재정립의 변화에 진입하기 이전에 생존전략 차원에서 아시아와의 결합에 주력하고 있다는 해석이 가능하다. 미국의 중동전략은 민주주의 확산을 골자로 하는 대중동구상(Great Middle East Initiative)에 기반하고 있지만 실제로는 테러전쟁의 깃발 아래 군사적 수단에 의존하는 성격이 강하다. 이에 반해 중국은 군사적 성격보다 경제협력을 앞세우며 역내에서의 직접적인 충돌은 물론 미국과의 갈등 유발을 최대한 억제하는 방향으로 진행시키고 있다.

그러나 인접한 중앙아시아 상황을 잠시 살펴보면 중국과 미국의 이익 충돌은 이미 가시적으로 발생하고 있다. 다양한 사례가 있을 수 있지만 최근 동맹이 중요한 기준이 되는 송유관과 군사기지를 기준으로 살펴보면 명료하게 나타난다. 2006년 5월 카자흐스탄 중부지역 쿰콜(kum-kol)에서 송출한 오일은 962km의 송유관을 통해 중국 아라산커우(阿拉山口)로 공급되었다. 이 송유관이 아티라우까지 연결되면 명실공히 카스피해 원유를 중국이 사용하게 되는 셈이다. 중국으로서는 서기동수(西氣東輸)의 원대한 야망에 근접하는 사건이지만 미국으로서는 BTC라인의 의미가 반감되는 순간이었다. 중국의 페트로 카자흐스탄 인수와 더불어 중앙아시아 에너지 시장에서 중국의 입김이 강화되는 사건이었다.[17] 중국이 제안한 Unocal사 인수 제의를 미국이 거절한 직후이니 중국에게 에

17) William Engdahl, "China lays down gauntlet in energy war," *Asia Times*, 2005. 12. 19.

너지 협력 강화를 주문할 명분조차 상실했기에 그 상징성은 더욱 컸다.

이와 더불어 중국은 2005년 카자흐스탄 아스타나에서 개최된 SCO 정상회의에서 러시아와 공조하여 중앙아시아 지역에 주둔중인 미군의 철군 일정을 공식 요구했고, 이에 따라 우즈베키스탄의 미군 기지는 폐쇄되었다. 중앙아시아 국가들이 미국과의 등거리 외교, 혹은 중국-러시아 전략 연대에 밀착된 양상을 보여준 점은 중동문제에 큰 영향을 미치게 마련이다. 2006년 6월 15일 중국이 상하이에서 개최된 SCO 정상회의에서도 옵서버 자격으로 초청된 아흐마디네자드 이란 대통령은 '에너지 권력'을 언급했을 뿐만 아니라, "SCO가 국제문제에 있어 주도세력들로부터의 위협과 간섭을 막아내는 기구"가 되어야 할 것임을 역설했다.

미국이 내전으로 치닫는 이라크와 이란 핵 개발문제로 중동에 함몰되어 있는 사이 중국은 러시아와 함께 중앙아시아를 반미 견제세력으로 끌어들이는 데 성공한 셈이다. 이는 중국이 이란과 1,000억 달러 규모의 장기 에너지 공급 계약이라는 경제동맹 차원의 큰 이익이 걸려 있고 이란은 중국이 에너지 안보 우산을 제공하는 핵심국가라는 점에서 상호 연대를 추구한 것으로서, 문제는 이러한 중-러 연대가 미-일 연대에 대응하는 개념으로 심화되고 있다는 점이다. 일각에서는 중국과 러시아를 중심으로 한 유라시아의 경제발전을 위해서는 "아시아 에너지 안보망(Asian Energy Security Grid)의 확립이 절대적으로 필요하며, 앞으로 십수년 간에 걸쳐 형성될 이 안보망에서 이란은 실질적인 연결고리 역할을 하게 될 것"이라고 진단하고 있다.

(2) 중국의 중동 진출 양상

중국은 1990년대에 들어 중동 에너지 확보 정책에 더욱 박차를 가하기 시작했는데, 처음에는 예멘, 오만과 수입관계를 형성하기 시작했다. 이는 단지 중국의 정유시설이 이 국가들의 경질유에 적합했기 때문이다. 이는 미국이 아프리카 기니만 오일에 관심을 기울이는 것과 같은 이유이다. 그 다음으로 쿠웨이트와 아랍 에미레이트 공화국 등에서 수입을 시작했으며, 페르시아만 이외 지역에서는 알제리, 이집트, 리비아와 수단 등에서 도입하고 있다. 중국은 1990년대 후반에 접어들면서 중동의 빅3, 즉 사우디와 이란, 이라크와의 에너지 관계 개선에 박차를 가하기 시작했다. 1997년 6월 중국 NORINCO의 합작 컨소시엄은 이라크 대형유전에 대하여 유엔제재가 해제된 이후 22년간에 걸친 생산물 분배협정을 후세인 체제와 체결하기도 했다.

중국은 1990년대 중반부터 이란으로부터의 오일 수입을 대폭 확대하기 시작했다. 현재 상황에서 중국의 중동 진출에서 중국의 대이란 오일/천연가스 투자액은 1996년에 통과되고 2001년에 개정된 ILSA법령의 상한선을 이미 초과한 상태이다. 미국이 이란을 경제적으로 고립시키기 위해 시행된 이 법으로 인해 미국 기업들이 상당한 제약을 받고 있을 사이 이 공백을 중국이 파고들었다. 2004년 이란은 궁극적으로 주된 소비국을 일본에서 중국으로 대체하겠다고 밝힌 바 있다.

중국은 이란으로부터의 수입증가에도 불구하고 사우디아라비아가 향후 생산할 시장에서의 비중과 잠재 매장량에 계속 주목해 왔다. 이러한 중국의 노력은 장쩌민 주석이 1999년 사우디아라비아를 방문하여

"전략적 오일 파트너십"을 체결하게 했다. 2002년에 들어서는 사우디아라비아가 중국의 해외 수입국가 중 수위를 차지하게 되었다. 이뿐만 아니라 사우디 아람코는 중국에게 유전개발과 유전관리에 대한 선진기술을 제공함으로써 중국의 에너지 안보분야에 큰 도움을 주었다. 이러한 기술을 미국으로부터 도입하는 것은 전략 통제품목이나 이중목적 통제 때문에 어려움이 많았다. 중국은 이러한 도움에 보답하기 위해 사우디에게 중국 섬유사업의 문호를 개방하였고, 사우디아라비아는 기존의 한국과 아시아의 전통적 섬유사업 파트너국을 제치고 중국에게 석유화학 산업에 기반한 섬유사업을 제공하기도 했다.

중국은 이러한 성과를 발전시키기 위해 많은 노력을 하였으며, 회담의 격에 비해 상대적으로 고위급 인사를 파견하기도 하였다. 테헤란의 지하철 시스템을 확대하는 데 도움을 주었고, 광역 주파수 네트워크 건설과 자동차, 텔레비전 공장 건설을 하였다. 중국의 이러한 적극성은 이란으로 하여금 중국을 장기적인 에너지 협력 파트너로 인식하게 하였다.

중국은 사우디아라비아에 대해서도 수출과 투자를 지속적으로 확대시켜 왔다. 지난 10년간 사우디아라비아가 중국으로부터 수입한 물량은 지속적으로 증가해 왔으며, 대략 600%의 증가율을 기록하였다. 중국의 사우디 투자도 상당한 증가를 기록하였다. 중국은 사우디아라비아와의 견고한 관계 설정을 위해 상당히 오랜 기간 노력을 지속해 왔다. 2006년 1월 압둘 아지즈 국왕은 처음으로 중국을 방문했으며, 후진타오 주석은 4월 사우디아라비아를 방문하였다. 무역규모의 확대와 에너지 경제협력 이외에도 주목할 점은 국방분야에 관한 계약도 체결되었다는 점인데, 상세한 내용은 공개되지 않았다. 중국의 중동진출이 에너지 협력에서 군사 안보분야로 확대됨에 따라 미국은 중국을 전 지구적 차원의 경쟁자로 숙고하게 만들 수도 있다.[18] 중국의 중동개입 정책은 결과적으로 미국과 사우디아라비아 간의 동맹을 약화시키는 역할을 한 셈이다.

미국으로서는 중국의 중동진출이 초래하는 부정적 결과가 고착화되지 않아야 한다는 절대적 필요성이 있지만 중국으로서는 중동에 대한 기존 정책을 변화시키지 않을 것으로 보인다. 이런 배경 때문에 미국은 중국이 화석연료의 수요를 줄이고 배타적인 국가나 지역과의 에너지 확보보다 국제시장을 통한 조달에 힘을 기울이게 함으로써 시장의 투명성을 제고하려 하고 있다. 중동에서 중국의 오일 확보 의지와 노력은 이 지역에서 미국의 영향력을 행사하는 데 경쟁자로서 부상하고 있다. 이 문제를 신중하게 다루지 않으면 미국과 중국 양국 간의 갈등 조성은 물론이고 이 지역에서 미국의 전략적 이익에 타격을 입게 될 것이다.

(3) 9 · 11 이후 중동 국가들의 선택

중동지역에 대한 중국의 에너지 분야 진출은 역내 국가들에게 큰 저항감을 야기하지 않고 비교적 무난하게 진행되었다. 기본적으로 미국이 구사하는 질서 재편이 정권 존립에 위협이 된다는 점 외에도 문화적 · 종교적 반발감을 야기함으로써 중국은 상대적 이익을 얻는 측면이 강하다. 이런 구도는 이란, 이라크, 사우디아라비아 등 소위 중동의 3대 국가에서 선명하게 나타나며, 카타르, 요르단, 아랍에미레이트 등 상대적으

---

18) Flynt Leverett and Jeffrey Bader, "Managing China－U.S. Energy Competition in the Middle East," *The Washington Quarterly*, Vol. 29, No. 1, Winter 2005－2006, p. 194.

로 작은 국가들은 친미노선을 유지하면서 중국과 경제협력을 증진하는 형태를 취하고 있다.

사우디아라비아는 미국의 오랜 동맹이었지만 9·11 이후 부시 1기 행정부의 대사우디 정책에 대해 반발한 흔적이 역력하다. 비록 중국과 사우디아라비아가 1990년대 후반 들어 에너지 협력을 시작했다고는 하나 그것이 오랜 동맹을 버릴 만큼 심각한 것은 아니라는 것이 사우디아라비아의 불만이었다. 아마도 이라크전쟁의 후속 처리가 신속하게 이루어져 미국의 부담이 없었다면 사우디아라비아는 미국이 자신들에게 테러 잣대를 들이대며 자금지원, 인권문제와 왕실의 부패에 대해 개입했을 것이란 인식을 가지고 있다.

이러한 인식은 사우디아라비아로 하여금 중국-러시아 전략 연대와 더욱 밀접하게 접근하게 만들었다. 미국은 2기 부시 행정부에서 사우디아라비아를 달래는 방향으로 정책을 수정했다. 상징적으로 실시된 2005년 4월 크로포드 목장에서의 부시-압둘라 회동 이후 외면적으로는 개선된 듯이 보이지만 불씨는 그대로 남아 있다. 사우디는 이러한 맥락에서 미국과 과도기의 동맹으로 지내는 양다리 전략을 구사하고 있다. 그러나 중국은 9·11 이후 미국이 사우디아라비아를 덜 매력적인 동맹국으로 여기는 사이 양국 관계를 동맹수준으로 격상하려는 노력을 경주하였다.

사우디아라비아가 중동의 최대 에너지 국가로서 여전히 중요한 역할을 하고는 있지만 국가의 미래가 밝지는 않다. 사우디아라비아의 안보예산은 2004년 기준으로 약 800억 달러를 상회하며 국내 테러조직에 대한 압박을 지속적으로 가중시켜 왔다. 2002년에서 2004년 사이에 사우디는 에너지 관련 시설 보호에 12억 달러를 사용했다. 약 2만 5천에서

3만에 달하는 병력이 현재 사우디의 석유 관련 인프라를 보호하는 데 투입되고 있다. 1982년 사우디아라비아의 오일 수입은 800억 달러이며, 국민 1인당 3만 달러에 달한다. 2003년도 비슷한 수입에 1인당 수입은 9,300달러에 불과한데, 이는 인구가 동 기간 7백만 명에서 2천2백만 명으로 증가했기 때문이다. 전문가들은 2025년에 사우디 인구가 4천만으로 증가할 것으로 보이며, 이런 상황에서는 새로운 직업 창출이나 국민들이 원하는 지원이 어려울 것으로 보고 있다. 현재 사우디아라비아의 석유부분에서는 사우디 전체 노동인력의 2%만을 소화하고 있을 뿐이다. 사우디 정부는 500억 달러를 투자하여 2009년까지 1,250만 b/d, 2025년까지 1,500만 b/d를 생산할 것이라고 밝히고 있지만 달성될지도 의문이려니와 그때까지 정책의 최우선 순위에 있을지도 의문시되고 있다. 사우디아라비아의 내부 소식통에 의하면, 매년 5－7% 생산감소가 이루어진 사우디의 현실에서 1,100만 b/d 이상을 생산하는 것은 불가능할 것이라고 전망하고 있다.[19)]

사우디아라비아가 석유공급의 안정판 역할을 제대로 할 수 없게 되었다는 점은 미국－사우디 양국 간의 특수관계가 손상된 점과 상당한 관계가 있다. 아이러니하게도 미국이 1991년 걸프전을 통해 사우디아라비아의 위협이던 후세인을 군사적으로 재기하기 힘들게 한 조치는 사우디아라비아가 미국의 동맹이 될 수밖에 없는 원인을 없애는 결과를 초래했다. 미국은 스스로 동맹국가로 들어온 국가의 위협을 제거해 줌으로써 득도 있지만 동맹의 울타리를 걸어나가려는 환경을 스스로 만들어 준 것

19) Joe Barnes and Amy Myers Jaffe, "The Persian Gulf and The Geopolitics of Oil," *Survival*, Vol. 48, No.1, Spring 2006, p. 150.

이다. 거기에다 오일의 조정판 능력까지 상실했으니 동맹의 가치는 하락한 셈이다. 미국의 중동질서 재편이 성공하기 위해서는 하타미가 집권하고 있을 때, 이란을 위협으로 지목할 게 아니라 경제지원을 통해 협력을 강화하는 방안을 모색해야 했다. 실제로 사우디아라비아는 이라크전쟁이 중동의 불안정을 초래하고 이란의 입지를 강화시켜 줄 수 있다는 이유로 반대했지만 미국은 이를 무시하고 강행했다.

사우디아라비아는 자신들에게 호전적인 범시아파 연대가 이란, 이라크, 시리아에서 영향력을 행사하는 현상이 자신들에게 심각한 안보위협이 된다고 인식하고 있다. 사우디아라비아의 시아파는 10-20% 정도인데, 이들은 석유가 풍부한 동부지역에 모여 살고 있다. 사우디 정부가 전문 노동력을 인종적으로 다원화시키려는 노력을 오랫동안 해왔음에도 불구하고 동부지역 사우디 아람코의 숙련 오일 기술자 중 60-70%가 시아파이다. 정치적으로 시작된 스트라이크나 사회저항 등이 발생하면 오일 생산이 불안정해질 수 있는 소지가 다분하다.

이라크는 아직 내전에 준하는 혼란상태에 있고, 정상적인 정부가 출범은 했지만 제 기능을 충분히 하고 있지 못하기 때문에 독자적인 반응을 보이기에는 아직 이르다. 미군은 여전히 큰 영향력을 행사하고 있으며, 이라크 오일의 분배문제도 확정되지 않은 상태이다. 이라크의 오일 수입은 2004년에 182억 달러에 달하지만 재건을 위해 향후 약 1,000억 달러가 소요될 전망이다. 역내 민족별로 분배에 대한 시각차도 크다. 쿠르드와 시아파 지도자들은 각 지방 정부가 오일 수입에 직접 개입할 수 있어야 한다고 공언하고 있다. 그리고 헌법 108조는 "오일과 가스는 이라크 모든 지역 국민의 것"이라고 명기하고 있다.

핵개발 문제로 국제적 압력에 직면하고 있는 이란은 유엔 안보리와 IAEA 이사국으로 있는 중국의 지원이 매우 긴요하게 되었다. 특히 8월 말까지 유엔 안보리 결의안에 대한 답변에 대해 핵 주권의지를 굽히지 않은 상태에서 다양한 제재조치가 논의되는 상황은 중국의 동맹 가치를 높이고 있다.

2006년 초 미국과 친미동맹이 이란에 대한 제재를 가하거나 아니면 이란이 자국에 대한 유엔의 제재에 항의하는 조치로 오일 수출을 중지할 수 있다는 언급을 함으로써 오일 시장에 혼란이 초래된 적이 있었다. 이란 핵을 둘러싼 설전으로 인해 오일 소비자들은 적어도 배럴당 6달러 이상의 추가 지불을 해야 했다. 이란은 OPEC 국가들 중에서 전통적으로 오일 수요나 시장충격에 상관없이 고유가 정책을 유지해야 한다는 입장이었다. 이슬람 혁명 이후 이란은 대국민 성명이나 외교적 발언, 혹은 직접적 협박을 통해 국제유가를 상승시켜 왔다. 일 예를 들어 이란 경제장관은 2006년 1월 중순 "이란의 정치 · 경제상황을 교란하는 서방의 어떠한 제재도 서방이 상상하기 힘든 유가상승을 초래할 것이다"라고 지적하였다. 핵무장을 한 이란은 호르무즈 해협을 통제하는 지역 강국으로서 발언권이 훨씬 강해질 터이며, 호르무즈 해협은 150－160억 b/d가 지나가며, 이는 세계 오일 교역의 2/3이자 전체 소비량의 20%에 해당되는 양이다. 이라크, 이란, 쿠웨이트, 사우디아라비아, 카타르, 그리고 UAE에서 생산되는 오일과 가스가 여기를 지나간다.

1992년부터 이란은 호르무즈 해협 인근의 섬을 외부와 차단한 채 점령하여 활주로를 설치하고 SA－6 지대공 미사일 155밀리 대공포와 SEERSUCKER 대함 미사일을 배치했다. 이란은 해협 인근에서 대함 미사일 실험발사를 1987년과 1996년 1월에 실시한 바 있다. 이란이 아부무사(Abu Musa) 아일런드, 시리(Sirri) 아일런드에 실크웜 미사일을 배치했다는 주장이 제기되기도 했는데, 이 지역들은 모두 해협을 통행하는 선박을 사거리 내에 두고 있다. 그러나 2000년 3월 『제인스 디펜스 위클리』는 아부 무사나 인접 섬에 미사일을 배치한 흔적을 발견할 수 없다고 발표하였다.[20]

현재 이란의 모든 오일 수출은 해협을 통과하고 있으며, 이란은 해협이 봉쇄될 시 대체수단이 거의 없다. 파키스탄과 이란, 중국이 해협 봉쇄시 이란-파키스탄 국경을 통해 오일 운송방안을 논의하고 있으나 실현된다 해도 그 양은 미미한 수준이다. 그러므로 이란은 자신들의 오일 수출을 완전 포기하지 않는 한 호르무즈 해협이 봉쇄되는 것을 원하지 않을 것이다. 그것보다는 특정 국가의 선박 통행을 방해하거나 봉쇄하더라도 시한부로 실시하는 방안을 선호할 것이다.

종교나 인종 면에서 다양한 중동이 미국과 중국의 에너지 경쟁에 대해 다양한 반응을 보이는 것은 매우 자연스러운 일이다. 아무리 중동 이슬람권이라는 공동체 의식이 성장했다고는 하나 단적으로 미국이 이란을 공격하는 상황이 오면 대다수 중동 국가들이 기지 제공이나 영공 통과 허용 등 상당한 협조를 할 것이라는 것이 일반적 관측이다. 미국이 중동의 반미정서를 다스리지 못하고 중국이 미국의 군사행동에 대해 확실한 보호막을 제공해 주지 못하는 한, 중동 국가들의 반응은 앞으로도 개별국가의 이익에 따라 다양하게 나타날 것이다.

---

20) 상게 논문, p. 154.

Ⅴ. 동맹 재편 요인으로서의 에너지 안보

1. 동맹의 재편과 에너지 안보

오늘날 동맹의 재편현상은 과거 어떤 시기보다 급속한 속도로 이루어지고 있으며, 다양한 형태로 발전되고 있는 중이다. 미국이 이라크전을 계기로 중동질서 재편에 나선 것도 사실은 사우디아라비아를 교두보로 하던 대중동 정책을 대폭 변화시키겠다는 전략의 변화에 기초한 것이다. 그러나 현재 중동질서는 미국이 의도했던 바와는 다르게 진행되어 가고 있다고 볼 수 있다. 의도와 결과가 다르게 나타난 배경에는 이라크 전후 처리의 불확실성, 이란의 강경파 반미정권 수립, 사우디아라비아의 테러 및 정국 혼미 가능성 등의 요인들을 지적할 수 있을 것이다. 특히 이란은 미국이 악의 축으로 지목한 자국의 안전 강화를 위해 미국에 가장 강력한 견제력을 가진 중국－러시아 전략 연대와 유럽, 인도, 일본까지 끌어들이는 공세적인 외교전략을 구사하고 있다.[21)]

21) 이란은 2003년 기준으로 중국 오일 수입의 14%를 제공했으며, 매년 이 비율은 증가중이다. 이란과 중국 Sinopec은 2004년 10월 천억 달러에 달하는 천연 액화가스 (LNG) 25년 장기 공급에 대한 양해각서를 교환했으며 2006년 정식으로 계약을 체결했다. 이는 중국 해외 에너지 도입부분에서 가장 중요한 사항이며, 두 국가의 전략적 연계성을 반영하는 조치이다. 이란은 2005년 1월 인도의 GAIL(Gas Authority of India Ltd)과 천연 액화가스 1일 750만 톤을 매년 30년간 공급하는 계약을 체결했으며, 5백억 달러 규모에 해당한다. 보다 중요한 것은 이란－파키스탄－인

이란이 공세적인 외교전략을 구사할 수 있는 배경에는 이란 자체의 능력과 지정학적 입지 두 가지 면이 있다. 이란의 위치는 사우디아라비아, 쿠웨이트, 이라크, 아랍 에미레이트 등을 위협할 수 있는데, 이들 국가의 생산량 총합은 전 세계의 반을 상회한다. 또한 이란의 "미래 생산 능력 향상 가능성" 역시 이에 못지않은 중요성을 가지고 있다. 사우디아라비아는 1일 천만 배럴 정도 생산하는 가장 중요한 국가이기는 하지만 앞으로 더 이상 증산 여력이 남아 있지는 않다. 그러나 이란은 현재 1일 4백만 배럴에서 적어도 향후 1일 3백만 배럴 규모의 증산 여력은 충분하다고 보며 이것이 에너지시장에 있어서의 이란의 잠재 가치를 크게 높이는 요인이다. 오일뿐만 아니라 가스시장에서도 세계 가스의 16%를 차지하고 있어 러시아에 이어 2위인 이란의 입김은 강할 수밖에 없다. 이란의 천연가스 생산을 오일로 환산하면 일일 생산량은 무려 280만 배럴에 달해 가스 생산량과 합산할 경우 사우디아라비아에 육박하는 수준이다.[22] 현재 이란은 가스 생산을 극도로 자제하는 중이다.

도로 이어지는 30억 달러 규모의 천연가스 파이프라인 건설에 이미 합의했다는 사실이다. 이것이 완성되면 이란과 인도에만 성과가 큰 것이 아니라 파키스탄도 매년 2-5억 달러의 통과료를 손에 넣게 된다. 2003년 초 일본의 3개 기업 콘소시엄은 Soroush-Nowruz 해상 유전의 지분 20%를 획득했으며, 이는 10억 배럴 규모이다. 2004년 이란 해상 유전공사는 일본의 JGC에게 12억 6천만 배럴에 달하는 추가계약을 안겨주었다.

22) 미국 기업들이 이란의 가스와 오일 개발에 군침을 흘리고 있다는 사실은 당연한 일이다. 그러나 현재 미국 기업들은 1995년 클린턴 대통령이 서명한 Executive Order(EO) 12,959 때문에 이란에 대한 진출이 금지되어 있다. 조지 W. 부시 대통령은 2004년 3월 이것을 새로 갱신한 바 있다. 또한 미국은 ILSA(Iran-Libya Sanction Act of 1996) 가동을 통해 이란에 대한 제재를 이미 오랫동안 시행 중인 상황이다.

북카프카즈 3국과 중앙아시아 지역은 에너지 관점에서 볼 때 그 자체가 중요한 오일 생산국이자 동시에 파이프라인의 교통로이다. 따라서 이 지역의 동맹정책이 어디로 기우는가에 따라 중국 및 러시아의 해당 세력권에의 진출을 봉쇄할 수 있는가라는 내륙봉쇄선 성격도 강하게 내포하고 있다. 또한 동맹이나 유대의 강도에 따라 이슬람 극단주의자들에 대한 대처 선택영역이 늘거나 줄어드는 파장은 미국의 시각에서는 매우 심각하다. 중동과 서남아/동남아 지역은 에너지 관점에서도 중요하지만, 해상수송로와 이미 세포분화된 테러조직에 대한 대처에도 중요한 변수역할을 한다. 이 지역에 있어 중국 진출 구도는 봉쇄 그물망을 교묘히 탈피해 나가는 양상을 보이고 있다. 중국과 러시아의 전략적 연대는 강도 면에서 상승곡선을 그리고 있으며, 그 실제 사례는 중국－베네수엘라, 중국－프랑스, 러시아－사우디, 이란－EU 간의 전략적 유대 강화로 나타나고 있다.

특히 최근 가장 두드러지는 것은 중국과 러시아, 인도, 브라질, 이란이 통상과 경제분야에서의 협력을 가속화하고 있다는 사실이다. 2002년 브라질－러시아－인도－중국, 소위 BRIC 4국은 통상협력 협정에 조인을 하였다. 아이러니하게도 이들 국가들의 생존을 위한 행보는 미국과 충돌하는 방향으로 상황이 발전되고 있다.[23)]

심지어 중국은 2004년 9월 캐나다의 최대 채굴회사인 노란다(Noranda)를 55억 달러에 매입할 것이라고 발표함으로써 미국을 자극했다. 1999년 이후 수단에 30억 달러 이상을 투자해 온 점도 같은 맥락에

---

23) William F. Engdhal, "Running into a 'BRIC wall' with Eurasia?," *Current Concerns*, Feb. 22, 2005.

있다. 중국은 2004년 9월 유엔이 수단 제재 결의안을 상정하면 비토를 행사할 것이라고 밝힌 바 있다. 중국 CNPC는 다푸르 지역에서 홍해를 거쳐 중국으로 이어지는 송유관 공사를 하는 The Greater Nile Project의 지분 40%를 소유하고 있는데, 이 공사가 완료되면 중국은 매일 33만 배럴의 오일을 공급받게 된다. 현재 중국이 사용하는 에너지의 7%가 수단에서 공급된다. 2004년 말 러시아 가스프롬은 브라질에 LNG 플랜트를 건설하는 계약을 체결했다. 페트로브라스(PETROBRAS)는 러시아 2개 기업과 함께 브라질 오일과 가스 탐사를 공동으로 하기로 했다. 이와 별개로 러시아는 브라질에 30억 달러에 달하는 오일 정제시설을 짓기로 했다.

인도는 러시아, 이란과 400억 달러에 달하는 에너지 장기 공급 계약을 체결했다. 25년간 이란의 천연가스를 인도가 수입하고 천연가스 유전을 개발한다는 내용이다. 인도는 이란에서 가장 큰 야다바란(Yadavaran)과 쥬피에르(Jufier) 유전 지분 20%를 확보했으며, 매일 30만 배럴을 공급할 수 있게 된다. 중국의 CNPC는 야다바란 유전의 주 운영자가 되었고, 인도 20%, 이란 30%, 중국 50%의 지분을 쥐고 있다.

중-러 간의 전략 연대 구도에 더하여 아시아에서는 인도, 유럽에서는 프랑스와의 관계 강화가 두드러지게 나타나고 있으며, 그 결과로 미국 역시 프랑스와 인도와의 관계 개선에 노력을 기울이는 현상이 나타나고 있다. 중국과 러시아가 미국의 GPS(Global Positioning System)에 대항하는 갈릴레오 프로젝트(Galileo Project)를 유럽과 공동으로 추진하는 것이나 중국이 프랑스와 대규모 에어버스 구매 계약을 성사시킨 것들도 동맹 재편의 한 현상으로 볼 수 있다. 중동에서는 미국의 교두보였던 사우디아라비아가 대미관계의 악화를 빌미로 러시아, 중국 등과 자원공급과 무기구매라는 가장 본질적인 연결고리로서의 동맹행태상의 변화를 보여주고 있다.

2. 에너지 안보와 대테러전과의 함수관계

이란, 이라크, 수단, 리비아, 시리아, 쿠바, 북한 등 '불량국가군' (rogues states)에 속하는 7개 국가 역시 에너지 보유 국가나 대량살상무기 개발/보유 의지, 이슬람권 여부 등과 연계하여 선정된 국가군으로서 공히 갈등의 가능성을 내포하고 있다. 이란, 이라크, 북한 등 '악의 축' (Axis of Evil) 국가 구상과정을 보면 오해를 피하기 위해 북한은 나중에 추가되었다는 정황을 엿볼 수 있다. 여기에서 오해의 실체는 북한을 제외한 나머지 국가들을 볼 때 '에너지 강국이면서 대량살상무기의 확보 의지가 있는 반미성향의 국가' 라는 공통점을 두드러지게 한다는 데 있었다. 에너지 보전 여부에 따라 일관적으로 선정되었다면 북한, 쿠바 등이 빠지고 베네수엘라 정도가 추가되었을 것이다.[24)]

테러집단의 경우 중요한 자금조달의 원천은 크게 마약유통과 반미 이슬람 산유국의 지원으로 이뤄져 있다. 테러공격의 대상들 중 에너지 관련 시설이야말로 국제적 파장이 가장 크고 깊을 개연성을 지닌다. 기본적으로 대테러전쟁은 '확보해야 할 이익을 위협하는 국가 및 집단의 제거' 에 그 뿌리를 두고 있으며, 이 과정에서 에너지는 위협 받을 수 있

---

24) 차베스 베네수엘라 대통령은 쿠바에게 매일 9만 배럴의 원유를 지원할 의사가 있음을 공표한 바 있다.

는 비중 있는 실체 중의 하나인 것이다. 이러한 상황에서 나타난 현상은 대량살상무기의 비확산(non-proliferation)에서 반확산(counter-proliferation) 개념으로의 발전이라고 할 수 있다. 2005년 3월 미 상하 양원에 제출된 '2005 민주주의 확산 법안'은 2005년까지 45개 독재국가에 민주주의를 심는다는 계획을 담고 있는데, 이 역시 잠재적 위협의 제거라는 정책적 필요성과 맥이 닿아 있다.

9·11 이후 미국은 테러전의 동참 여부를 동맹의 중요한 기준으로 삼는 경향을 보이고 있는데, 이 역시 국가안보에 대한 불특정 위협의 제거라는 안보 이익의 공유라고 할 수 있다. 미국으로서도 반미성향의 국가 지도자나 테러 네트워크의 주도세력이 핵이나 대량살상무기를 개발하거나 확보하는 것을 방지해야 했고, 잠재적 위협이 실제 위협으로 전이(轉移)하기 전에 사전에 제거하는 일이야말로 최우선 정책목표였다.[25] 더욱이 이같은 위협세력이 경제영역에서조차 미국의 안정을 교란시킬 수 있는 잠재력을 보유하고 있을 경우, 해당 위협세력의 제거에 대한 당위성은 충분하다고 판단하였을 것이다.

2004년부터 본격 개시된 미국의 해외 미군 재배치와 해외 기지 재조정은 미국의 지정학적 국가이익에 대한 새로운 접근을 단적으로 보여준다.[26] 크게 보면 독일과 한국의 주둔 미군을 축소하여 동유럽, 카스피

---

25) 이 상황에서 나타난 것이 대량살상무기의 비확산(non-proliferation)에서 반확산(counter-proliferation) 개념으로의 발전이라고 할 수 있다. 2005년 3월 미 상하 양원에 제출된 '2005 민주주의 확산법안'은 2005년까지 45개 독재국가에 민주주의를 심는다는 계획을 담고 있는데, 이 역시 잠재적 위협의 제거라는 정책적 필요성과 맥이 닿아 있다.

26) Michael T. Klare, "Imperial Reach," *The Nation*, April 12, 2005.

해 지역, 동남아시아, 그리고 아프리카로 재배치하는 양상이다. 미국의 해외 기지 재조정은 지구 북반부의 유전들이 고갈되는 반면, 남반부의 비중이 점차 높아지고 있다는 사실과 무관하지 않다. 1990－2025의 35년 사이에 미국, 캐나다, 멕시코, 오스트레일리아, 유럽 국가들의 산유량 비중은 전체 29%에서 19%로 비중이 감소될 것이다. 그렇다면 미국의 경우 해외 의존도는 점차 늘어나되 주요 수입지역은 중동과 남미 등 비서방지역이 될 것이란 점에 유의할 필요가 있다.

미국 에너지성의 발표에 따르면 1990년 페르시아만 국가, 남미, 아프리카 국가들이 1일 3천2백만 배럴을 생산함으로써 전체 생산량의 46%를 점했으나 2025년경에는 1일 7천7백만 배럴을 생산, 전체 생산량의 61% 수준까지 점유할 전망이다. 이 지역 국가들의 정세는 불안정하며, 식민지 잔재 청산과 정치제도의 정착이 미비하다. 석유가 주요 자원인 아프리카의 니제르 삼각지대는 주기적으로 인종갈등이 발생하며, 앙골라와 아제르바이잔은 인종분리 움직임이 있어 미국 경제는 해외 생산지역의 공급 불안에 점점 더 불안정하게 노출되어 가고 있는 상황에 처해 있다.

미 국방성이 원하는 새로운 군사기지 설치지역을 살펴보면 알제리, 아제르바이잔, 카메룬, 가봉, 이라크, 카자흐스탄, 쿠웨이트, 카타르, 루마니아, 상 뚜메 프린시페 등인데, 이들 대부분이 오일을 가지고 있거나 파이프라인을 보호하는 임무를 가지고 있는 국가들이다. 더욱이 이 국가들이 테러리스트들이 활동하고 있거나 과거에 이들이 테러조직 강화를 위해 사용했거나 기착했던 지역에 위치하고 있다는 사실은 종종 석유자원의 보호라는 말과 테러와의 전쟁이란 말이 전혀 다른 의미임에도 불구하고 매우 유사한 대상의 중복현상이 있음을 보여주고 있다.

3. 에너지 전쟁과 반미전략 연대의 가동

미국이 국가전략 차원에서 테러전쟁을 통해 에너지 질서와 중동을 포함한 동맹질서 재편을 가시화시키자 이에 대한 반작용 현상은 다양하게 나타나기 시작했다. 에너지 시장에서 미국을 제외한 최대 수요자인 중국과 최대 공급자인 러시아의 결합은 자연스러운 결합일 수 있다. 다양한 반응은 경제적 연결고리의 강화와 더불어 군사협력의 강화현상을 동반하는 특징을 가지고 있다. 2005년 8월 중-러 양국은 황해에서 "평화의 사명 2005"(Peace Mission 2005) 연합 군사훈련을 실시하였다. 50년 만에 최대 규모의 연합훈련이라는 소식에 국제사회가 주목하는 가운데 푸틴과 후진타오는 양자 협력의 수위를 한 단계 더 올리기로 합의하였으며, 상하이협력기구(Shanghai Cooperation Organization : SCO) 정상회의 석상에서도 미군의 중앙아시아 철수를 한 목소리로 요구하여 관철시킨 바 있다.

중-러 전략 연대가 어제 오늘의 이야기는 아니지만 에너지 수급을 둘러싼 구도 면에서는 복잡한 양상을 나타내고 있다. 기본적으로 러시아는 공급자로서의 우월적 지위를 지닌다. 다만 오일보다 천연가스 강국의 성격이 더 강하므로 동북아에서의 공급자 역할 면에서 크게 부각된다. 반면 수요자로서의 한국, 중국, 일본은 협력과 경쟁의 공동 운명에 처해 있다. 한국은 협력의 중재자로서 역할 확대를 추구하는 경향이 있고, 중국과 일본은 경쟁구도가 더 부각되고 있다.

문제는 한국 에너지 정책에서 중요한 축인 동북아 에너지 협력이 중국과 러시아의 전략 연대가 강화되면 될수록, 특히 반미 에너지 동맹

색채가 강화될수록 현실적인 딜레마에 빠질 수 있는 가능성이 있다는 점이다. 이 문제는 러시아의 에너지 기업 국유화 조치가 완화되고 미국 자본의 유입을 과감히 허용하면 해결될 수도 있지만 현재로서는 쉽지 않을 전망이다. 특히 중국 경제성장의 확대에 따라 경제동맹으로서의 흡인력이 강해지면서 전통적 안보분야 뿐만 아니라 에너지 안보분야에서도 선택을 강요받는 구도가 설정될 가능성이 있다.

미래의 세계 패권구도를 전망할 때 인도의 향배는 대단히 중요한 변수로 작용할 전망이다. 만일 유일 초강국으로서의 미국의 지위가 약화된다면 1강(强)(미국)-2약(弱)(아시아와 유럽) 간의 3각 구도가 될 가능성이 가장 높다. 현재 국제질서는 중국-러시아 전략 연대와 미-일 동맹축의 중간에 인도와 호주가 위치해 있는 형상을 하고 있다. 단, 인도는 중-러 연대 방향으로, 호주는 미-일 동맹 방향으로 조금 다가서 있다는 사실이 지적되어야 할 것이다.

인도는 연평균 7%대의 경제성장을 위해서 석유가 절대적으로 필요하며, 소비량의 70%를 수입해 쓰고 있다. 인도 정부는 핵개발에 나선 이란을 제재하려는 유럽연합(EU) 편을 들었지만, 다른 한편으로는 석유 확보를 위해 이란-파키스탄-인도를 잇는 송유관 건설계획을 강행하고 있다. 따라서 에너지 요인만을 놓고 볼 때 인도는 러시아와의 동맹이 바람직하나 중국과의 경쟁이 부담스러운 상황이다. 이는 이미 페트로 카자흐스탄(PK) 인수전에서 중국에 낙찰된 사례로 입증된다. 인도의 만모한 싱(Manmohan Singh) 총리도 2005년 1월 "나는 중국이 에너지 안보분야에서 우리를 앞질러 대비하고 있다는 것을 보았다. 우리는 이제 더 이상 안주하고 있을 수 없으며, 전략적으로 사고하는 것을 배워야 한다"고 언급한 바 있다.

'친디아'(Chindia)로 불리는 중국과 인도는 정치 · 외교는 물론 군사적으로도 밀접한 관계를 맺고 있다. 그러나 에너지 부분에서만큼은 협력보다 경쟁구도가 더 강하게 나타난다. 인도와 중국의 에너지 협력관계는 러시아의 유코스 인수과정에서 자금지원을 함께 한 것에서 찾아볼 수 있다. 2005년 8월, 중국석유천연가스집단공사(CNPC)는 중앙아시아 카자흐스탄의 3위 석유업체인 페트로 카자흐스탄을 41억 8천만 달러(약 4조 3,781억 원)에 인수했다. 반면 인도석유천연가스공사(ONGC)는 인수경쟁 초기에는 주도권을 잡았으나 결국 중국에 내주고 말았다. CNPC는 9월에도 합작투자사인 안데스 석유를 앞세워 에콰도르의 유전 및 파이프라인을 14억 2,000만 달러(약 1조 4,873억 원)에 인수하는 데 성공했다. 인도는 현재 이란뿐만 아니라 러시아로도 눈을 돌리고 있다. 사할린 1지구 유전개발에 모두 27억 달러(약 2조 8,280억 원)를 투자해 전체 비용의 40%를 충당하고 나섰다. 사할린 1지구의 매장량은 석유 23억 배럴, 천연가스 4850억 m^3에 이른다. 인도의 현재 소비량으로 석유는 2년 반을, 천연가스는 18년을 충당할 수 있다.

2005년 봄에 시작되어 최근 원유송출이 시작된 중국과 카자흐스탄 간의 파이프라인 공사는 카스피해 지역의 자원을 둘러싼 미국과 중국의 암묵적 갈등을 입증해 주고 있다. 중국과 카자흐스탄은 1997년 이 사안을 최종 합의하기까지 상당 기간을 소모한 것으로 알려져 있다.[27] 제1단계에서는 매년 천만 톤을 운송, 2단계에는 2천만 톤, 장기적으로는 매년 5천만 톤 공급이 가능할 것으로 예상하는 이 파이프라인은 2005년 말이면 공사가 완료될 예정이며, 카자흐스탄은 2008년에 원유운송 개시를

---

27) Alexander Sukhanov, "Caspian oil exports heading east," *Asia Times*, Feb. 10, 2005.

기대하고 있다.[28] 이 파이프라인을 통해 운송될 원유를 어느 유전이 공급할 것인가가 오늘날 이해 당사국들의 관심사인데, 중국의 CNPC가 주도하고 있다. 문제는 이 파이프라인이 수익성을 보장받기 위해서는 카샤간(Kashagan) 유전[29] 생산 원유를 중국으로 운송하는 것이 요구된다는 현실이다. 카자흐스탄의 원유 터미널인 아타수(atasu)에서 중국 소재 알라샨코우(alashankou)를 잇는 988km 길이다.

카샤간 유전 석유의 운송경로를 살펴보면, 중국-카자흐스탄을 잇는 아타수-알라샨코우 라인의 전략적 중요성이 드러난다. 그뿐만 아니라 카스피해 원유를 둘러싼 미국과 중국, 그리고 러시아 간의 치열한 에너지 확보전을 목격할 수 있다. 만일 카샤간 유전 오일을 중국으로 보낼 경우, 현재 진행중인 카스피해의 CPC(Caspian Pipeline Consortium) 프로그램은 영향을 받을 수밖에 없다. CPC는 현재 카스피해 오일을 러시아 흑해로 운송하고 있는데, 운송능력에 한계가 노정되고 있다. 현재 연간 2천8백만 톤의 운송능력을 6천7백만 톤으로 확대하려 하고 있는데, 그 배경에는 카샤간 원유를 지목하고 있는 실정이다. 더욱 복잡한 문제는 BTC 라인과의 연계성이다. 아제르바이잔의 바쿠에서 트빌리시-터키의 제이한까지 이르는 동 파이프라인도 카샤간 원유를 염두에 두고 그 운송능력이 확장된 바 있다. 이런 상황에서 중국은 아제르바이잔 정부에게 BTC 라인 운송 대안을 포기하고 중국 기업이 참여하는 5개의 프로젝

---

28) 카자흐스탄은 이 파이프라인에 오랫동안 관심을 가져왔다. 이 파이프라인은 러시아 영토를 통과하지 않는 첫 수출 송유관이다. 이 송유관은 카자흐스탄에게 수출의 독립성을 줄 뿐만 아니라 7억 불에 달하는 투자유치 효과를 준다.

29) 카샤간 유전은 최근 20년 사이에 발견된 가장 큰 유전이며, 2009-2010년경 연 2,250만 톤을 생산할 것으로 예상된다.

트를 진행, BTC 라인의 역방향으로 원유를 운송할 것을 제안하고 있다. 즉 아제르바이잔의 오일을 카자흐스탄으로 유조선이나 파이프라인을 통해 운송, 앞으로 건설될 아타수-알라샨코우 라인으로 연결함으로써 중국으로의 직수출을 권하고 있는 것이다.

중국이 공세적 자원 외교를 지속하면서 해외 원유를 많이 확보할수록 에너지 안보를 강화시키는 요인으로 작용하지만 만족스러운 수준에 이른다고 할 수는 없다.[30] 자원의 선점현상과 더불어 중국의 해외 군사기지의 확보와 해상수송로에 대한 안전망 강화 노력도 눈길을 끌고 있다. 한편, 중국의 남미를 향한 에너지 외교 노력 또한 주목하지 않을 수 없다. 2004년 11월 후진타오 중국 주석은 브라질, 아르헨티나, 기타 남미 국가들을 방문해서 1,000억 달러에 상당하는 계약에 서명했다. 베네수엘라 차베스 대통령이 12월 중국을 방문했을 때 중국은 베네수엘라 유전에 3억 5천만 달러를 투자하기로 합의했고, 매달 12만 배럴의 원유를 수입하기로 했다. 다른 한편으로 브라질은 중국과 11개 항목에 걸쳐 100억 달러에 달하는 에너지와 수송 계약을 했다.

석유의 무기화를 통한 반미전선에 있어 적극적인 베네수엘라는 중남미 국가들을 연계하는 '페트로 아메리카'(P(tro-America) 협정을 추진할 계획이다. 차베스 대통령은 2005년 10월 아르헨티나의 일간지 클라린과의 인터뷰에서 베네수엘라는 지정학적 무대에서 행사할 수 있는 강력한 석유 카드를 통해 지역통합의 이익을 관철할 것이라는 의지를 피

---

30) 중동산 원유 처리능력이나 해상수송로 확보 등 다양한 문제점 보강에 대해서는 이달석, "China Factor의 동북아 에너지시장 영향분석 및 대응전략 연구," 에너지경제연구원 2004년 동북아 정책연구 보고서 참조.

력하였다. 또한 동년 9월 중남미국가공동체 첫 정상회담에서도 중남미 대륙 전체를 포괄하는 에너지 동맹으로 평가되는 '페트로 아메리카' 협정 추진을 본격화할 뜻을 이미 밝힌 바 있다. 쿠바에게 오일 무상 지원을 통해 미국의 대쿠바 정책을 견제할 수 있다는 자신감을 얻은 차베스는 북한에 대한 오일 지원까지 공개적으로 밝히면서 공식 방문을 통한 연계 가능성을 모색중이다.

차베스 대통령의 구상이 실현될 가능성이 오래 지속되기 위해서는 국내 반대여론 무마와 미국 및 서방진영과의 갈등이 예상되지만, 베네수엘라가 강력한 '석유 카드'로써 미국에 대응할 수 있다는 자신감과 이란, 중국의 측면 지원을 감안하면 상당기간 석유시장에 영향을 미치는 요인으로 작용할 수 있을 것이다.

Ⅵ. 맺음말

21세기 국제질서의 변화에서 에너지 안보가 두드러지게 부각되는 것은 안보환경이 변하는 시기와 화석연료의 유한성이 피부에 느껴지기 시작하는 시기가 중복된 점에 기인하는 바 크다. 아무리 중국의 에너지 수요 증가속도가 가파르다고 해도 충분한 공급과 저유가 시대가 지속되었다면 갈등은 그리 깊지 않았을 것이다. 미국 역시 극심한 후유증을 감수하면서까지 중동질서 재편이라는 긴 터널에 들어서지 않았을 가능성이 높다. 그러나 1990년대에 이미 특단의 조치가 없으면 미국의 에너지 안보는 위기상황에서 벗어날 수 없다는 정책 조언들이 빈번하게 나타나기 시작한다.

부시 행정부는 다양하게 제시된 에너지 안보상의 제안들을 국가안보전략의 차원에서 시행하기 시작했다. 누적된 환경변화와 부시 행정부의 정책 구사는 "이념과 핵우산에 의한 지정학적 동맹의 시대 대신 경제중심적 국가전략의 이해 일치가 동맹의 기준이 되는 시대"를 등장하게 만들었다. 핵우산 대신 에너지 안보 우산이라는 연결고리에 의해 동맹 재편의 현상까지 나타난다는 것은 그런 면에서 필연적인 결과로 볼 수도 있다. 미국이 기나긴 전쟁(The Long War)으로 규정한 대테러전에서 "의지의 동맹"이 쉽게 규합되지 않는 원인은 에너지 안보 등 결정적인 국가이익이 일치하지 않고 이에 따른 동맹으로서의 이해관계가 군사협력이나 통상분야 등과 얽혀 사안별로 갈라진다는 간단한 사실에 기인한다.

에너지 우산이라는 단어가 의미하는 이면에는 지속적인 경제발전을 가능하게 하는 동맹관계를 구축하겠다는 개별국가들의 전략이 스며 있다. 현재의 패권구도를 볼 때 초강국 미국의 가장 취약한 아킬레스건은 위상에 걸맞는 경제력을 유지하기 곤란하다는 점이다. 미국이 중국의 취약점을 에너지로 지목하고 압박전략을 구사했다면, 중국은 비대칭전략으로 약점을 보완하면서 동시에 성장하는 경제력을 기반으로 미국의 약점을 치고 들어가는 형국이다. 친미국가가 아닌 상당수 국가에서 석유 결제 대금을 달러에서 유로화로 바꾸려는 조짐이 나타나는 것은 에너지가 패권경쟁의 중요한 수단으로 작동하고 있다는 증거이기도 하다.

이런 상황에서 우리는 국제질서를 인식할 때 에너지 안보상의 역학 변화를 염두에 두어야 안정적인 국가발전의 길을 모색할 수 있다. 예를 들어 중동지역 갈등을 둘러싸고 북핵관리와 대미관계가 충돌하는 경우, 어떤 전략을 구사할 것인지는 기본적인 사실을 정확히 인식하는 바탕에서 출발할 수 있다. 현재 우리가 사용하고 있는 데이터에 비해 이란, 이라크 두 나라가 에너지 시장에서 차지하는 비중이 상향 조정될 가능성이 높다. 두 나라는 이란－이라크전쟁과 오랜 경제제재로 인해 다른 지역에 비해 본격적인 개발의 손길이 미치지 못했다. 본격적인 탐사와 개발이 이루어질 경우, 두 나라가 차지하는 비중은 현재의 20% 선에서 적어도 25% 수준으로 상승할 수도 있을 것이다. 채굴비용이 현저히 싸고 양질의 오일이 세계 매장량의 1/4에 달하는 두 국가가 시아파라는 연대로 이어진다는 점은 우리에게 시사하는 바가 크다. 한국은 그동안 사우디아라비아를 중심으로 장기 공급 계약에 기반하여 오일을 조달해 왔으나 사우디아라비아의 미래는 불안하다. 후세인이 알 카에다와 직접 관련이 없거나 대량살상무기를 개발하지 않았다 하더라도 개입했을 것이라는 시각은 어려운 논리가 아니라 단순한 데이터에 기인하는 점도 무시할 수 없다. 이런 두 나라가 중국－러시아 및 베네수엘라와 동맹관계를 강화하는 상황은 한국이라는 국가가 생존하는 데 중요한 요인이다.

한국의 에너지 안보에 대한 인식과[31] 대비는 주변 국가들에 비해 다소 늦게 출발한 면이 있다. 현재 진행되는 대비는 크게 자원 정상외교의 활성화와 에너지 기본법 제정을 통한 국가 에너지위원회의 가동 등 제도정비 등으로 대별할 수 있다. 그러나 앞으로 우리에게 다가올 두 가

---

31) 국내 안보연구기관에서 국가안보 차원의 에너지 안보 관련 세미나는 2002년 12월 KIDA에서 실시한 “이라크전쟁과 에너지 안보”가 처음이었다. 2003년 이라크 전쟁이 발발하면서 에너지 문제가 안보의 영역으로 주목받게 되어 제도적 뒷받침이 이루어지고는 있지만 얼마나 정확히, 빨리 읽고 신속하게 대응하고 있는가라는 관점에서는 여전히 해결해야 할 숙제가 남아 있다.

지 예만 들어 보면 한국이 해결해야 할 과제는 의외로 많다는 점을 실감할 수 있다.

첫째는, 미얀마에서 최근 대우 인터내셔널이 성공한 해저유전의 문제이다. 아직 매장량에 대한 정확한 검증절차는 남아 있지만 현재 4.1%인 한국의 에너지 자급률을 6%대로 올릴 수 있는 엄청난 규모라고 알려져 있다. 미얀마는 일찌감치 중국이 눈독을 들인 국가로서 코코아일랜드 해군기지의 건설, 중국으로 이어지는 도로와 철도건설이 진행되고 있다. 미국은 미얀마를 악의 축 국가에 포함시켜야 한다는 시각이 있을 정도로 변화가 필요한 우선 국가로 여기고 있다. 자원개발이 현실적 국익으로 가시화되려면 상당한 시간과 자금 투입이 필요한데, 중단하기 곤란한 상황에서 미얀마의 국내 사정이나 대외정책이 미국의 대테러 잣대에 의해 국제문제로 불거질 가능성은 매우 높다. 그러나 아직 불거지지 않은 문제까지 사전에 조치할 만큼 우리의 인식능력이 빠르지도 않고 사전 조치를 취할 적극성도 없는 것이 현실이다.

두 번째는, 북한의 자원문제이다. 북한지역의 석유와 천연가스 개발은 싱가포르나 영국 등 몇 나라가 개발해 왔지만 현재는 중국과의 포괄적 개발협정이 체결된 상태이다. 북한에는 220여 종 이상의 유용 광물이 있는데, 이 중 남북 매장량 비교가 가능한 광물 20종을 2004년 남한의 경상가격으로 단순 평가하면 북한이 22.87조 원, 남한이 95조 원으로 북한이 남한의 20배가 넘는다. 이 중 마그네사이트는 매장량 36억 톤으로 세계 1위이며, 텅스텐은 매장량 66만 톤으로 세계 2위이다. 자원개발은 투입되는 자본의 규모와 회수 기간 때문에 계약 기간이 긴 것이 특징이다. 북한과 중국의 자원개발은 사안마다 다르나 30－50년 단위로 되어 있고, 아제르바이잔과 영국과의 오일 개발은 100년 계약으로 체결되기도 했다. 이런 현실을 고려한다면 안보문제와 경제분야와의 복합적 전략 준비가 당연히 이루어져야 하지만 현실은 그렇지 않다.

21세기 안보환경은 예측하고 대처하기가 쉽지 않게 복합적 성격을 가지면서 급변하고 있다. 동북아 주변 4강 역시 에너지 안보 전략을 국가 대외정책의 우선 순위에 놓고 시행중이다. 한국은 국민 1인당 평균 물류량이 세계 9배라는 사실에서 나타나듯 자원을 들여와 수출하는 국가 구조를 가지고 있다. 고유가를 포함해 원자재의 급등으로 국가경쟁력이 현저하게 떨어지는 시점에서도 에너지 문제가 국가 안보 차원에서 다루어지고 있느냐라는 질문은 여전히 답하기 어려운 상황이다. 안보와 경제의 융합이라는 문제는 그 문제를 다루는 인적 자원의 양성, 기구의 정비, 상황 인식과 정책 수립의 모든 단계에서 우리가 풀어야 할 과제이다.

참고문헌

김명섭 역. 『거대한 체스판 : 21세기 미국의 세계전략과 유라시아』. 서울 : 삼인, 2000.

김재두. "에너지 안보와 세계 동맹의 재편." 미래전략연구원. 『이슈와 대안』. 2006년 6월 13일.

이달석. "China Factor의 동북아 에너지 시장 영향분석 및 대응전략 연구." 에너지경제연구원. 2004년 동북아정책연구보고서.

정기호 · 이만기. "미국 에너지 위기의 원인과 전망." 지역연구회시리즈 01-05. 대외경제정책 연구원(KIEP) 보고서, 2001년.

Barnes, Joe and Amy Myers Jaffe. "The Persian Gulf and The Geopolitics of Oil." *Survival*, Vol. 48, No. 1 (Spring 2006).

Bowiem, Christopher J. *The Anti-Access Threat and Theater Air Bases*(Center for Strategic and Budgetary Assessments, 2002).

Brzezinski, Zbigniew. *The Grand Chessboard : American Primacy and Its Imperatives* (New York : Basic Books, 1997).

CEIS. "En quoi le footprint illustre et accompagne-t-il la stratégie d'influence américaine dans le monde?" Paris, January 2004.

Cordesman, Anthony H. & Khalid R. Al-Rodhan. "The International Energy Outlook 2005 : It is hard to make predictions, Especially about future." The Burke Chair in Strategy, August 5 2005, CSIS.

Daniel, Caroline. "Kissinger warns of energy conflict." Financial Times, June 2, 2005.

Engdahl, William. "China lays down gauntlet in energy war." *Asia Times*(2005. 12. 19).

_______. “Running into a ‘BRIC wall’ with Eurasia?” *Current Concerns*(Feb. 22, 2005).

Gertz, Bill. “China builds up strategic sea lanes.” *The Washington Times*(January 18, 2005).

Klare, Michael T. “Imperial Reach.” *The Nation*(April 12, 2005).

Leverett, Flynt & Pierre Noël. “The New Axis of Oil.” *The National Interest*, Vol. 84 (Summer 2006).

______ and Jeffrey Bader. “Managing China−U.S. Energy Competition in the Middle East.” *The Washington Quarterly*, Vol. 29−1 (Winter 2005−2006).

Manning, Robert A. The Asian Energy Factor (New York : Palgrave, 2000).

Odgaard, Liselotte. *Maritime Security between China and Southeast Asia*(Hampshire : Ashgate Publishing Limited, 2002).

Sanders, Christopher, *America's Overseas Garrison : The Leasehold Empire*(Oxford : Oxford University Press, 2000).

Sukhanov, Alexander. “Caspian oil exports heading east.” *Asia Times*(Feb. 10, 2005).

에너지 안보를 위한 동북아시아 협력 및 거버넌스 : 패러다임의 변화와 문제점

정상화(연세대학교)

I. 서론

탈냉전시대 국제관계는 과거에 비하여 몇 가지 특징을 갖는다. 우선, 수송 및 통신기술의 발달과 국제 경제분업의 심화로 국가 간 교류가 활성화되었다. 또한 국가 간 역학구도를 여전히 무시할 수는 없지만, 보다 중립적인 과정과 규칙을 강조하는 국제레짐과 다자 간 협력이 국가질서의 장치로 대두하였다. 그리고 군사적 의미의 안보에 더하여 경제 안보, 환경 안보, 인간의 삶과 생존에 관련한 다양한 분야의 안보가 국제적 현안으로 부상하였다. 따라서 거래비용을 줄이고 안보를 증진하기 위한 다양한 국제 거버넌스가 관련 이해 당사국가 간에 논의되고 있는 실정이다.

동북아시아는 정치적 · 경제적으로 가장 역동적인 지역의 하나이다. 그러나 지역협력은 현실적인 필요성에도 불구하고 유럽이나 북미에 비하여 그다지 활발하지 못하다. 이는 다른 무엇보다 정치적 경쟁관계와 경제적 협력관계가 공존하는 구조적 원인에 기인한 것이다. 한국, 중국 및 일본 등 동북아시아 지역 국가들의 경제적 교류는 과거 20여 년 동안 크게 신장되었다. 하지만 과거사에 대한 인식의 괴리, 대만문제, 북한문제, 그리고 중국과 일본의 경쟁의식 등은 여전히 지역협력의 장애로 작용하고 있다. 대만과 북한을 제외한 모든 지역국가가 정규 회원국 혹은 초청국의 형태로 참가하고 있는 지역협력체는 ASEAN + 3가 유일하다고 할 수 있다. 그러나 동 국제협력체는 동남아시아 국가들이 주축이며, 동북아시아 국가들은 적어도 형식적으로는 일종의 곁살이를 하고 있는 셈이다. 또한 동아시아 및 태평양 국가들을 회원으로 하고 있는 아세안 안보포럼(ASEAN Regional Forum)은 엄밀한 의미에서 국제기구가 아니라 단순한 협의체에 불과한 실정이다.

동북아시아가 앞으로 경제성장을 지속하기 위해서는 무엇보다 에너지의 안정적 확보가 필요하다. 한국, 일본 및 중국의 에너지 소비는 각각 세계 10위, 3위 그리고 2위이며, 석유 소비는 각각 6위, 3위 그리고 2위이다(김정관 2004, 4). 동북아시아 주요 국가들은 에너지원으로 화석원료에 크게 의존하고 있으며, 더욱이 한국과 일본은 필요량의 대부분을 수입하고 있다. 중국은 경제성장에 따라 이미 원유 수입국이 되었다. 따라서 에너지 개발 및 원활한 에너지 수급을 위한 공동의 협력은 매우 시급한 지역 현안이라고 할 수 있다. 이러한 필요성에 따라 한국, 일본 및 중국은 2005년 이후 에너지 협력을 본격적으로 논의하고 있다. 그러나 지역 차원의 공식적인 에너지 협력기구나 구속력이 있는 제도적 장치는 아직 마련되지 못하였다. 사회적으로 경제발전의 압박이 강한 동북아시아에서 에너지 문제를 해결하지 못하면 심각한 혼란이 초래될 수 있다. 더욱이 단순히 경제적인 관점에서 논의되던 에너지 안보는 21세기 들어 환경 안보, 인간 안보 등 새로운 가치들과 연관되어 논의되고 있다. 에너지를 바라보는 인식에서 일종의 패러다임의 변화가 진행되고 있는 것이다.

본 연구는 이러한 문제의식을 바탕으로 동북아시아의 에너지 안보와 관련한 이론적 논의와 실제 에너지 협력의 진행을 분석하는 것을 목적으로 한다. 구체적으로, 제II절은 새로운 국제질서의 형태로 대두하고 있는 지역협력의 개념과 이론을 소개하며, 제III절은 동북아시아 에너지 지역협력과 관련한 다양한 이슈와 관련 변수를 점검한다. 제IV절은 지역국가 간 에너지 안보 협력의 현황을 소개하고, 제V절은 동북아시아 에너지 안보 협력의 문제점과 앞으로의 전망을 진단할 것이다.

II. 국제관계의 변화와 지역협력의 개념 및 이론

탈냉전시대 국제관계의 특징은 죄수들의 딜레마(prisoners' dilemma)로 표현되는 국가이익을 위한 국가 간 경쟁과 협력의 공존이다. 냉전시대의 안보지대(rent)는 더 이상 기대할 수 없게 되었으며, 세계화는 인적 · 물적 이동에 더 큰 유동성을 부여하고 경제활동에 대한 공동의 규제를 요구하고 있다. 이와 같은 전략환경에서 국가 간 교류 및 협력을 활성화하는 작업은 거래관계의 불확실성과 위험도를 낮출 제도적 장치를 요구한다.

동맹체제 이후 대두된 대표적인 국제 거버넌스는 다양한 형태의 지역협정이다. 국제연합(United Nations)과 세계무역기구(World Trade Organization)의 예에서 보듯이 국제질서의 유지를 위한 다자주의적(multilateralism) 접근방식은 국가이익의 대립으로 인하여 그 효율성이 심각하게 위협을 받고 있다. 1980년대 후반 이후 이해가 일치하는 국가들이 참가하여 지역협정을 맺는 쌍무주의(minilateralism)가 각광을 받게 된 것은 이러한 배경을 갖고 있다.

국가 간 협력은 국가이익에 부합될 경우 자연발생적으로 이루어질 수 있으며, 혹은 지도력이 있는 국가의 힘에 의존하거나 구속력이 있는 제도적 장치에 의하여 이루어질 수 있다. 1970년대 이후 다양한 경제주체 간의 연결망과 국제레짐을 강조하는 상호의존학파(interdependence school)는 경제적 상호 의존의 심화가 정치적 안정이라는 공공재를 제공하는 일종의 확산효과를 지닌다고 주장(Keohane and Nye 1977)하지만, 적어도 현재까지는 이러한 명제가 동북아시아의 경우에도 적합하다고 말할 수는 없다. 한국, 일본, 중국 등 동북아시아 국가들의 사회경제적 협력과 상호 의존은 빠른 속도로 증가하여 왔다. 그러나 과거사에 대한 인식의 차이, 그리고 영토문제로 인한 갈등으로 인하여 동북아시아에서 안정적인 화해와 협력이 이루어졌다고 보기는 힘들다. 더욱이 교류의 확대는 경제, 사회 등 각종 분야에서 갈등의 원인을 확대하는 효과도 지니고 있다.

한편, 중국과 일본이 강대국으로 존재하는 지역구조의 동북아시아에서 과거 지역동맹을 후원하던 미국과 같은 역할을 수행할 단일국가는 존재하지 않는다. 따라서 패권안정론(hegemonic stability theory) (Conybeare 1984 ; Lake 1993)에서 주장하는 패권국에 의한 국제질서의 유지는 기대할 수 없다. 한국이 겪었던 1997년 외환위기의 경우에서 나타났듯이 전통적 동맹국인 미국도 지역안정의 지속보다는 자국의 이익 추구에 더 관심이 있을 뿐이다. 또한 지역협력은 협력의 관습화에 의존할 수도 있다. 반복게임론(iterative game theory)은 협력의 반복을 통하여 신뢰가 구축되고 협력이 관습화될 수 있다고 주장한다(Axelrod 1984). 그러나 이러한 점진적인 처방은 시간의 문제를 해결하여야 한다.

따라서 체제가 상이하고 국가 간 경쟁의식이 강한 현재 동북아시아에서 지역협력을 보장하는 현실적인 방법은 상호주의(reciprocity)에 기초한 제도적 장치를 마련하는 것이다. 또한 지역협력의 거버넌스를 구축하고 강화할 필요가 있다. 개인과 공적 · 사적 기구가 공동의 관심사를 관리하는 다양한 장치의 총합이라고 정의(Commission on Global Governance 1995, 2)되는 거버넌스는 비정부, 민간기구의 역할을 강조하며, 구속력이 있는 제도뿐만 아니라 공동의 규범을 강조한다. 이는 국가정책은 결국 국내 정치의 연장으로 구성원의 집합적 인식과 의견을 무시할 수 없기 때문이다.

요약하면, 경쟁과 협력의 거대한 장(場)이 된 탈냉전시대 국제관계는 공동의 복지를 증진하기 위한 관리장치를 요구하고 있다. 지구적 차원의 국제협력이 절차적 과부하의 문제를 효율적으로 해결하지 못하는 상황에서 이해 당사국 간 공동의 현안을 해결하는 방법은 지역협력을 강화하는 것이다. 아직 국가 간 신뢰구축도 이루어지지 않고 정치경제적으로 다양한 체제가 혼재되어 있는 동북아시아에서 지역협력을 도모하기 위해서는 다양한 차원의 정부협력과 민간협력이 모두 추구되어야 한다.

Ⅲ. 동북아시아 에너지 지역협력의 이슈와 문제점

전술한 바와 같이 동북아시아는 지역의 정치적[1] 혹은 경제적 협력[2]을 관장할 수 있는 제도적 장치가 없는 지역이다. 그러나 경제적인 면에서는 현실적 필요에 의하여 현안별 국가협력[3]이 일정 부분 이루어지고 있는 실정이다. 본격적인 지역교류 및 협력의 활성화는 군사적 긴장

---

1) 현재 동아시아 및 태평양 국가들을 회원으로 하고 있는 아세안안보포럼(ASEAN Regional Forum)은 협의체에 불과한 실정이며, 한국이 1994년에 제안한 동북아안보대화(Northeast Asia Security Dialogue : NEASED)는 아직도 구체화되지 못하였다.

2) 한국과 일본의 FTA 논의는 2006년 현재 농업분야의 개방을 둘러싼 이견으로 중단이 된 상태이며, 한·중 그리고 한·중·일 FTA는 논의 중에 있다. 경제적 현실은 지역 국가 간의 긴밀한 협력을 요구하고 있으나 자유무역협정(Free Trade Agreement : FTA)과 같은 포괄적인 지역협력의 장치는 여전히 논의의 수준에 머물러 있는 실정이다.

3) 지역 경제협력의 예를 보면, 한국과 중국은 2002년 이후 장관급의 투자협력위원회를 개최하고 있으며, 매년 산업제품의 표준화를 위한 정례회의를 개최하고 있다. 한국은 1990년대 말의 외환위기의 경험을 바탕으로 일본과는 2001년, 그리고 중국과는 2002년 각각 20억 달러 규모의 통화 스와프 협정을 체결하였다. 한국, 일본 및 중국은 ASEAN 국가, 호주 및 뉴질랜드와 금융협력을 강화하고 아시아 채권시장을 발전시키기 위하여 공동으로 협력하고 있다. 2004년에는 한국, 중국과 일본이 동영상 송신이 가능한 4세대 휴대전화를 공동개발하기로 합의하였는데, 이는 통신 전송방식의 세계 표준화를 목적으로 한 것이다. 2003년 인도네시아 발리 ASEAN+3 회의에서는 3국의 정상이 한중일 협력 증진에 관한 공동선언을 채택하고 이를 추진키로 합의하였으며, 한·중·일 3국 간 투자협정의 가능한 modality에 관한 비공식 공동연구를 위한 회의를 개최한 바 있다.

관계를 해소할 수 있는 최소한의 안보장치를 필요로 한다. 그러나 안보면에서의 동북아시아 지역협력은 기초가 매우 약하다고 할 수 있다. 우선, 일본과 한국은 미국과 각각 동맹관계를 맺고 있으며, 중국은 북한과 동맹관계를 맺고 있다. 한국과 일본은 독도문제로 대립하고 있으며, 지역패권을 둘러싼 잠재적 경쟁국인 일본과 중국은 아직 조어도(센카쿠 열도, 댜오위다오)의 영유권 분쟁을 해결하지 못한 상황이다. 북방도서를 대상으로 한 일본과 러시아의 영토분쟁도 여전히 지속되고 있다. 한국과 북한 그리고 중국과 대만의 대립은 각각 지역안정을 파괴할 수 있는 실제적 위협이다.

이와 같이 지역 내 정치군사적 역학관계가 매우 불안정하므로 지역의 안보 불안을 감소하기 위해서라도 역내 국가들이 협력의 수준을 높여야 한다. 한국, 일본, 중국 등 지역국가들의 경제적 협력은 정치적 긴장을 낮추는 긍정적인 외부효과를 지닐 것이다. 포괄적인 지역 경제협력을 제도적으로 실현할 가능성이 낮다면 공동의 이해관계가 있는 분야에서 우선 국가 간 협력을 도모할 필요가 있다. 이러한 맥락에서 에너지 협력은 경제적 복지효과의 증대만이 아니라 정치적인 의미를 지닌 개념의 지역 현안이라고 할 수 있다.

동북아시아 에너지 협력을 위한 기반은 긍정적인 면과 부정적인 면이 혼재하여 있다. 석유, 가스, 석탄 등 주요 에너지원은 주로 지역의 북부, 즉 러시아 극동지방과 몽골에 위치해 있으며, 한국, 일본, 중국 등 에너지 다소비국은 지역 남부에 위치해 있다. 따라서 수송망 등 하드웨어와 관련 제도, 법규 등 소프트웨어가 마련된다면 에너지 분야에서 적절한 역할 분담이 이루어질 수 있다. 문제는 이러한 에너지 수급의 간접자본(SOCs)을 구축하는 것이 쉽지 않다는 점이다. 에너지 개발과 공급망의 구축은 국가 간 협조와 대규모의 자본을 필요로 한다. 비록 시장경제체제로 전환하였다고 하더라도 구사회주의 국가들은 아직 투자 관련 제도들이 정비단계에 있다. 또한 아직 스탈린식 독재체제를 가진 북한이 지리적으로 중간지역에 위치함으로써 수송망의 안전도 담보할 수가 없다. 이러한 투자의 불확실성이 제거되지 않는다면 에너지 수입 국가들은 단기적으로 높은 가격을 지불하더라도 중동, 이란 등으로부터 해양수송로를 이용하여 에너지를 구입할 것이다.

〈그림 1〉 에너지 안보의 패러다임 변화

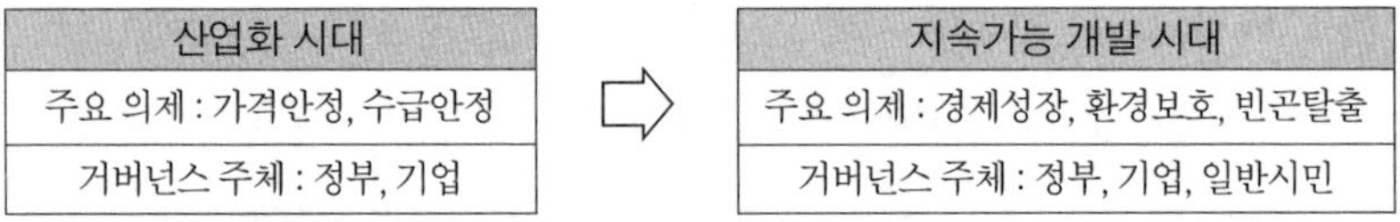

한편, 최근에는 지속 가능한 개발(sustainable development)이 국제연합을 중심으로 강조됨에 따라 에너지 안보도 단순히 공급과 가격의 안정이 아닌 에너지 효율성 증대, 환경오염 방지 및 에너지에의 접근 등을 포함하는 다차원적인 개념으로 바뀌고 있다(〈그림1 참조〉). 이는 중국 등 인구대국의 경제성장에 따른 에너지 소비 증대뿐만 아니라 인간의 경제적 활동에 기인한 자연파괴, 그리고 빈곤의 지속에 따른 환경파괴형 에너지 사용이 서로 밀접한 관계를 가지고 있음을 국제사회가 인식하기 시작한 결과이다.[4)]

4) 대표적인 예는 2002년 5－6월 인도네시아 발리에서 개최된 지속가능발전세계정상회의(World Summit on Sustainable Development)이다.

이러한 에너지 안보에 대한 패러다임의 변화가 의미하는 것은 에너지의 추출, 생산, 수송, 저장 및 분배뿐만 아니라 비효율적인 에너지의 이용, 산림파괴, 무기전용이 가능한 핵에너지 사용 등에도 국가 간 협력이 필요하다는 것이다. 따라서 산업 속성상 그동안 정부와 대기업이 주도하던 에너지 거버넌스도 환경, 소비 등 분야의 시민단체를 포함한 모든 이해 당사자가 국가 간 갈등 해결 및 협력의 제도화에 참여하는 방향으로 발전할 것이다.

Ⅳ. 동북아시아 에너지 안보 협력의 현황

최근 에너지 가격이 상승하고 중동의 안보가 불안정해지자 지역 에너지 협력에 대한 관심이 높아지고 있다. 비록 구체적인 성과는 아직 내지 못하고 있지만 한국, 일본, 중국, 러시아 정부, 민간 연구단체 및 기업도 활발히 지역 에너지 문제에 대하여 논의하고 있다.[5] 한국과 일본은 2005년 4월 핵융합 협력약정을 체결하였다. 이에 따라 한국기초과학지원연구원과 일본원자력연구소는 핵융합 연구인력의 교류와 연구장비의 공동 개발 및 활용을 강화하고 핵융합 에너지 상용화 기술 개발을 위한 공동연구를 수행할 예정이다. 한국과 중국의 정유회사들[6]은 2004년 12

5) 류지철 · 유승직 외(2006) 참조.

6) 한국에서는 SK, S오일, 현대오일뱅크, 인천정유 및 LG칼텍스 정유가 참가하였으

월 아시아 국가들이 유럽 국가들보다 중동에서 석유를 비싸게 사는 아시아 프리미엄을 해결하기 위하여 원유구매, 수송 및 비축에 공조체제를 갖추기로 하였으며, 에너지 탐사와 개발에서도 기술협력과 정보공유를 위하여 서로 협력하기로 하였다. 한국은 2006년 6월 중국에게 한국의 중국 원자력발전소 및 화력발전소 건설 참여를 제안하였으며, 양국 간 에너지 수급 협력, 자원 공동개발, 신재생 에너지 기술협력을 강화하기 위한 방안을 제시하였다. 일본은 중국에 대한 정부개발원조(ODA)가 2008년에 종결됨에 따라 민간 주도의 에너지 절약 및 환경기술 협력을 추진하기로 하였으며, 경제단체 연합회장이 이끄는 중일경제협력단을 파견하여 중국 국가발전개혁위원회와 양국 간 협력을 합의하였다.

한국, 일본 및 중국은 2004년 이후 매년 ASEN+3 에너지 장관회의를 개최하고 있다. 2005년 7월의 캄보디아 회의에서는 에너지 안보, 석유시장, 석유비축, 천연가스, 신재생 에너지 등 5개 협력방안이 논의되었다. 한국, 러시아, 몽골 및 북한의 4개국과 ADB, IEA, UNECE, APERC 등 국제 에너지 관련 기구들은 2003년 4월 동북아 에너지 협력을 위한 고위 당국자 회의(Senior Officials Meeting for Energy Cooperation in North-East Asia)를 러시아 블라디보스톡에서 개최하였다. 공동 발표문의 주요 사항은 동북아 에너지 협력 실무협의회의 정기 개최와 전력망 연계, 화석연료 교역 및 에너지 정책에서 실무 그룹(working groups) 설치를 통한 에너지 협력 증진의 합의이다.

에너지 안보 협력을 위한 이상의 현황이 시사하는 것은 우선 상호

며, 중국에서는 중국석유화학공사(SINOPEC), 중국석유천연가스집단(CNPC), 중국해양석유총공사(CNOOC) 및 중국화공공사(SINOCHEM)가 참가하였다.

협력에 대한 공동의 인식이 형성되어 있다는 점이며, 다음으로 지역 차원에서는 구체적인 협력의 장치가 제도화되어 있지 않으며 아직 논의와 제안의 수준에 머물러 있다는 점이다. 앞장에서 보듯이 다른 분야의 지역협력도 같은 문제를 안고 있지만 지역 에너지 레짐의 분야에서도 제도화의 수준이 낮다는 것을 말하며, 각국 정부는 현실적인 필요성에도 불구하고 공동의 이익 증진을 위하여 국가주권을 양보할 의사가 없다는 것을 말한다.

V. 동북아시아 에너지 안보 협력의 필요성과 전망

에너지 안보 협력은 해외 에너지의 안정적인 확보 및 수송, 신재생 에너지원 개발, 에너지 이용의 효율성 증대, 환경친화적인 산업 개발 등을 포함하는 개념이다. 동북아시아가 에너지 분야의 협력을 필요로 하는 이유는 거대 인구와 경제발전으로 인한 에너지 수요의 급증,[7] 역내 에너지 자원, 특히 석유의 자체 공급이 부족하여 역외 중동의 공급에 의존하는 구조,[8] 그리고 지역 공공재인 환경보호의 필요성 때문이다. 따라서

7) 2000－2020년 동북아시아의 에너지 소비 증가율은 2.2%로서 세계 평균인 1.8%를 크게 상회할 것으로 예측된다(김정관 2004. 1).

8) 동북아시아의 에너지 자급도는 석유 28%, 가스 24%이며, 2003년 중동에의 석유 의존도는 한국 79.5%, 일본 87%, 그리고 중국 47%이다(김정관 2004. 3).

동북아시아 국가들은 에너지 정책의 공동 보조를 위한 비전 및 전략 수립을 도모하여야 한다.

〈표 1〉 동북아시아 국가의 1차 에너지원별 소비(2004)

(단위 : 백만 TOE[9](%))

	석유	천연가스	석탄	원자력	수력	합계(100.0)
한국	104.8(48.3)	28.4(13.1)	53.1(24.5)	29.6(13.6)	1.3(0.1)	217.2
일본	241.5(46.9)	64.9(12.6)	120.8(23.5)	64.8(12.6)	22.6(4.4)	514.6
중국	308.6(22.3)	35.1(2.5)	956.9(69.0)	11.3(0.8)	74.2(5.4)	1,386.2
러시아	128.5(19.2)	361.8(47.4)	105.9(15.8)	32.4(4.9)	40.0(6.0)	668.6

출처 : www.neasiaenergy.net/nea/stat/statview.nsf/Mainpage? OpenPage(2006. 9. 16).

동북아시아 주요 국가의 에너지 정책을 살펴보면, 수입 석유 에너지에의 의존도가 높은 한국(〈표 1〉 및 〈표 2〉 참조)은 2002년 12월 제2차 국가 에너지 기본계획을 수립하여 에너지 정책 방향을 설정하였다. 에너지 정책의 목표는 경제성장과 국민생활 안정을 위한 안정적 에너지 수급체계 구축에서 경제성장과 환경 및 에너지 안보를 동시에 고려하는 지속가능한 발전으로 재설정되었다. 에너지 가격 및 수급은 시장기능에 맡기며 환경, 에너지 절약, 에너지 위기 등 시장이 해결할 수 없는 문제를 조세, 재정 등의 정책적 수단을 통하여 시장 내부화하는 역할을 수행한다.

이와 더불어 에너지 절약 및 효율 향상을 위한 에너지 저소비형 경제구조의 정착, 그리고 안정적인 에너지 공급을 위한 기반시설의 확충

9) TOE(Ton of Oil Equivalent)는 에너지 사용량을 원유 1톤이 내는 발열량으로 환산한 에너지 단위이다.

과 해외자원의 개발, 석유 도입선의 다변화, 그리고 대체 에너지의 개발과 에너지원의 다양화를 목표로 하고 있다. 한국은 현재 양자 및 다자 간 에너지 국제협력에 많은 노력을 기울이고 있으며, 구체적으로 주요 에너지 공급 국가인 호주, 중국, 러시아, 베트남, 카자흐스탄, 인도네시아, 몽골, 남아공화국 등과 자원협력위원회를 구성하여 양자 간 에너지 협력을 추진하고 있다.

〈표 2〉 동북아시아 국가의 주요 에너지 지표(2003)

지표	한국	일본	중국	러시아	북한
GDP(10억 US$)	595.76	4,876.13	1,375.18	306.69	10.53
에너지 생산(백만 TOE)	36.92	84.64	1,380.79	1,106.92	18.76
에너지 순수입(백만 TOE)	176.84	436.83	39.82	−456.2	1.28
전력소비(TWh)	33.582	997.41	1,776.09	792.4	17.71
CO_2 배출량(백만 ton)	448.37	1,201.37	3,719.44	1,526.75	68.78

출처 : www.neasiaenergy.net/nea/stat/statview.nsf/Mainpage? OpenPage(2006. 9. 16).

〈표 1〉과 〈표 2〉에서 보듯이 주요 에너지원의 분포 및 수급에서 한국과 유사한 구조를 가진 일본은 동시베리아 송유관 설치, 사할린 석유 및 가스 개발 참여 등 에너지의 안정적인 확보를 위한 국가 프로젝트를 추진하고 있다. 2002년의 에너지정책기본법(법률 제71호)에 따르면, 에너지 정책의 기본방향은 에너지 수급 안정성의 확보와 환경보호, 그리고 시장원리의 활용을 수단으로 에너지 산업의 효율성 증대에 중점을 두는 것이다. 구체적으로 석유, 천연가스 등 주요 에너지 자원의 안정적인 공급과 안전성 확보를 전제로 한 원자력 개발의 추진 및 신재생 에너지 보급 등을 목표로 하고 있다.

중국은 1993년 원유 순수입국이 된 이래 해외로부터의 도입량이 매해 큰 폭으로 증가하고 있다. 과거 중국의 에너지 정책은 개발과 절약을 동시에 추진해 왔으나 최근에는 절약에 더 무게를 두고 있는데, 이는 국내 에너지 생산이 소비의 증가 속도를 따라가지 못하기 때문으로 분석된다. 〈표 3〉에서 보듯이 중국은 한국이나 일본에 비하여 에너지 수요가 크게 증가할 것으로 예측되고 있다. 중국은 이미 세계 2위의 석유 소비국이며, 더욱이 GDP 대비 에너지 효율성은 일본보다 8배나 떨어진다. 중국 정부는 중국 국민경제 및 사회발전 제11차 5개년 규획요강을 추진하여 국내 에너지 소비를 2010년까지 2005년보다 20% 줄일 방침이다. 구체적으로 철강, 비철, 화학 등 에너지 다소비형 기업 1,000사에 대하여 에너지 절약 실시를 의무화하는 등 에너지 절약 정책을 실시하는 한편 러시아, 중앙아시아, 아프리카, 남미 국가와의 국제협력을 통하여 석유 수입선을 다양화하고 절강성 진해(鎭海)와 범산(岱山), 산동성 황도(黃島) 및 요령성 대련(大連)에 전략적 석유 비축기지를 건설하며, 수력 원자력 및 풍력발전소를 건설하여 에너지 부족을 해결할 것을 목표로 하고 있다. 또한 에너지 이용의 효율성을 제고하고 환경문제를 야기하는 석탄에의 의존도(69.0%, 〈표 1〉 참조)를 줄이기 위하여 에너지 구조를 재편하고자 한다. 풍력과 태양력 등 신재생 에너지의 비중은 현재 7%에서 2020년에는 15%로 제고할 것을 목표로 하고 있다.

동북아시아 주요 국가 중 러시아는 에너지 순수출국(〈표 2〉 참조)으로 유전개발과 안정적 판매를 위하여 동부 시베리아 송유관 건설을 추진하고 있으며, 러시아 노선(앙가르스크–나홋카)을 주선으로 하고 중국 노선(다칭, 大慶)을 지선으로 할 가능성이 높다. 서유럽은 지역적으로 동북아시아에 비하여 동시베리아 석유 및 가스의 최종 소비처가 되기에 불리한 구조를 지니고 있어 국가 간 협력이 이루어진다면 동북아시아 지역의 에너지 협력 전망은 밝다고 할 수 있다.

〈표 3〉 동북아시아 국가의 에너지 수요 전망

	연도	한국	일본	중국	러시아	몽골	북한	동북 아시아	세계
	2000	192.9	558.7	950.0	612.0	2.6	15.7	2,332	9,179
백만 TOE	2020	311.8	586.0	1707.0	841.0	3.7	65.3	3,515	13,167
	연평균 증가율 (%)	2.2	0.2	3.0	1.6	1.8	7.4	2.1	1.8
비중 (%)	2000	8.3	24.0	40.7	26.2	0.1	0.7	25.4 (100.0)	100.0
	2020	8.9	16.7	48.6	23.9	0.1	1.9	26.7 (100.0)	100.0

출처 : 김진우(2004. 9).

이와 같이 동북아시아 국가들의 에너지 안보 협력은 현실적 필요성에 기반을 두고 있으나 그 전망은 긍정적인 면과 부정적인 면이 동시에 있다. 우선 일본과 러시아의 에너지 협력에서 보듯이 영토분쟁에도 불구하고 경제적 이해관계가 에너지 협력을 촉진할 수 있다. 그러나 북한의 대량살상무기 개발로 인한 지역안정의 위협은 장기 프로젝트인 자원 공동개발의 전망을 어둡게 하고 있다.

동북아시아에서 에너지 안보를 위한 지역협력은 단기와 장기로 전망할 수 있다. 우선 단기적으로 가능한 협력분야는 에너지 정보 및 기술의 공유, 공급자 독점가격(monopoly pricing)의 횡포를 막기 위한 에너지 공동구매 및 비축, 안정적인 수송로의 안정적 확보를 위한 정책협력 등을 들 수 있다.

장기 전략으로 추진할 필요가 있는 에너지 협력분야는 기술개발과 비용절감이 요구되는 재생 가능한 에너지 개발분야, 그리고 막대한 자본과 기술을 필요로 하는 석유, 가스 등 화석자원 개발, 생산 및 수송 등의 분야이다. 〈표 4〉에서 보듯이 동북아시아, 특히 러시아는 석유가스 및 석탄이 풍부하다. 따라서 장기 프로젝트의 추진을 위해서 국제기구 및 관련 국가들이 안정적인 정치적 안보환경의 조성에 합의할 필요가 있다.

〈표 4〉 동북아시아의 자원분포

	석유(억 배럴)	천연가스(억 m³)	석탄(억 톤)
한국	–	–	0.8
일본	–	–	7.7
중국	183	12.2	1,145
러시아	600	384.3	1,570
동북아시아	783	3,965	2,730
세계	10,477	1,258	9,844
동북아시아 비중(%)	7.5	31.5	27.7

출처 : *BP Statistical Review of World Energy*(2003).

이러한 정책 인프라가 합의되면 에너지 소비국인 한국, 일본 및 중국과 생산국인 러시아의 전략적 협조가 가능할 것이다. 국가 간 경제협력은 경제요소의 국경 간 이동성 증가라는 경제적 성격과 관련 제도 및 법규의 조정과정이라는 정치적 성격을 가진다. 에너지 레짐은 에너지가 경제활동의 가장 기본이 된다는 점에서 고도의 정치적 성격(high politics)을 지닌다. 따라서 동북아시아 국가들은 지역 차원의 에너지 문제를 다루기 위한 초국가적 기구를 상설화하고 내부조직 및 의사결정, 집행 그리고 감사절차를 마련하여 국가 간 이해관계의 조정이라는 막대한 거래비용을 줄임으로써 추진의 일관성을 유지하는 것도 한 방편이 될 수 있다.

VI. 요약 및 결론

인구가 많고 경제규모가 크며 외부 에너지에 크게 의존하고 있는 동북아시아는 에너지 분야의 지역협력을 필요로 한다. 그러나 경제적 협력과 거래의 증가에도 불구하고 현실주의적 국제정치의 구도에 지배되고 있는 동북아시아는 현실이 요구하는 지역 현안의 협력에 그다지 적극적으로 대처하지 못하였다. 경제적 협력의 필요성이 정치적 갈등구도나 경쟁관계에 압도되었던 것이다. 지역을 포괄하는 본격적인 경제 및 안보 협력의 장치는 아직 제도화되지 못하고 있으며, 최근 활발히 논의되고 있지만 에너지 분야의 협력도 엄밀히 지적하자면 논의단계에 있는 실정이다. 이러한 현실은 국가 간 과거사에 대한 이견과 체제의 차이로 인하여 지역협력을 위한 정책적 자본이 크게 부족한 데 기인한다.

국제가격에 비하여 배럴당 US$1의 아시아 프리미엄을 초과지불하고 있는 한국과 일본은 여전히 에너지의 해외 의존이 심각한 상황이며, 상대적으로 에너지를 자급하는 비중이 높은 중국도 급속한 경제발전과 에너지 소비형 경제구조로 인하여 빠른 속도로 에너지의 해외 수급에 의존하고 있다. 지역 에너지 수출국인 러시아도 서시베리아 지역의 에너지가 고갈되고 유럽 등 서방으로의 공급에 치중했던 수출선을 다변화하고자 동북아시아와의 에너지 협력을 희망하고 있다. 동시베리아 등 동북아시아의 에너지 자원은 아직 초기 개발단계에 있다. 더욱이 천연가스는 〈표 4〉에서 보듯이 세계 부존량의 31.5%를 차지하고 있다. 따라서 에너지 안보를 위한 지역협력의 가능성은 적어도 경제적으로는 매우 높은 것이다. 러시아는 우선 동시베리아 에너지 자원을 개발하고 송유관 등 신규 개발지역의 운송 인프라를 구축할 계획을 가지고 있다.

더욱이 에너지 국제레짐은 중동분쟁의 지속과 남미 좌파 정권의 대두로 인한 국제정세의 불안에 따라 안보적 측면을 강조하는 방향으로 접근되고 있다. 북한 이슈가 상존하고 정치적 · 경제적 체제 이질성이 두드러진 동북아시아에서 에너지 안보 협력은 동북아시아 평화질서 구축의 한 축으로 이해할 필요가 있다. 따라서 동북아시아 국가들은 우선 지역 에너지 문제에 대한 인식을 공유하고 실현 가능성을 고려하여 에너지 협력을 위한 비전 및 전략에 합의하여야 한다. 이러한 작업은 관련 민간 전문가 및 정부 정책 담당자가 참가하는 효율적인 지역 에너지 거버넌스의 구축을 통하여 이루어질 수 있을 것이다.

참고문헌

김정관. "동북아 에너지 협력 강화를 위한 국가전략 : 동북아 에너지협력체 구상." 2004 동북아 에너지 전문가 심포지엄 '동북아 경제질서 재편과 국가 에너지 협력 전략 구상' 발표논문(2004).

김진우. "동북아 공동번영을 위한 에너지 협력." 2004 동북아 에너지 전문가 심포지엄 '동북아 경제질서 재편과 국가 에너지 협력 전략 구상' 발표논문(2004).

류지철 · 유승직 외. "동북아에너지협력연구 : 동북아 에너지 협력 전문가 네트워크 구축 연구." 산업자원부 · 에너지경제연구원 정책보고서(2006. 4).

Axelrod, Robert M. *The Evolution of Cooperation*(N.Y. : Basic Books, 1984).

Commission on Global Governance. *Our Global Neighborhood : The Report of the Commission on Global Governance*(Oxford : Oxford University Press, 1995).

BP Statistical Review of World Energy(2003).

Conybeare, John A.C. "Public Goods, Prisoners' Dilemmas and thew International Political Economy." *International Studies Quarterly* Vol. 28. No. 1(March, 1984), pp. 5-22.

Keohane, Robert O. and Joseph S. Nye, Jr. *Power and Interdependence : World Politics in Transition*(Boston : Little Brown, 1977).

Lake, David A. "Leadership, Hegemony, and the International Economy : Naked Emperor or Tattered Monarch with Potential?" *International Studies Quarterly* Vol. 37, No. 4(December, 1993), pp. 459-489.

www.neasiaenergy.net/nea/stat/statview.nsf/Mainpage? OpenPage. 검색일: 2006/9/16. 18.

2. 동북아 관련 각국의 에너지 안보 정책

미국의 에너지 안보 정책

이재승(고려대학교)

I. 서론

최근 고유가 체제가 지속되고 국제 에너지 시장의 불안정성이 증대됨에 따라 에너지 안보는 그 중요성을 새로이 부각시키고 있다. 전통적인 개념의 에너지 안보는 안정된 공급의 확보에 중점을 두어왔으나 최근의 안보개념은 정치적 · 경제적 요인들을 포괄한 다양한 형태로 확장되고 있다.[1] 수요 관리 역시 대내적 차원의 에너지 안보의 중요한 분야로

1) 비전통 안보의 시각에서 볼 때 에너지 안보는 에너지 공급의 안정적인 확보뿐만이 아니라 에너지 공급 안정과 관계된 물리적 또는 경제적 요소들을 포괄하는 개념이 되었다. Buzan에 따르면, 안보에 대한 위협은 특별한 조치를 필요로 하는 극단적인

간주되고 있다. 현재 논의되고 있는 에너지 안보의 주요 이슈들로는 에너지 공급체제의 취약성 극복과 보완, 수송로 안전 보장, 에너지 공급 단절시의 위험성 최소화, 그리고 원자력 에너지의 안정성 문제 및 폐기물 관리 등을 들 수 있다.[2)]

미국은 세계 최대의 에너지 소비시장이자 석유 및 석탄 등 에너지 자원의 주요 보유 및 생산국이기도 하다. 따라서 미국의 에너지 안보 전략은 생산국으로서 입장과 소비국으로서의 입장을 동시에 반영하고 있다. 그러나 실제로 미국이 가장 의존하고 있는 에너지원인 석유의 경우 국내 생산량과 소비량 간에는 현격한 격차가 있으며, 이 간격은 지속적으로 확대되고 있다. 이처럼 미국의 에너지 수요를 충당하기 위한 공급구조는 국내적 관리 차원을 초월하여 외부로부터의 수입에 의존하고 있으며, 이 과정에서 미국은 여러 지정학적 요인과 시장의 불안정성에 노출되어 있다.

본 논문에서는 미국의 에너지 안보 정책의 주요 내용에 대한 고찰을 통해 대내적 차원과 대외적 차원에서 미국 에너지 안보 정책이 가지는 특징을 알아보고자 한다. 제Ⅱ절에서는 미국의 에너지 안보 현황을

위험상황을 의미하는 것으로서 강제력 행사관계로서의 군사관계, 권위관계로서의 정치문제, 무역, 생산 및 재정관계로서의 경제문제, 집단의 본질에 관한 사회문제, 그리고 인간활동 및 지구생태계에 관한 환경문제 등으로 나누어 볼 수 있다. Barry Buzan, Ole Waver, Jaap de Wilde, *Security : A New Framework for Analysis*(Boulder, Colo. : Lynne Rienner, 1998).

2) 에너지 안보에 대한 보다 자세한 개념 설정에 있어서는 이재승, "에너지 안보와 동북아 협력 : 하위정치이슈에 대한 상위정치적 접근," 『국제지역연구』, Vol. 14, No. 1(2005년 봄호) 참조.

에너지 자원 생산 및 소비현황과 대외적 차원의 에너지 외교 추진과정을 통해 알아보고, 이러한 상황 하에서 미국 에너지 안보 정책이 추구하고 있는 주요 목표를 고찰한다. 제Ⅲ절에서는 베이커 연구소와 외교위원회가 공동으로 작성한 『전략적 에너지 정책』(*Stragegic Energy Policy*) (2001)[3)]과 딕 체니 부통령이 주도한 국가 에너지 정책 개발 그룹이 작성하고 부시 행정부의 에너지 정책의 근간을 이루게 된 『국가 에너지 정책』(*National Energy Policy*, 2001)[4)]을 중심으로 미국의 주요 에너지 안보 현안을 요약한다. 제Ⅳ절에서는 미국의 에너지 안보 정책을 대내적 차원과 대외적 차원으로 나누어 평가하고, 미국 에너지 안보 정책이 당면하고 있는 도전을 중심으로 향후 전망을 내려본다.

---

3) James A. Baker III Institute for Public Policy of Rice University and the Council of Foreign Relations, "Strategic Energy Policy : Challenges for the 21st Century," Report of an Independent Task Force, 2001.

4) NEPDG, "National Energy Policy," Report of the National Energy Policy Development Group(2001. 5). 동 보고서는 작성을 주관한 딕 체니 부통령의 이름을 따서 "체니 보고서"로 불리기도 한다.

II. 미국의 에너지 안보 현황

1. 에너지 자원 보유 및 소비 현황

미국은 현재 세계 최대의 에너지 생산 · 소비 · 수입 국가 중 하나이다. 에너지 자원 보유 면에서는 2005년 1월 현재 미국 에너지부의 통계를 기준으로 석유는 세계 11위,[5] 천연가스는 세계 6위, 석탄은 세계 1위를 기록하고 있다.[6] 반면, 미국은 2003년 하루 약 2,000만 배럴의 석유를 소비하는 세계 최대의 석유 소비국이며, 이는 세계 전체 소비량의 1/4에 해당하는 규모이다.[7] 미국은 현재 전체 에너지 소비량의 약 40%를 석유에 의존하고 있으며, 지속적으로 높은 석유 소비 증가율을 기록하고 있다. 미국의 석유 매장량은 세계 11위 수준이며, 생산량은 러시아와 사우디아라비아에 이어 세계 3위 수준이지만 국내 소비량에는 훨씬 못 미쳐 2003년에는 석유 자급률이 40% 수준에 그치고 있다. 미국의 석유 수입에 있어서는 OPEC 국가로부터의 수입이 40%, 걸프지역으로부

---

5) 텍사스(22%), 루이지애나(22%), 알래스카(20%), 캘리포니아(18%) 등 4개 주가 전체의 80% 이상을 보유하고 있다. 2003년 중 미국의 국내 생산은 780만 배럴/일 수준이며, 이러한 생산수치는 1985년 생산량(1,060만 배럴/일) 대비 26% 감소한 수준이다. 외교통상부, 『주요국 에너지 현황 및 에너지 외교』(2005. 9).

6) 외교부, 앞의 책.

7) 2003년 중 미국의 국내 소비는 20백만 배럴/일, 총수입은 12.2백만 배럴/일(원유 9.6백만 배럴/일, 석유제품 2.6백만 배럴/일), 금액으로는 1,324억 불/년이다.

터의 수입이 20%를 차지하였다.[8)]

향후 20여 년간 미국의 에너지 소비에서도 석유의 비중은 계속 40% 내외를 유지할 것으로 전망되며, 석유 소비 증가율도 비교적 높을 것으로 전망된다. 미 에너지정보청(EIA)에 따르면, 2025년의 미국 석유 소비량은 2,830만 배럴/일로 현재보다 약 40% 증가할 것으로 전망되었다. 반면, 미국의 석유 생산은 2010년 이후 계속 감소하여 2025년에는 860만 배럴/일에 그칠 것으로 전망된다.[9)] 석유 수요의 증가와 국내 공급 감소 결과 미국의 석유 수입은 계속 확대될 것으로 예상되는데, 수입량은 현재의 약 1,200만 배럴/일에서 2025년에는 약 1,970만 배럴/일로 증가할 것으로 전망된다. 그 결과 수입 의존도가 2025년에는 70% 수준으로 높아질 것으로 보여지는데, 이러한 수입 의존도 증가는 석유문제에 대한 미국 에너지 안보의 불안요소를 증폭시키는 중요한 요인으로 작용하고 있다.[10)] 미국의 총원유 비축규모는 2004년 12월 기준으로 16.5억 배럴이며, 이는 6.7억 배럴의 전략 비축유(Strategic Petroleum Reserve : SPR)를 포함한다.[11)] 〈표 1〉과 〈그림 1〉은 미국 내 석유 수급 및 공급에 대한

8) 대외경제정책연구원, 『석유의 안정적 확보 전략』, 용역최종보고서(2004. 12. 27).

9) 특히 원유 생산은 연평균 0.9%씩 감소하여 현재보다 약 100만 b/d 이상 감소하는 반면, NGL 등 비전통적 석유의 생산은 증가하여 전체 석유 생산 중 원유의 비중은 절반 정도에 불과할 것으로 전망된다.

10) 대외경제연구원, 앞의 책.

11) 미국은 1977년 최초 원유 비축 이후 10억 배럴을 목표로 준비하여 2004년 10월 기준으로 세계 최대 규모인 6.7억 배럴 수준이다. 이는 최대 430만 배럴씩 90일 사용량에 해당한다. 현재 텍사스 주와 루이지애나 주에 4개의 비축시설 및 터미널 1개소를 바탕으로 7억 배럴의 시설능력을 보유하고 있다. 대외경제연구원, 앞의 책.

현황과 전망치를 보여준다.

미국 내 천연가스는 사용이 지속적으로 증가할 것으로 예상되고 있다. 2004년 1월 현재 확인된 미국 내 천연가스 매장량은 219tcf(trillion cubic feet)로 추산되며, 이는 세계 매장량의 3.1% 수준이다. 천연가스의 수입 의존도는 14% 수준으로 대부분 캐나다로부터 들여오고 있다. 2005년도 미국 내 천연가스 생산은 전년 대비 1.8% 증가한 19.1tcf 수준으로 전망된다. 미국은 또한 세계 제1위의 석탄 보유 국가이기도 하다.[12)]

다른 한편으로 미국의 에너지 안보 정책은 (화학연료 사용 증가와 맞물린) 온실가스 배출 절감이라는 환경 차원의 이슈와 긴밀히 연계되어 있기도 하다. 미국의 이산화탄소 배출량은 지속적으로 증가할 것으로 예상되고 있다. 〈그림 5〉는 미국 에너지 생산 및 소비의 주요 현황을 요약하고 있다.

〈표 1〉 미국의 석유 수급 전망

(단위 : 백만 b/d)

	2001	2010	2015	2020	2025
소비량	19.6	22.7	24.8	26.4	28.3
생산량	8.8	9.5	9.2	8.9	8.6
원유	5.7	5.9	5.5	4.9	4.6
기타	3.1	3.6	3.7	4.0	4.0
순수입량	10.8	13.2	15.6	17.5	19.7
수입의존도	55%	58%	63%	66%	70%

자료 : IEA ; KIEP, 『석유의 안정적 확보 전략』, p. 171.

12) 외교부, 앞의 책.

〈그림 1〉 미국의 석유 수요 및 국내 공급량(1990－2030)

(단위 : Quadrillion Btu)

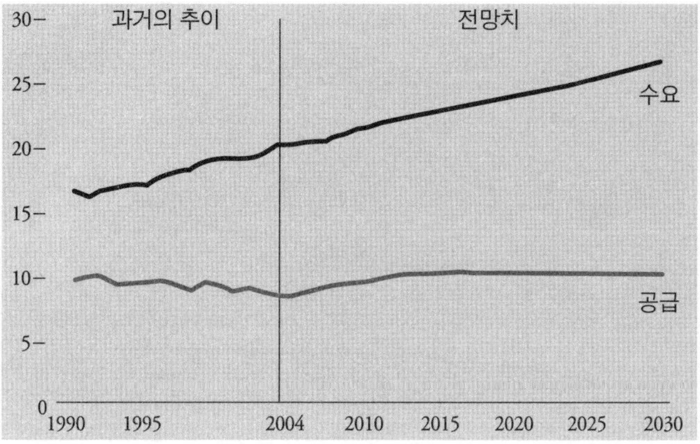

자료 : 미국 에너지정보청(Energy Information Administration, 2006).

〈그림 2〉 연료별 에너지 생산량(1980－2030)

(단위 : Quadrillion Btu)

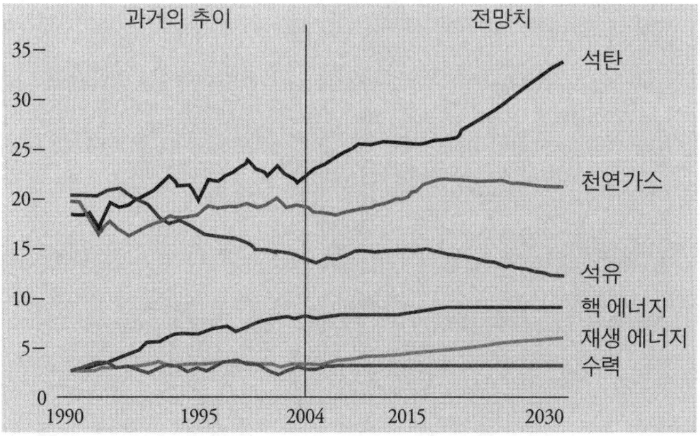

자료 : 미국 에너지정보청(Energy Information Administration, 2006).

〈그림 3〉 연료별 에너지 소비량(1980－2030)

(단위 : Quadrillion Btu)

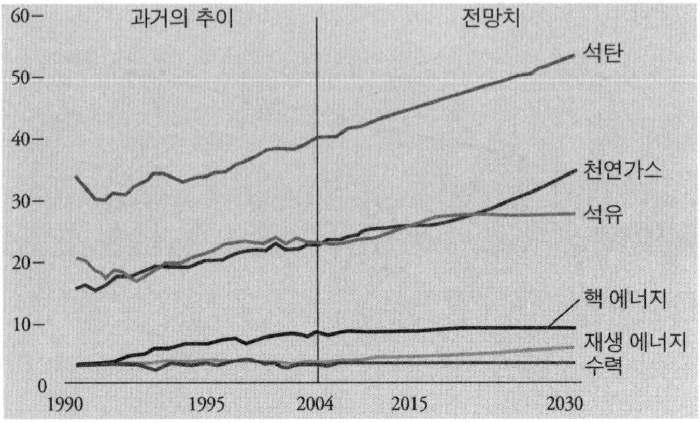

자료 : 미국 에너지정보청(Energy Information Administration, 2006).

〈그림 4〉 전체 에너지 생산 및 소비량(1980－1993)

(단위 : Quadrillion Btu)

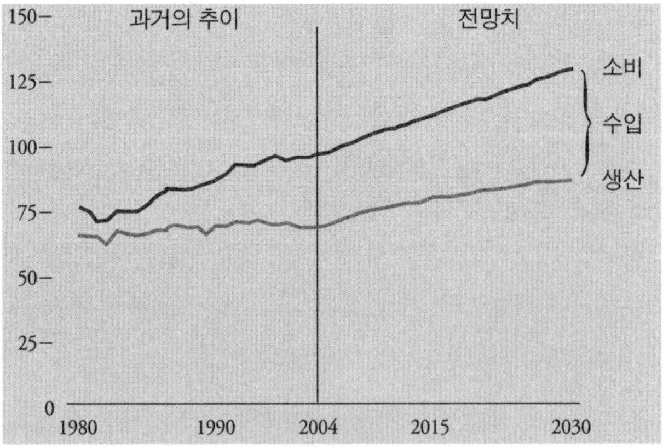

자료 : 미국 에너지정보청(Energy Information Administration, 2006).

〈그림 5〉 이산화탄소 배출 예상량(1990 – 2030)

(단위 : Million metric tons)

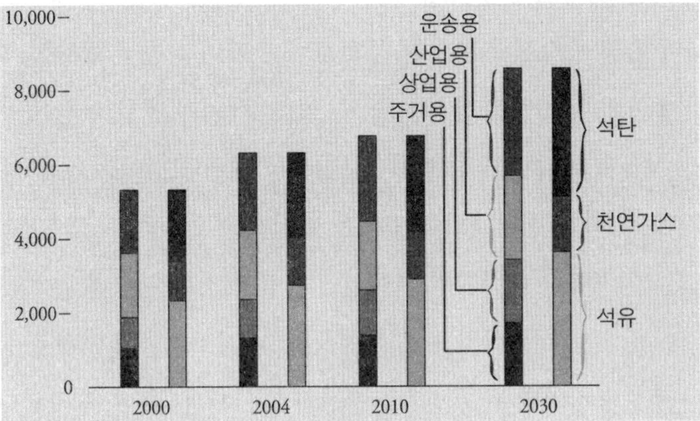

자료 : 미국 에너지정보청(Energy Information Administration, 2006).

2. 미국 에너지 안보의 목표

미국의 전통적인 에너지 정책 기조는 에너지 안보, 환경 및 연구개발(R&D) 등 정부 개입이 필요한 분야를 제외하고는 모든 자원 배분의 문제를 기본적으로 시장에서 해결하는 것이다.[13] 1988년에 발표된 국가에너지 전략(Comprehensive National Energy Strategy)은 에너지 시스템의 효율 개선, 에너지 공급 안정성 확보, 환경친화적인 에너지 생산 및 소비체계 확립, 미래의 에너지 선택권 확대, 그리고 에너지 분야의 국제협력 강화를 구체적인 목표로 제시하고 있다.[14]

---

13) Paul L. Joskow, "U.S. Energy Policy During the 1990s," *NBER Working Paper*, No. W8454(September 2001).

이후 발표된 일련의 에너지 정책들은 일부 강조점의 변화에도 불구하고 기존의 기조에서 크게 어긋나지는 않는다. 이 중 에너지 안보와 관계되어 가장 중요한 목표로는 무엇보다도 에너지 공급 안정성 확보와 에너지 분야의 국제협력 강화를 들 수 있다. 에너지 공급 안정을 위해서는 석유 공급원의 다변화와 에너지 분야의 국제협력 강화를 통해 석유 공급 위기에 대한 미국 경제의 취약성을 개선하는 한편, 미국의 안보적 이득이 있는 지역에서 에너지와 관련된 위험을 최소화시킬 필요가 있었다. 미국은 이를 위해서 에너지성, 민간부문 및 비정부기관의 역량을 통합하여 전략적 요충지역의 수급환경을 안정적으로 개선시키고자 하였다.

그러나 미국의 에너지 안보는 단순한 단기적 공급 안정만을 의미하지는 않는다. 적정가격의 깨끗하고 효율적인 에너지원 확보에 대한 안정적인 접근 역시 경제성장에 있어 필수적인 조건이다. 현 부시 행정부의 에너지 정책의 기조는 『국가 에너지 정책』(*National Energy Policy*)의 부제에서 나타난 것처럼 "믿을 수 있고, 비용을 감당할 수 있으며, 환경적으로 건전한" 에너지 정책의 수립을 목표로 한다.[15] 이러한 목표들을 달성하기 위해 생산 및 공급 증대와 친환경적이고 효율적인 에너지 소비의 조화, 수요국 및 생산국들과의 국제협력 강화, 에너지 공급원의 다변화, 경쟁적인 시장과 효율적인 공공정책에 기반한 에너지 정책 결정 등은 미국의 주요 에너지 정책의 근간을 형성하고 있다.[16]

---

14) US DOE "Comprehensive Energy Strategy" (1988).

15) James A. Baker III Institute for Public Policy of Rice University and the Council of Foreign Relations, "Strategic Energy Policy : Challenges for the 21st Century."

16) Spencer Abraham (U.S. Secretary of Energy), "U.S. National Energy Policy and Global

3. 미국의 에너지 외교 현황

1990년대 미국에서는 전반적인 저유가 기조와 더불어 국내외에서 에너지 수급이 원활했던 탓에 에너지 안보의 문제가 심각하게 대두되지 않았다. 현재 문제가 되고 있는 정유시설의 부족 현상도 이 시기 석유업계의 투자 감소에 기인한 바 크다. 그러나 2000년대에 들어오며 국제 에너지 가격의 인상과 더불어 거대 개발도상국을 중심으로 한 전 세계적인 수요 증대에 따른 에너지 수급 불균형이 가시화되면서 에너지 안보를 위한 외교가 새로운 전략적 목표로 부각되기 시작하였다. 에너지 안보를 둘러싼 외부적 환경 악화 요인으로는 주요 에너지 공급원인 중동 및 중남미지역의 정치적 불안정성과 더불어 자원민족주의의 강화, 그리고 범세계적인 반미감정의 심화 등을 들 수 있다. 이러한 외부적 환경 하에서 미국은 단순한 공급물량의 확보뿐만 아니라, 자국이 수행하고 있는 세계전략을 위해서도 범세계적인 에너지 자원의 수급 조절권을 가질 필요가 있었다. 에너지 확보를 위한 범세계적 경쟁에 중국, 인도 등 거대 개발도상국들의 국영 에너지 기업들이 주요한 주체로 등장하고 있는 것도 자국 에너지 기업의 활동을 간접적으로 지원하는 미국 에너지 안보 전략에 있어 주요 변수가 되고 있다.[17)]

현 부시 행정부는 에너지 안보와 관련해서 안정된 공급을 확보하

Energy Security," *Economic Perspecctives*(May 2004).

17) 이성규, 『미국의 동시베리아 · 극동지역 에너지개발 참여 구상과 동북아 에너지 협력』, 에너지경제연구원 정책연구(2006-2004).

고 시장 불안 요인에 대응하는 한편, 에너지의 해외 의존도 절감을 위한 노력을 외교적 차원에서 지속적으로 추진하고 있다. 미국은 일반적 에너지 협력, R&D, 화석연료(석유, 석탄), 융합 에너지, 원자력 에너지 등 다양한 분야에서 외국과 양자 및 다자협력을 추진하고 있다. 미국의 각 분야별 양자 및 다자협력의 현황은 다음과 같다.

〈표 2〉 분야별 국가별 양자 협력 현황

분야	협정 체결 국가 (시작 연도)
에너지 일반 협력 및 인력 정보 교류 등	이태리(89), 러시아(92), 남아공(95), 필리핀(97), 방글라데시(95), 중국(00), 페루(01)
에너지 효율 및 재생 에너지	캐나다(94, 95, 01), 파키스탄(94), 칠레(95, 98), 남아공(95), 오스트리아(94), 가나(95), 중국(95, 96, 97, 98, 00, 01, 02, 04), 코스타리카(97), 브라질(97), 멕시코(98), 이태리(98), 이집트(00), 모로코(00, 02), 인도(00), 이스라엘(01)
에니지 R&D	일본(79, 05), 나이지리아(80), 중국(87), 영국(90,00), 남아공(95),이태리(95, 98), 가나(96), 아르헨티나(96), 멕시코(96), 핀란드(97), 브라질(97), 베네수엘라(97), 캐나다(98), 스페인(02), 독일(98), 세네갈(98, 99), 방글라데시(98), 이집트(99), 팔레스타인(00)
화석연료	베네수엘라(80, 84, 89, 94, 95, 01), 일본(87), 중국(87, 95, 97, 00, 02), 파키스탄(94), 남아공(95), 브라질(96, 97), 이태리(97), 멕시코(99), 캐나다(00, 02, 05), 에스토니아(00), 보츠와나(00), 영국(03),인도(03)
융합 에너지	일본(79, 83, 87, 88, 90, 00, 01, 05), 중국(83), 러시아(95, 96, 99), 한국(96, 01), EURATOM(01)
원자력 에너지	일본(96, 95, 00, 04, 05), 러시아(93, 94, 96, 99), 우크라이나(94, 98), 중국(95, 98, 03), 가나(95), 한국(96, 00, 01), 남아공(97), 아르헨티나(99), 프랑스(00, 01, 04), 캐나다(03)

한 국가에 다수 협정(MOU 등) 체결시 협정별로 시작 연도가 다름.
자료 : 외교통상부, 앞의 책, p. 349.

〈표 3〉 분야별 다자 간 협력 현황

분야	체결협정 (연도, 참여국가)
에너지 일반 협력 및 인력 정보 교류 등	IEA 에너지 기술 자료 교환 협력 협정 (97, 캐나다, 한국 등) 등 2건
에너지 효율 및 재생 에너지	태양열 발열 및 냉각 프로그램 협력 협정 (96, 오스트리아 등) 등 14건
과학기술	미－EU(CERN) 간 협력 협정(97)
화석연료	CO_2 Ocean Sequestion 국제협력 협정(97, 일본, 노르웨이) 등 6건
융합 에너지	융합 에너지의 환경, 안전, 경제적 측면에 대한 공동 협력 프로그램 협정(92, 캐나다, EURATOM 등) 등 5건

자료 : 외교통상부, 앞의 책, p. 350.

Ⅲ. 미국 에너지 안보 정책의 주요 전략 보고서

1. 『전략적 에너지 정책』(*Strategic Energy Policy*, 2001.4. 9.)

라이스 대학 부설 베이커 연구소와 외교위원회가 주관하고 51명의 각계 에너지 전문가들에 의해 서명된 "전략적 에너지 정책 보고서"는 민간 차원에서 작성되었지만 실제 부시 행정부의 에너지 정책 형성에 있어 주요한 기반을 제시한 것으로 평가되고 있다. 동 보고서는 미국 및 세계가 직면하고 있는 에너지 공급과 인프라 시설 간의 병목현상을 타개하기 위해서는 보다 포괄적이고 장기적인 조치가 필요함을 역설하고 있다.

에너지 정책은 미국의 국내 경제와 국가 안보의 중심이 되는 문제임에도 불구하고 지난 20년간 미국은 넉넉한 에너지 공급과 낮은 에너지 가격, 에너지 관련 규제 완화 등으로 포괄적인 에너지 정책의 필요성을 크게 느끼지 않았고, 그 결과로 캘리포니아 정전사태와 같은 에너지 부족 현상이 초래되기도 하였다. 특히 인프라 시설의 제한이 주요한 문제점으로 부상되기 시작했다. 2000년대에 들어서며 에너지 부문의 상황은 더욱 불안정해졌고, 에너지 공급의 중단이 불러올 수 있는 파급력은 더욱 커졌다. 따라서 동 보고서는 미국이 이러한 문제의 심각성을 인식하고 보다 근본적이고 장기적인 에너지 정책을 마련해야 하며, 이러한 정책은 공급에만 치중하기보다는 수요의 측면에서도 문제를 해결해야 한다고 강조한다.

대외적으로 에너지 문제들이 국가들 간에 상호 연관적으로 되어 가고 있는 상황도 주요한 고려사항이 된다. 미국 내의 공급이 늘어났다고 해서 미국의 에너지 공급 불안정이 완전히 해소될 수 없고, 한 나라의 에너지 부족은 다른 국가들에서의 에너지 가격 상승을 초래하게 된다. 따라서 다양한 형태의 에너지 협정과 외교적 관계, 보다 자유롭고 혁신적인 무역과 투자구조 등이 21세기에 안정적인 에너지 공급을 위한 수단들이 될 수 있다. 이를 위해 미국이 OPEC 비회원국들에서의 생산증가를 위한 외교적 이니셔티브를 증강하고, 석유산업의 상류(upstream)부문을 국유화하거나 독점하는 국가들이 시장을 개방하도록 외교적 노력을 기울일 필요성이 제기되었다. 또한 에너지 공급 중단을 막고 에너지 공급 중단시 효율적으로 대처할 수 있도록 적절한 국가적 · 국제적 메커니즘을 도입하는 것도 중요하게 되었다. 특히 동 보고서는 미국이 공급 중단 사태를 막을 수 있는 국제적인 네트워크를 구축할 것을 제안하고 있다.

에너지 안보는 지정학적인 요소들이나 긴급한 안보문제뿐만 아니라 국내의 에너지, 환경에 대한 고찰도 반영한다. 범세계적인 기후변화가 가져올 잠재적인 위협을 생각해 볼 때, 온실가스의 대기 농도가 최악의 상황을 가져오지 않을 수준을 유지할 수 있어야 하며, 이를 위해서 국내외에서 효율성이 높은 에너지를 사용하는 것 또한 미국의 전략적 이익에 포함된다. 환경 관련 에너지 부문에서 국제적 리더십을 갖기 위해 동 보고서는 미국이 에너지 효율에 관한 기술, 대체 에너지 등에 초점을 맞춘 프로그램의 추진과 국제적인 보급에 나서야 한다고 주장한다.

그러나 환경과 에너지에 있어 적절한 균형을 이루기 위해서는 환경목표에 대한 지나친 관심이 에너지 공급에 있어서 경제적 부담을 가져올 수 있다는 사실도 지적되었다. 실제로 최근의 미국 행정부들은 자원개발보다는 환경 이슈에 더 우선 순위를 두어 왔으나, 그 결과로 석유와 가스 개발 회사를 위한 임대차가 허용되는 연방정부의 토지는 75%에서 17%로 크게 줄었고 허가기준 또한 더 엄격해졌다. 이러한 토지관리 체제는 포괄적인 에너지 정책 하에서 재조정될 필요가 있었다.[18]

이상의 고려 하에서 전략적 에너지 정책 보고서는 다음 사항들을 전략적 목표로 제시하였다.

- 지속 가능한 세계 경제성장을 위해 적정가격의 에너지 공급을 장기적으로 다양화한다.
- 에너지 최종 소비 효율성을 증대시킨다.
- 에너지 공급 중단과 특정 단체, 국가, 개인에 의한 시장 조작을 막기 위

---

18) 2005년 3월에는 알라스카 야생동물보호구역(ANWR) 내 석유자원을 개발하기 위한 법안이 상원을 통과한 바 있다.

한 적절한 방어수단을 국내외적으로 강구한다.

- 시장 실패나 심각한 에너지 부족 사태에 있어서 질서를 확보하기 위해 행동지침을 마련한다.
- 환경을 보호하고 소비자 수요를 장려하며, 에너지 자원과 인프라 시설이 증대될 수 있도록 안정적이고 경쟁적이며 예측 가능한 투자 분위기를 조성한다.
- 미국 소비자와 미국 기업의 이익을 위해 미국 안팎에서 경쟁을 장려한다.

2. 『국가 에너지 정책』(*National Energy Policy*, 2001. 5. 16.)

미국의 에너지 정책은 미래를 위한 계획인 동시에 현재의 필요에 부합할 수 있어야 한다.

조지 부시(George W. Bush)

2001년 등장한 부시 행정부는 에너지 위기를 구조적 원인으로 파악하며 국가에너지정책개발그룹(National Energy Policy Development Group : NEPDG)을 구성하여 포괄적인 에너지 정책을 준비하였고, 그 결과물인 『국가 에너지 정책』 보고서가 취임 초기인 2001년 5월 16일 부시 대통령에게 보고되었다. 이후 부시 행정부의 에너지 정책의 주요 골격을 형성하게 된 이 보고서는 에너지 가격 상승기조에 대한 종합적인 대안을 제시하는 한편, 수입 의존도 확대에 따른 문제를 근본적으로 재검토하고 있다. 여기서는 향후 에너지 소비 증가추세에 비해 미국의 자체적 에너지 공급능력이 정체 또는 감소되고 있는 상황에서 공급능력의 제고를 위한 다양한 대책 마련의 필요성을 논의하였고, 특히 공급 확대 측면에 실질적으로 중점을 두었다. 대내적 차원에서 『국가 에너지 정책』 보고서는 단기적 처방이 아니라 종합적이고 장기적인 대책 및 에너지, 환경, 경제정책을 아우르는 통합적인 정책의 필요성을 강조하고 있다. 이를 위해 에너지 인프라의 현대화, 에너지 공급 증대, 에너지 절약, 환경보호와 개선 등을 에너지 안보 강화의 주요 정책목표로 제시한다. 대외적 차원에서 동 보고서는 에너지 안보를 미국의 통상 및 외교정책의 최우선 순위에 두고 경제와 안보가 결합된 미국의 에너지 안보 증진을 도모하고 있다.

이러한 상황 인식 하에서 미국은 에너지 정책 형성에 있어서 다음과 같은 3대 원칙을 제시하였다. 첫째, 현재 처해 있는 에너지 위기는 구조적 문제점에 의해 초래된 것으로서 단기적 처방에 의해 극복될 사안이 아니므로 종합적인 장기 대책이 요구된다. 둘째, 에너지 공급을 증대시키고 보다 청정하고 효율적인 에너지 사용을 촉진시키는 새로운 환경친화적 기술 발전을 유도한다. 셋째, 국민 생활수준의 향상을 도모할 수 있도록 에너지 안보, 환경, 경제정책을 포괄적으로 통합하는 정책을 수립한다.

『국가 에너지 정책』 보고서는 앞서 논의한 베이커 연구소의 『전략적 에너지 정책』 보고서와 마찬가지로 캘리포니아의 정전사태나 휘발유 가격의 급등 등과 같은 에너지 위기는 그간의 비효율적인 에너지 관리체제에 원인이 있었다고 분석한다. 1991년부터 2000년까지 미국의 에너지 소비는 17% 증가했지만, 에너지의 국내 생산은 2.3%밖에 증가하지 않았다. 더욱이 미국의 에너지 소비는 2020년까지 32%정도 증가할 것으로 예상되고 있다. 만약 포괄적이고 장기적인 에너지 정책이 강구되지 않는다면 미국은 더 심한 에너지 가격 등귀현상과 부족현상을 경험하게 될 것이었다.

미국 에너지 안보의 근간을 이루는 석유는 전체 에너지 소비의 40%를 차지하고 있다. 1950년대 이후로 미국은 에너지 소비국으로 전환되었는데, 특히 현재 석유 수입량은 전체 에너지 수입의 89%를 차지한다. 석유의 해외 의존도 증가는 단순히 양적인 측면뿐만 아니라 질적인 차원에서도 에너지 안보에 있어 우려를 더해주고 있다. 현재 세계 석유 소비량은 다음 20년간 매년 2.1%씩 증가할 것으로 추산되고 있으며, 특히 중국과 인도 등 OECD 비회원국들의 석유 수요가 급증할 것으로 예상된다. 에너지 자원을 둘러싼 범세계적인 경쟁은 미국의 에너지 확보에 있어 새로운 도전이 되고 있다. 석유 생산 및 공급의 다양성 모색은 이런 차원에서 중요성을 지닌다. 석유 생산지의 집중은 산유국과 석유 수입국 모두에게 불안정성을 가져다 줄 개연성이 높다. 동 보고서는 미국이 독점적이고 편협된 에너지 시장을 지양하고 경쟁적이고 평등한 환경을 만들기 위해 WTO 회원국들에게 석유 시추에서 수출까지의 광범위한 단계에 걸친 에너지 개방을 촉구할 것을 제안하고 있다. 또한 시장의 투명성을 제고하기 위해서 데이터의 투명성과 정확성이 개선될 수 있도록 석유 생산 및 재고 부문에 있어서 산유국과 수입국 간의 장기적인 대화에 초점을 맞출 필요성이 제시되었다.

에너지 다변화와 관련해서 동 보고서는 미국 정부가 효율적인 에너지 기술의 개발 및 도입을 촉진하는 정책을 펼 것을 강조한다. 미국의 에너지 정책은 환경을 보호하는 동시에 에너지 인프라 시설을 보다 현대적으로 구축하고 관리할 필요가 있다. 이러한 시도는 공공부문과 민간부문 모두의 활성화를 초래하고 혁신적인 재정 및 시장 메커니즘을 지지하는 데 목적이 있다. 특히 재생 에너지 기술의 보급은 미국의 에너지 안보에 이바지하는 한편 환경에도 긍정적인 영향을 미치며, 개발도상국의 사회적 · 경제적 안정에도 도움을 줄 것으로 평가된다. 미국 정부의 개발도상국가들에 대한 환경친화적인 에너지 기술과 시스템 및 정책지원은 이들 국가들뿐만아니라 미국에게도 효율적인 투자일 수 있다. 이를 위해 미국 정부는 에너지 관련 국제기구들(IEA, G-8, OECD, UN 등)과의 협력 아래 재생 에너지 기술의 시장화에 노력을 기울일 것이 제안되었다.

우방과의 유대 강화는 대외적 차원에서 미국 에너지 안보 외교의 근간을 이룬다. 미국의 에너지 공급의 안전은 캐나다, 사우디아라비아, 멕시코, 베네수엘라와의 협력과 자유무역협정, 파이프라인 네트워크 등의 요소에 의해 이루어져 왔고, 이러한 노력은 지속될 필요가 있었다. 『국가 에너지 정책』 보고서는 미국 에너지 외교의 전략적 대상지로 사우디아라비아 및 중동, 캐나다 및 멕시코, 남미, 아프리카, 카스피해 연안국, 러시아, 그리고 아시아를 고려하고 있다. 이러한 에너지 외교의 범위는 실제로 전 세계적인 차원이며, 미국의 세계전략과 상당 부분 병행되는 것이다. 각 지역별 에너지 안보 전략은 다음과 같다.

- 세계 최대의 석유 수출국인 사우디아라비아는 최근 들어 수출경로를 다양화하고 석유 생산능력을 강화하려 하고 있다. 또한 알제리, 쿠웨이트, 카타르 등의 국가들은 국제투자를 끌어들이기 위해 개방정책을 펼치고 있는데, 미국은 이들 국가들과 외교적 관계를 통해 안정적 에너지 공급처가 될 수 있도록 해야 한다.
- 캐나다는 미국과의 파이프라인 연결을 통해 민간부문에서 천연가스를 공급해 왔고, 양국 공동 수력발전을 통해 전력협력이 이루어지고 있다. 캐나다의 미국에 대한 석유 수출은 지속적으

로 증가했는데, 오일 샌드와 관련한 새로운 기술의 도입으로 향후 미국 에너지 안보에 한층 더 중요한 의미를 가지게 되었다. 멕시코는 미국보다 약 25% 정도 큰 석유 매립지를 갖고 있기 때문에 다음 수십 년간 석유 생산의 중심지가 될 수 있다. 멕시코 정부는 에너지 부문에서 광범위한 개방 프로젝트를 가지고 있고, 미국 정부는 이와 관련해서 민간부문의 신속한 투자를 장려해야 한다. 남미 국가들은 최근 거대한 에너지 수출국이자 수입국으로 성장한 만큼 주요 생산국인 베네수엘라 및 브라질과의 파트너 관계를 강화할 필요가 있다.

- 서부 아프리카는 가장 빠르게 성장하는 미국의 에너지 공급원이다. 나이지리아, 앙골라는 미국 민영기업과의 파트너십으로 미국에 많은 양의 석유를 수출하고 있고 가봉, 콩고 등도 중요한 석유 수출국이다. 미국 기업이 포함된 국제 컨소시엄은 차드에서 카메룬까지를 연결하는 파이프라인을 건설하고 있는데, 이는 하루에 25만 배럴의 석유를 수출할 수 있는 아프리카 최대의 인프라 프로젝트가 될 것으로 예상된다.
- 아제르바이잔과 카자흐스탄의 석유 및 가스 생산은 그 중요성을 더해가고 있다. 미국은 민영회사들과 역내 국가들과의 합작으로 바쿠-츠빌리시-세이한(BTC)을 잇는 파이프라인을 건설하였고, 이는 보스포루스 해협에서 불안정한 상황이 발생할 경우 유용하게 쓰일 것으로 예상된다. 최근 최대 석유 생산국으로 부상한 러시아에 있어 새로운 유전이 발견되고 석유 수출량도 늘어가고 있지만 인프라의 개발과 법적 지원, 그리고 보다 안정된 정치 분위기가 필요하다. 아시아의 석유 매장량은 5%

이지만 석유 소비량은 세계 전체의 30%를 차지하고 있다. 특히 중국은 1990년대 중반에 석유 수출국에서 수입국으로 전환하였는데, 급격한 에너지 수요 증가세를 보이고 있다. 이들 아시아 국가들의 대부분은 중동산 석유에 의존하고 있는 상황이다.

이와 같은 지역적인 고려뿐만 아니라 『국가 에너지 정책』 보고서는 IEA를 비롯한 국제기구들을 통한 석유 공급 중단시의 비상 대비책 마련을 중요한 에너지 안보의 대상으로 지목한다. 세계적인 석유 소비량, 수요의 증가와 적절한 석유 비축 방식의 부재로 미국을 비롯한 세계 여러 나라들이 석유 공급 중단의 위험성에 노출되어 있는 만큼 IEA 회원국들과의 협력을 강화할 필요성이 있다. 이와 더불어 전략비축유(SPR)의 확보 및 활용에 대한 강화된 노력을 동 보고서는 언급하고 있다.

IV. 미국 에너지 안보 정책의 평가와 전망

1. 대내적 차원

『국가 에너지 정책』 보고서에 기초한 에너지 정책법(Energy Policy Act : EPA)은 2005년 8월 정식 채택되었다. 에너지 정책법은 국내 에너지 기업의 자원개발 지원 및 국내 탐사 확대와 더불어 전력 수송능력 및 안정성 제고, 깨끗한 환경의 제고, 청정 석탄기술 및 재생 가능 에너지 제고, 에너지 보전에 있어서 리더십 제공, 액화 천연가스(LNG) 시설 입지 선정에 있어서 연방정부의 역할 제고, 수입 원유에 대한 의존도 약화, 원자력 및 수력발전 제고 등을 주요 골자로 하고 있다.[19] 미국의 『국가 에너지 정책』 보고서(2001)는 거의 모든 에너지 이슈를 집대성한 포괄적인 성격을 지니고 있었다. 그러나 동 보고서의 공급 강화 측면에 대해 반대 의견을 표출한 민주당과의 갈등으로 실제 법안이 등장하기까지는 상당한 시간이 소요되었다. 이러한 실행과정에 있어 초기의 공급 강화 측면의 강조점은 일련의 변화를 거치게 되었다. 이에 앞서 2004년 12월 국가에너지정책위원회(NCEP)는 에너지성에 제출한 보고서를 통해 석유 안보의 증진, 기후변화로부터 파생되는 위험의 최소화, 에너지 효율의 개선, 천연가스, 청정석탄, 원자력 에너지, 재생 에너지를 포함하는 적정가격의 안정된 에너지 공급(affordable, reliable energy supplies) 확보, 에너지 관련 기술 개발 및 시스템 강화 등을 주요 세안사항으로 제시한 바 있다.[20]

2000년대 중반 이후 고유가 기조가 지속됨에 따라 미국 에너지 안보의 강조점도 새로이 변화해 왔다. 수요 관리 차원의 조치들은 새로운 전략적 목표로 상대적 중요성을 증대시켜 왔다.[21] 이는 해외 의존도가 높은 에너지원의 공급 위주 전략이 가지는 근본적인 불안정성이 증가하

19) http://energycommerce.house.gov

20) The National Commission on Energy Policy, “Ending the Energy Stalemate : A Bipartisan Strategy To Meet America's Energy Challenges” (December 2004) ; 이준범, “부시 2기 행정부 출범과 석유정책,” 한국석유공사(2005).

21) 최근 발표된 김현진의 보고서에 따르면 2005년을 기점으로 공급 위주의 전략과 수요 위주의 전략 간의 강조점이 변화하고 있다. 김현진, “국가에너지 전략의 시대,” CEO Information, 삼성경제연구소(2006. 9. 6), Vol. 569.

는 상황에서 대내적인 대응조치의 강화를 통해 위험도를 감소시킨다는 데 의미가 있다. 또한 고유가 체제 하에서 대체 에너지 및 친환경 에너지 기술 개발에 대한 상대적 비용이 감소되는 것도 원인으로 들 수 있다. 청정 및 재생 에너지에 대한 미국 정부의 입장은 에너지 절약, 국내 생산의 증대 및 에탄올 등을 비롯한 대체 에너지 개발 및 연료 효율성 제고 등으로 요약해 볼 수 있다.[22)]

부시 행정부 2기에 들어서면서 미국 에너지 안보의 초점은 개발 및 공급 차원에서 신재생 에너지 및 에너지 효율 개선으로 확대되어 가는 현상을 보이고 있다. 부시 대통령은 2006년 연두교서에서 미국 국민들이 석유 중독상태에 있다고 지적하며, 지정학적으로 매우 불안정한 상황에 놓여 있는 석유 공급의 상황을 극복하기 위해 기술혁신과 신재생 에너지 개발 촉진을 강조하였다. 이어 2006년 2월 미국 정부는 기술혁신을 통한 석유 소비 억제와 재생 에너지 이용 확대에 초점을 둔 첨단 에너지 이니셔티브(Advanced Energy Initiative : AEI)를 발표하였다. 본 이니셔티브는 석유 수입 의존도 감소 및 대체 에너지 확대를 통한 에너지 안보 강화를 주요 골자로 하고 있으며, 이를 위해 2025년까지 중동 원유 수입량의 75%(2004년 기준 189만 배럴/일)를 감소할 것을 제시하고 있다.[23)] 수요 조절 차원에서 석유 수요의 감소 조치도 중점과제로 선정되었다. 전력 소비 개선과 자동차 연료의 기술개발, 청정 석탄을 이용한 화력발전, 태양 열 및 풍력발전, 및 기타 청정 에너지 기술개발 등도 동 이니셔티브에서 강조되고 있다.[24)] 자동차 연료의 다양화와 민생 및 산업용 연료의 청

---

22) George W. Bush, *Vital Speeches of the Day*, Vol. 72 Uss. 14/15(May 2006).

23) 이 계획은 중동 산유국들의 반발을 불러온 바 있다.

정화를 위해 바이오 에탄올 유통 확대를 위한 조세지원, 에탄올 정유소 건설, 에탄올 자동차 개발 지원, 하이브리드 및 수소전지 개발 등이 이러한 맥락에서 추진되고 있다. 또한 미국 정부는 세계 원자력 에너지 파트너십(Global Nuclear Energy Partnership : GNEP) 구성을 제안한 바 있다.

2006년 7월 17일 미국 남부 16개 주를 중심으로 한 미국 남부주 에너지위원회(SSEB)는 미국 액화수송 연료 옵션 조사 보고서를 발간하며 국내 자원들을 활용한 초청정 액화수송 연료 생산을 통해 미국의 에너지 안보를 달성하기 위한 종합계획을 발표하였다.[25)]

2. 대외적 차원

대체 에너지 및 에너지 효율성 제고 등의 수요 차원의 정책들이 에너지 안보에 있어서 중요한 역할을 하는 것은 분명하나, 현재의 에너지 수급 상황에서 사우디아라비아 등을 비롯한 기존의 산유국들이 미국의 에너지 안보에서 차지하는 비중은 결코 감소하지 않는다. 여전히 단기적 · 중기적인 정책방향은 이들 국가들과의 관계 설정에 주어질 수밖에 없다. 다른 한편으로 중국과 인도의 급격한 에너지 증가도 미국의 에너지 안보를 위협하는 주요 요인들이다. 중동지역의 불안정성 지속, 그리고 남미, 러시아를 위시한 에너지 생산국들의 자원민족주의 경향은 미국 에너지 외교가 안고 있는 도전이기도 하다.

---

24) 김현진, 앞의 책.

25) 연합뉴스, 2006. 7. 18.

앞서 『국가 에너지 정책』 보고서에 언급된 바와 같이 미국의 에너지 안보와 관련된 대외정책은 전방위 외교로 볼 수 있다. 중동, 북미지역, 러시아, 카스피해 연안국, 아프리카, 아시아 등 주요 에너지 생산 및 소비국은 물론 G8, APEC, IEA 등의 국제기구들도 에너지 외교의 주요 대상이 된다. 특히 고려할 사항은 각 지역별 전략 형성에 있어서 기존의 주요 공급원이었던 중동지역을 넘어서 향후 새로운 국제 에너지 균형에 영향을 미칠 수 있는 지역에 대한 전략적 고려가 점차 강조되고 있으며, 이러한 대상지역으로는 카스피해, 중남미 및 아프리카를 들 수 있다. 이들 지역의 에너지 증산은 향후 국제 에너지 시장의 공급구조를 다원화시킴으로써 변동성을 감소시킬 수 있다는 데에서 그 중요성을 찾을 수 있다.

에너지 외교에 있어 가장 중심이 되는 것은 무엇보다도 석유 안보를 들 수 있다. 석유 생산지의 안보적 위협에 대해 미국은 군사적 개입을 포함한 다각적인 대응을 취해왔다. 제2차 세계대전 이후 트루만, 그리고 아이젠하워 행정부 하에서 이란에 대한 소련의 영향력 증대, 그리고 범아랍권의 정치적 불안정성을 해소하기 위하여 이들 지역에 군사적 개입이 이루어졌다. 이러한 입장은 카터 행정부에 들어와 소련의 아프간 침공 및 이란에서의 이슬람 혁명이 발생하며 "미국의 필수적 이해(vital interest)와 관계된 중동지역의 석유 공급을 위해서 군사적 개입을 포함한 모든 필요한 방안을 강구한다"는 일명 "카터 독트린"(1980. 1)으로 공고화되었다. 카터 독트린에서 나타난 이러한 입장은 걸프전 당시 부시 대통령에 의해 재확인된 바 있다.

카터 독트린에 직접적으로 등장하지는 않았지만 미국의 해외 석유 의존도가 높아짐에 따라 이러한 군사 개입이 가능한 전략적 요충지는 중동뿐만 아니라 카스피해, 아프리카, 남미 등으로 확대되어 가고 있다.[26)] 특히 그동안 미국 외교정책에서 우선 순위를 받아오지 못했던 아프리카도 중동지역의 불안정성이 증대되면서 카스피해 인근 지역과 더불어 에너지 안보의 전략적 대상지로서 많은 관심을 받게 되었다. 아프리카 국가들의 대미 석유 수출은 끊임없이 증대되고 있으며,[27)] 다른 한편으로 아프리카 국가들 내의 미군 기지의 수도 증가하고 있다.

이처럼 미국이 안정적으로 필요한 석유의 확보를 위해서 주요 생산국 및 소비국과의 관계에 있어서 정치적 · 경제적인 개입이 불가피하며, 극단적인 상황에서는 군사적인 조치가 필요할 수도 있다.[28)] 그러나 다른 한편으로 군사적 개입을 통해 중동지역에서 에너지 목표를 달성한다는 전략은 결코 바람직하지 못하다는 의견이 제기되고 있다. 이러한 시각에 따르면, 미국이 장기적으로 필요한 원유를 향후 OPEC 국가들이 지속적인 증산을 통해서 공급해 줄 가능성은 결코 높지 못하다. 또한 미국이 대외정책을 표방하는 데 있어서, 특히 군사적 개입이 관련된 부분에 있어서 석유나 가스와 같은 에너지 자원의 안정적 공급 확보라는 명분을 대외적으로 내세우기는 힘들다.[29)] 결국 석유 소비 감소와 외교정책의 탈군사화가 궁극적으로 중동지역의 석유 공급 불안요인을 해소하고

26) http://www.tomdispatch.com/index.mhtml?pid=1888

27) 남부 사하라 아프리카는 전 세계 대비 7%의 원유 매장량을 보유하고 있다. 2015년까지 서아프리카는 미국의 전체 원유 수입량의 25%까지도 공급할 수 있을 것이라는 예측도 나오고 있다.

28) Michael T. Klare, "Global Petro－Politics : Foreign Policies of Bush's Energy Plan," *Current History*(March 2002).

29) Edward L. Morse, "Fighting for oil?," *National Interest*(Summer 2004).

에너지 안보 위험을 감소시킬 수 있다는 주장이 설득력을 얻어가고 있다.[30)]

미국의 에너지 안보 정책은 경제, 안보적인 외교정책 목표와 부합하고자 한다. 에너지의 안정적인 확보는 미국의 성장을 지속하게 하는 중요한 요소가 된다. 그러나 에너지 자체가 미국 외교 안보정책의 상위 개념으로 존재하는 것은 아니다. 특정 국가 및 지역의 에너지 문제로 인해 전체적인 외교 안보정책이 심각하게 제약받는 것은 결코 미국의 국익에 도움이 되지는 않는다는 인식은 정책결정자들 사이에서 공유되고 있다.[31)]

에너지 외교의 목표와 국가 차원의 외교전략 및 목표 사이의 상충 가능성도 상존하고 있다. 많은 에너지 생산국들이 개발도상국인 점과 이들 중 상당수의 국가에서 거버넌스의 문제가 종종 거론되고 있는 상황에서 민주주의의 확대와 미국의 경제적 이익 확보라는 목표가 어떠한 균형을 찾을 수 있을지는 쉽게 예측되지는 않는다.[32)] 한 예로서, 아프리카에 있어서 석유 생산이라는 측면은 또 다른 정치 · 경제적 불안정성을 야기

---

30) Michael T. Klare, "Mapping the Oil Motive," TomPaine.common sense(2005. 3. 18).

31) 국제정치학적인 관점에서의 미국 에너지 외교 정책의 분석과 관련해서는 Steve A. Yetiv, *Crude Awakenings : Global Oil Security and American Foreign Policy*(Ithaca : Cornell University Press, 2004) ; Michael T. Klare, *Blood and Oil : The Dangers and Consequences of America's Growing Petroleum Dependency*(Henry Holt & Company, 2004)를 참조.

32) 이러한 입장과 관련해서는 다음을 참조 : Larry Everest, *Oil, Power and Empire : Iraq and the US Global Agenda*(Common Courage Press, 2003) ; Robert Baer, *Sleeping with the Devil*(Three Rivers Press, 2004).

시킬 가능성을 내재하고 있다. 거버넌스 및 안보 상황이 불안한 상황에서 대규모의 경제적 이해관계의 발생 및 상충은 산유국 내에서, 그리고 인근 국가와의 새로운 갈등을 유발시킬 가능성도 가지고 있다.

아프리카로부터의 석유 수입의 증가가 중동지역의 불안정을 대체시켜 미국의 에너지 안보 위협을 감소시켜 줄 것이라는 예측이 중장기적으로 반드시 최선의 시나리오대로 실현되는 것만은 아니다.[33] 또한 미국 측의 일방적 제재나 유엔의 제재와 같은 테러 지원국들에 대한 경제제재는 중요한 외교정책 수단이지만 미국의 이익과 효율성을 위해서 정기적으로 재검토가 필요할 수도 있다. 석유를 중심으로 한 에너지 안보와 미국이 수행하고 있는 테러와의 전쟁 간의 명확한 인과관계 및 우선순위를 부여하는 것도 쉽지 않은 일이다. 테러와의 전쟁에 있어서 주요한 대상국 중 주요 산유국이 포함되어 있는 상황은 미국의 세계 전략과 에너지 전략에 있어 양측의 이해관계가 서로 상충할 수 있는 가능성을 보여주고 있다.

미국은 이러한 상황을 유리하게 전개시켜 나가기 위해서 범세계적인 에너지 파트너십의 중요성을 고려하고 있다. 이러한 파트너십의 형성에 있어 일차적으로 새로운 생산국-소비국 간의 협약이 필요하며, 이는 생산국과 소비국 간의 대립이라는 극단적인 상황을 피할 수 있게 해준다. 아울러 에너지 절약과 효율성 제고를 위한 다자 기술협력 강화를 통한 집단 에너지 안보체제의 확립도 미국 에너지 안보의 주요 과제가 되고 있다. 여기서는 전략적 비축유의 개방과 OECD 및 IEA의 역할 제

33) Michael T. Klare, "Africa's Oil and American National Security," *Current History*, Vol. 103, Iss. 673(May 2004).

고가 중요성을 지닌다. 또한 미국과 산유국과의 관계 설정에 있어서 투명성이 제고된 개혁지향적인 지도자 및 여론 지도자들과의 협력을 강화할 필요가 있다는 의견도 제기되고 있다.[34)]

3. 향후 전망

미국 에너지 안보 정책의 대내적 측면은 정치적인 구도에서도 바라볼 수 있다. 올브라이트 전 국무장관을 필두로 한 에너지 국가안보위원회는 민주당의 입장에서 현 부시 행정부의 에너지 정책의 문제점들을 지적하며 새로운 에너지 정책의 필요성을 강조한 보고서를 발표한 바 있다.[35)] 이 보고서에 따르면 현 부시 행정부는 해외 석유 의존도 감소 및 환경 악화 방지에 있어서 충분한 대응을 하지 못했다. 미국의 석유 의존도는 오히려 2001년 이후 심화되었고, 기후변화에서 오는 위협은 지속적으로 증대되어 왔다. 또한 부시 행정부는 북한, 이란 등과 같은 국가를 다루는 과정에서 핵확산 위협을 효율적으로 제거해내지 못했다. 아울러 일방주의적 외교정책은 다수의 동맹국들 간의 불화를 초래하였으며, 이는 라이벌 국가들 간의 정치적 갈등을 심화시킴으로써 미국의 대외적 에너지 안보의 약화를 초래하였다. 따라서 본 보고서는 해외 석유 및 천연

---

34) Jan Kalicki and David Goldwyn, "Partnership is the Energy Security Key," *Financial Times*(2006. 1. 9).

35) The National Security Task Force on Energy "Energy Security in the 21st Century : A New National Strategy" (July 2006).

가스에 대한 의존 감소, 기후변화 위기에의 대응, 핵에너지 기술과 관련된 확산 위험의 제거를 통한 원자력 에너지의 효율성 증대, 범세계적 에너지 인프라 강화 및 현대화, 기존 및 잠재적 파트너와의 협력적 에너지 안보 환경 조성을 중점 사안으로 선정하고 이에 대한 구체적인 방안을 수립하고자 한다.

그러나 이러한 민주당의 비판적인 중점 사항이 실제로 현재 미국 에너지 정책의 주요 기조와 차별되는 요소들인지는 분명하지 않다. 결국 향후 미국 에너지 안보 전략에 대한 평가는 큰 틀에서의 원칙적인 차원이라기보다는 정책집행 단계에서의 전략 및 성과와 관련된 것으로 보는 것이 보다 현실적인 기준이 될 수 있다.

●●● 참고문헌 ●●●

김현진. "국가 에너지 전략의 시대." CEO Information, 삼성경제연구소(2006. 9. 6), Vol. 569.

이성규. 『미국의 동시베리아 · 극동지역 에너지 개발 참여구상과 동북아 에너지 협력』. 에너지 경제연구원 정책연구, 2006. 4.

이재승. "에너지 안보와 동북아 협력 : 하위 정치이슈에 대한 상위정치적 접근." 『국제지역연구』 Vol. 14, No. 1 (2005년 봄호).

이준범. "부시 2기 행정부 출범과 석유정책." 한국석유공사(2005).

대외경제정책연구원. 『석유의 안정적 확보 전략』. 용역최종보고서(2004. 12. 27).

외교통상부. 『주요국 에너지 현황 및 에너지 외교』(2005.9).

연합뉴스.

Abraham, Spencer. (U.S. Secretary of Energy). "U.S. National Energy Policy and Global Energy Security." *Economic Perspectives*(May 2004).

Baer, Robert. *Sleeping with the Devil*(Three Rivers Press, 2004).

Bush, George. *Vital Speeches of the Day*, Vol. 72 Uss. 14/15 (May 2006).

Buzan, Barry, Ole Waver, Jaap de Wilde. *Security : A New Framework for Analysis*(Boulder, Colo. : Lynne Rienner, 1998).

Everest, Larry. *Oil, Power and Empire : Iraq and the US Global Agenda*(Common Courage Press, 2003).

Financial Times

Joskow, Paul L. "U.S. Energy Policy During the 1990s." *NBER Working Paper*, No. W8454 (September 2001).

Klare, Michael. "Global Petro-Politics : Foreign Policies of Bush's Energy Plan."

Current History(March 2002).

_______. "Mapping the Oil Motive." *TomPaine. common sense*(2005. 3. 18).

_______. "Oil Wars : Transforming the American Military into a Global Oil-Protection Service." *TomDispatch*. http://www.tomdispatch.com/index.mhtml?pid=1888.

_______. *Blood and Oil : The Dangers and Consequences of America's Growing Petroleum Dependency*(Henry Holt & Company, 2004.)

Morse, Edward L. "Fighting for oil?." *National Interest*(Summer 2004).

The National Commission on Energy Policy. "Ending the Energy Stalemate : A Bipartisan Strategy To Meet America's Energy Challenges" (2004. 12).

The National Energy Policy Development Group. "National Energy Policy Report" (2001. 5).

The National Security Task Force on Energy "Energy Security in the 21st Century : A New National Strategy" (2006. 7).

U.S. DOE ."Comprehensive Energy Stragegy" (1988).

U.S. DOE . "Energy Policy Act of 2005" http://energycommerce.house.gov (2005. 4).

Yetiv, Steve A. *Crude Awakenings : Global Oil Security and American Foreign Policy* (Cornell University Press, 2004).

중국의 에너지 안보 정책 :
목적, 전략 및 정책

주재우(경희대학교)/류동원(국방대학원)

Ⅰ. 들어가면서

우리는 에너지 정책과 에너지 안보 정책을 일맥상통한 하나의 정책으로 간주하면서 이를 공동집합체로 인식하는 경향이 매우 많다. 이는 에너지 안보 정책이 에너지 정책 내용의 일부이고 그 연장선상에서 종종 다루어지기 때문이다. 이러한 점이 사실이나 에너지 안보 정책과 에너지 정책에는 매우 큰 차이점이 존재하고 있다.[1] 우선 에너지 정책과 에너지

---

1) 에너지 정책과 에너지 안보 정책, 그리고 에너지 협력과 에너지 안보 협력에 대한 구체적이고 심도 있는 논의에 대해서는 Jaewoo Choo, "Northeast Asia Energy Coop-

안보 정책의 동인이 다르다는 것이다. 에너지 정책은 거시적인 측면에서 경제 또는 상업적 이익에 의해 주도(economically - or commercially - driven) 되는 경우가 대부분이다. 상업적 의미에는 기술이전(technology transfer)의 문제도 포함된다. 이같은 의미에서의 에너지 정책은 에너지의 효율적인 공급과 관련된 에너지 효율성, 에너지원의 구조문제, 그리고 환경오염을 줄이기 위한 기술개발(청결 에너지와 재생 에너지) 등의 문제를 가급적 경제적 · 효율적으로 해결하는 데 초점이 맞춰져 있다. 에너지 안보 정책과 마찬가지로 에너지 정책에서도 에너지 자원의 저렴하고 안정적인 공급문제를 다루고 있다. 그러나 에너지 정책 차원에서 추진되는 에너지 안보, 즉 수급문제의 해결에 대해서는 전략적 구체성이 대부분 결여되어 있다.

그러므로 에너지 정책과 에너지 안보 정책의 두 번째 차이점은 에너지 수급문제 해결을 위한 구체적 전략이 에너지 정책에서는 대부분 추상적이고 포괄적으로 다루어지고 있다는 데 있다. 이는 에너지 정책이 한 국가가 당면한 에너지 문제를 종합적으로 모든 차원에서 다루어야 하는 특징 때문에 자연스럽게 제약되기 때문이다. 그래서 대부분의 에너지 소비 대국들은 에너지 수급문제를 독립적인 차원에서 보다 구체적으로 해결방안을 강구하기 위해 1970년대 말부터 에너지 안보 정책을 따로 수립하여 에너지 안보 이익을 수호하고 추구하고 있다. 그러므로 대부분의 에너지 정책에는 에너지 안보문제와 관련된 전략이 결여될 수밖에 없다. 일례로, 많은 나라의 에너지 정책을 살펴보면 에너지 안보문제에 대한

---

eration Problem : Unfolding the Reality," *Forthcoming in East Asia : An International Quarterly*, Vol. 23, No. 3, 2006 참조.

언급이 되어 있고, 이의 해결을 위한 최적의 전략적 수단으로 '협력'을 강조하고 있다. 그러나 이런 협력을 추진하는 방법론에 대한 설명은 극히 명확하지 않고 매우 추상적이고 원론적이다.

세 번째 차이점은 두 정책의 목적의 성격에 있다. 에너지 정책이 에너지 문제의 이슈 영역(issue-area) 차원에서 중장기적인 관점에서 관련 문제를 조망한다면, 에너지 안보 정책은 당면하고 있는 에너지 문제의 구체적인 이슈(issue-specific)를 집중적으로 해결하기 위한 노력의 반영물이다. 그러므로 에너지 안보 정책은 결국 외교, 군사, 경제 등의 모든 분야를 동원하고 섭렵하는 포괄적인 유기물이라고 할 수 있겠다. 그리고 에너지 정책의 집중대상이 국내적으로 당면한 에너지 문제(예 : 에너지 공급, 소비구조, 신에너지, 환경 등)라고 하면, 에너지 안보 정책은 그야말로 그 대상이 국제적이고 대외적(예 : 해외수급과 수송)이다.

네 번째 차이점은 같은 맥락에서 에너지 정책은 원활한 국내 소비의 보장과 경제발전의 지속성을 유지하기 위한 노력에서 문제 인식이 출발한 반면, 에너지 안보 정책은 해외시장이 급격하게 불안정적으로 변할 수 있다는 위협의식에서 만들어진다는 점이다. 그렇기 때문에 에너지 안보 정책은 해외의 에너지 공급원(국가 및 지역), 수송 루트 지역 및 국가, 그리고 에너지 시장에 매우 민감한 정책으로, 이들 지역과 국가의 안정을 도모함으로써 에너지 자원의 안정적인 공급을 받기 위한 것이 정책의 핵심이다. 그러므로 에너지 안보 정책은 항상 동 지역 및 국가의 정세불안 가능성을 전제로 에너지 자원의 안정적인 공급문제에 접근하기 때문에 이를 사전에 대비하는 차원에서 에너지 생산국 및 수송 경유국에 대한 구체적인 접근전략을 수립하는 것이 주된 목적이다.

이런 맥락에서 에너지 안보 정책의 주요 목적은 1) 에너지 자원의 효율적인 공급(to achieve sufficiency in supply), 2) 안정적인 공급(원) 확보(to secure reliable supply), 3) 구매력과 상응하는 가격 유지(to maintain price commensurate with purchasing power), 그리고 4) 에너지 자원의 안정적인 수송(to guarantee safe delivery) 등으로 축약할 수 있다. 이 모든 것이 에너지자원을 어떻게 안정적으로 저렴한 가격에서 공급받고 본국에 안착할 수 있는지에 대한 문제인식에서 출발한 것이다. 이런 문제들 중 하나가 저해되거나 악영향을 받아 문제가 발생할 경우 에너지 자원의 공급과 수송, 그리고 가격적인 측면에서 불안을 초래할 수 있고, 이는 높은 가격이나 불안한 공급과 수송으로 귀결되기 때문에 특히 중장기적으로 지속될 경우 국가이익에 위협적인 요소로 작용할 수 있다. 그러므로 에너지 안보 정책은 이런 사태 발생을 미연에 차단하거나 사전에 방지하는 데도 그 정책의 목적과 의도가 있다. 이를 구현하기 위해서는 군사, 외교, 정치, 경제, 문화 등 모든 영역에서의 수단과 방법을 복합적이고 다양하게 구사하는 전략이 추구된다. 평화로운 환경에서는 다자 또는 쌍무 차원에서의 협력이라는 매개체가 에너지 안보 이익을 수호하는 데 가장 선호되고 있으며, 유사시에는 무력적인 수단과 방법이 역시 배제되지 않는다.

중국도 현재 에너지 정책과 에너지 안보 정책을 모두 이같은 맥락에서 수립하였고, 이슈의 영역과 구체성에 따라 문제를 해결하기 위한 적절한 정책적 선택을 진행하고 있다. 중국 역시 기타 대국들과 마찬가지로 에너지 안보 위협에 노출되었다고 인식하면서 에너지 안보 정책의 수립과 그 방향성, 목적, 전략에 대한 논의를 다년간 진행해 왔다. 그리고 미비한 점에 대한 보완을 위해 아직도 이같은 논의를 국가, 정부, 전문가 차원에서 한참 진행중이다. 중국의 오늘날의 에너지 정책은 지난 1997년 리붕 전 총리가 발표한 "중국의 에너지 정책"(中國的能源政策)에서 출발하여 지난 2004년 11월 국무원에서 발표한 2004－2020 정책에서 그 완성도를 높였다. 그리고 에너지 안보 이익과 관련하여 일련의 정책을 발표하면서 정책목적을 달성하기 위한 전략 수립에 노력을 집중하고 있고, 이의 결실은 오늘날 주변국, 특히 중국과의 에너지 자원 경쟁국의 우려를 자아내고 있다.

본글은 중국의 에너지 안보 정책에 대한 이해를 제고하는 데 그 목적이 있으며, 이를 위해 우선 중국의 에너지 안보 이익에 대한 위협을 어떻게 인식하고 있으며, 이를 효과적으로 대응하기 위한 정책을 조망하고 분석할 것이다. 그리고 이런 정책을 전개하는 과정에서 중국이 취하는 전략을 논의하고, 이런 정책과 전략이 어떻게 중국의 에너지 안보 이익을 위해 기여했는지를 알아볼 것이다.

II. 중국의 에너지 안보 위협에 대한 인식과 대응

중국은 1993년 석유제품 수입국으로, 1996년 석유 수입국으로 전락한 후 급속한 경제발전으로 날로 늘어가는 에너지 소비로 인한 에너지 문제의 심각성에 당면하게 된다.[2)] 중국은 개혁개방 정책을 채택한 1970

---

2) 중국 에너지 문제의 심각성은 에너지 소비구도 외에도 자국의 에너지 생산 감소와 이를 충당하기 위한 해외 의존도의 급상승에서도 기인하고 있다. 이 문제에 대한 연구 결과물이 많이 출간되었으며, 동 문제가 본 연구주제 범위 외적인 문제이기

년대 말 이래 연평균 10%에 가까운 고도 경제성장을 지속해 왔다. 그러나 고도의 경제성장 과정에서 파생되는 에너지 부족문제는 향후 중국의 지속적인 경제발전(sustainable development)을 제약할 주요 요인으로 부상하고 있다.

중국의 에너지 소비는 고도 경제성장기로 진입한 1980년부터 20년 동안 연간 4.0% 정도로 증가해 왔다. 2005년 중국의 에너지 소비구조를 보면 석탄 68.8%, 석유 19.3%, 천연가스 3%, 수력발전 8.9%의 비중을 차지하고 있다. 석유의 비중은 높지 않지만 점차 늘어나는 실정이다. 경제가 고도성장을 거듭하면서 석유 소비도 급증하여 세계 6위의 산유국임에도 불구하고 1993년 순수입국으로 전환하였다.

현재 중국은 세계 최대의 석유 수입국이며, 석유의 순수입량도 매년 급증하여 2002년에는 일본을 제치고 세계 2번째 석유 소비국이 되었고, 향후 자동차의 보급 급증으로 인해 에너지 수요의 폭발적 증가도 우려되고 있다. 중국의 석유 수입 의존도는 2002년 38%에서 2020년에는 77.6%로 대폭 확대될 전망이다.[3)]

또한 중장기적인 차원에서도 중국의 에너지 소비량과 수입량은 급진적으로 증가할 것이나 중국 내의 생산량은 감소추세에 진입하여 에너지 수급문제를 더욱 가중시킬 것으로 전망된다. 중국의 원유 소비 증가율은 세계 평균의 6배에 달한다. 2030년까지 중국이 연평균 경제성장률 6%를 유지한다면 화석 에너지 수요는 1999년 8.5억 톤(1톤은 석유 7.33배럴에 해당) 에서 2030년 24억 톤으로 증가할 전망이다. 이 경우 석

때문에 이에 대한 논의를 본 글에서는 피하고 있다.

3) 《중앙일보》, 2006년 1월 11일.

〈표 1〉 주요국의 석유부문별 소비통계

(단위 : 만 배럴/일(%))

순위	원유 생산량	석유 소비량	정제능력
1	사우디(13.1)/1068	미국(24.9)/2052	미국 1704
2	러시아(11.9)/929	중국(8.2)/668	중국 582
3	미국(8.5)/724	일본(6.4)/529	러시아 541
4	이란(5.2)/408	독일(3.3)/263	일본 453
5	멕시코(4.9)/382	러시아(3.2)/257	한국 260
6	중국(4.5)/349	인도 (3.2)/256	인도 251
7	노르웨이(3.9)/319	한국(2.8)/228	독일 231
8	캐나다(3.8)/309	캐나다(2.6)/221	이태리 229
9	베네수엘라(3.7)/298	프랑스(2.5)/198	사우디아라비아 206
10	UAE(3.3)/267	멕시코(2.3)/190	프랑스 198

자료 : BP(2004).

유는 연간 5.7억 톤, 천연가스는 1.4억 톤을 수입에 의존해야 한다. 이밖에 전력 공급을 대부분 화력발전에 의존하는 중국 전체 31개 성(省)·시(市)·자치구 가운데 21개 지역이 이미 전력 부족을 호소하고 있다. 중국국가전력감독위원회는 "일부 지역의 전력상황이 생산한계에 도달했다"고 밝혔다.[4)]

중국 국내 원유 생산의 현황과 향후 추이 역시 중국 에너지 문제를 더욱 어렵게 만들 것으로 관측되고 있다. 현재 중국은 따칭(大慶), 성리(勝利), 랴오허(遼河), 신장(新疆), 쓰촨(四川), 창칭(長慶), 보하이(渤海)와 난하이(南海) 등 24개의 석유 생산 기지 내 688개의 유전을 보유하고 있으나 동부 주요 유전의 생산량이 감소 추세이고, 서부 및 해저

4) 《동아일보》, 2004년 3월 7일.

유전의 생산량도 크지 않아 2005, 2010년과 2015년 중국의 원유 생산량은 각각 1.7억 톤, 1.75억 톤, 1.85억 톤에 그칠 전망이다. 중국의 원유 가채 매장량은 2002년 말 현재 25억 톤으로, 현재와 같은 원유 소비 추세가 지속될 경우 15년 이내 고갈 우려가 있는 것으로 예상된다.

〈그림 1〉 중국의 석유 수급 전망

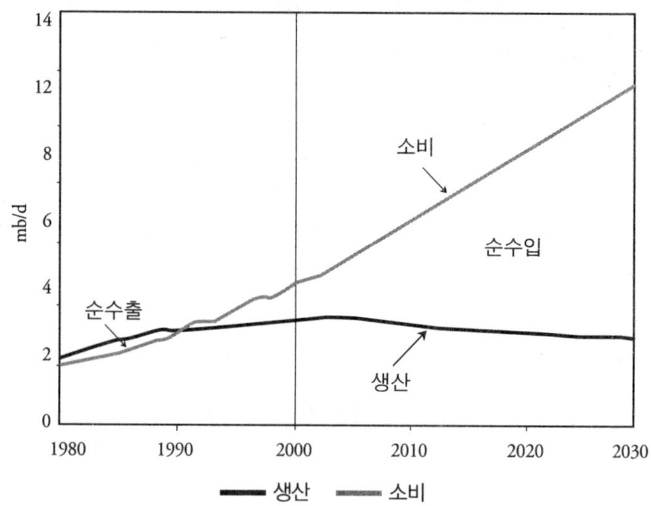

자료 : OECD, *World Energy Outlook*(2002).

〈그림 1〉과 〈그림 2〉에는 IEA의 중국 석유 및 천연가스 수급에 대한 전망이 나타나 있다. 중국은 이미 1993년에 석유 순수입국으로 전환되었으며, 2010년경부터 석유 수급 불균형이 심화될 것으로 보인다. 또한 중국의 석유 소비 성장은 가히 폭발적이라고 할 수 있다. 전 세계 석유 소비에서 차지하는 중국의 비중은 1990년 중반 5%에서 2010년까지 9-10%로 배 가까이 늘어날 전망이다.[5)]

천연가스의 경우에도 〈그림 2〉에 나타나 있는 것처럼 2010년 이후 수급 불균형이 급속하게 악화될 것으로 보인다. 중국의 에너지 수급 불균형은 동북아지역의 에너지 균형에 심각하게 영향을 줄 것으로 예상되기 때문에 향후 2010년경에 이르면 동북아지역에서 역내 국가 간의 에너지 확보 경쟁과 갈등이 발생할 가능성이 높다. 향후 중국의 에너지 문제에 있어서 심각성의 핵심은 이러한 수급 불균형이 시간이 지날수록 더욱 빠르게 진행될 가능성이 높다는 것이다.

〈그림 2〉 중국의 천연가스 수급 전망

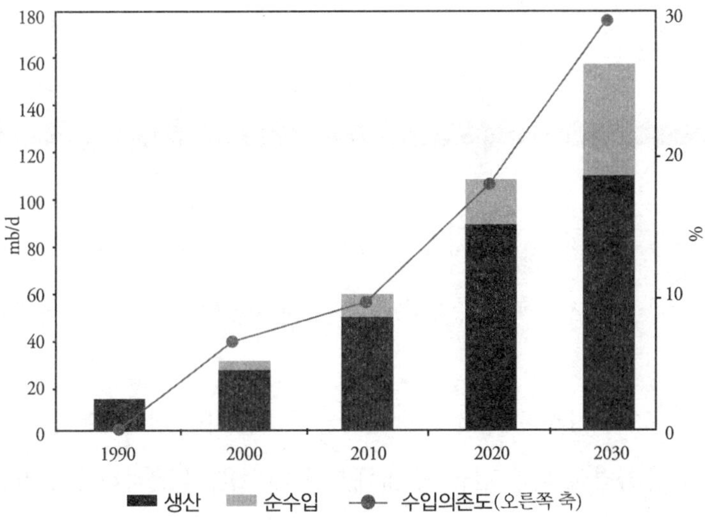

자료 : OECD, *World Energy Outlook*(2002).

중국은 이처럼 폭증하는 석유 수요를 충족시킬 안정적 공급선이 없다는 한계를 갖고 있다. 중국은 폭증하는 석유 수입의 절반을 중동에 의존하고 있다. 이는 중국이 에너지 생명선을 미군에 의존한다는 것을

5) 《머니투데이》, 2004년 5월 6일.

뜻한다. 그만큼 안보상의 취약점을 드러내고 있다. 1970년대 석유파동(오일쇼크)과 같은 사태가 닥쳤을 때 충격을 완화할 전략적 공급선이 없다는 것은 치명적일 수 있다. 중국은 이런 약점을 보완하기 위해 자국 산업을 보호하기 위한 '에너지 안보' 차원에서 안정적 석유 확보에 총력을 기울여 왔다.

그리고 중국 정부는 이같은 에너지 문제의 심각성을 인식하고 이를 극복하기 위한 정부의 의지를 담은 '중국의 에너지 정책'을 발표하였다.[6] 이 정책은 중국 에너지 문제 해결을 위한 정책의 방향성을 제시하고 있다. 향후 중국의 에너지 문제를 효과적으로 해결하기 위한 의미로 중국은 동 정책을 통해 국내외 자원의 탐사와 개발, 그리고 생산에서의 중국의 활동을 보다 적극적으로 확대시켜 나가야 할 것이라고 강조하였다. 또한 동 정책은 원유분야 개발을 위해 중국이 두 개의 시장(국내와 해외)과 두 종류의 자원(석유와 천연가스)에 의존해야 할 것이라고 설명하면서 이에 대한 정책적 전략으로 이른바 '조우추취'(走出去, 해외로)를 채택하였다.

그러나 이후 중국 정부는 별다른 후속조치를 취하지는 않았으나 관련 국유기업의 해외 진출 및 국내자원 개발을 적극 독려하는 입장을 취했다. 그리고 에너지 문제를 대신 국가경제발전계획 차원에서 중대한 국정과제로 다루기 시작하였고, 이는 10차 5개년개발계획에서부터 뚜렷하게 나타나고 있다. 또한 2005년 말에 발표된 11차 5개년개발계획에서도 에너지 소비구조를 효율적으로 조정하고 자국 에너지 생산량을 제고시키기 위한 발전목표를 제시하고 있다.

---

6) 李鵬, "中國的能源政策,"《人民日報》, 1997年 5月29日.

중국이 에너지 문제를 국가이익의 위협적인 요소로 본격적으로 간주하기 시작한 것은 1998년이다. 당시 중국의 총리 주룽지는 조우추취 전략을 중국의 전 세계를 향한 정책의 일부로 설명하면서 중국의 국유 석유기업들이 주요 진출대상으로 삼아야 할 이른바 '전략적 세 지역'을 설정하였다. 이들 세 전략적 지역은 중앙아시아와 러시아, 중동과 북아프리카, 그리고 남아메리카를 의미한다.[7] 이후 중국의 에너지 안보 이익에 대한 사고는 순수 경제적인 차원에서보다는 전략적인 차원에서 국가 안보 이익의 개념에서 진행되기 시작하였고,[8] 이는 특히 21세기에 들어와 더욱 가시화되기 시작하였다.

중국은 에너지 안보 이익에 대한 심각성을 21세기의 경제주제라고 할 수 있는 '지속적 발전'이 부상하면서 향후 자국의 지속적 발전 가능성을 진단하면서부터 인식하기 시작하였다.[9] 중국이 향후 20-30년 동안 지속적인 발전을 유지하고 중국 내에 산적한 내부문제를 효과적으로 해결하기 위해서는, 다시 말해 이른바 '샤오캉' 사회(小康社會)를 위해서는 보다 균형적인 경제구조와 산업 및 사회발전이 전제되어야 하는데, 이와 관련 가장 핵심적인 요소가 안정적인 에너지 공급과 에너지 소비의 효율성이다.[10]

---

7) Xu Yi-chong, "China's energy security," *Australian Journal of International Affairs*, Vol. 60, No. 2, June 2006, p. 274.

8) 課題組, "建立風險采購屏障 : 關于維護國家石油安全的基本設想,"『國際貿易』, 2000年 9期, p. 8.

9) 원자바오 총리는 2003년 5월 26일에 개최된 〈중국지속발전전략연구회의〉에서 중국 경제의 지속적인 발전을 위해서는 에너지 문제의 심각성을 제기하였다.

10) 후진타오 정부는 2003년 3월에 개최한 제10차 전국인민대표대회에서 발표한

에너지 자원이 한정적이고 제한되어 있는 상황에서 이를 필요에 따라 소비를 할 수 있는 실정은 아니다. 그리고 21세기에 들어오면서 중국은 에너지 과소비로 인한 에너지 공급의 중단 또는 어려움을 대도시에서 겪기 시작하였다. 그러면서 에너지 문제가 중국의 향후 지속적인 발전에 심각한 영향을 미칠 수 있다는 인식을 하게 되었다. 이 과정에서 미국에서 발생한 9 · 11 테러사태 및 미국의 보복조치는 유가를 급속하게 증가시키는 요인으로 작용하였고, 미국의 '테러와의 전쟁' 정책의 내재적 목표가 세계 석유시장 질서를 재편하고 석유 생산국과 석유 수송에 긴요한 지역 및 국가에서의 선점을 취하기 위한 것으로 재해석되면서[11)] 중국 역시 에너지 안보 이익을 추구하는 과정에서 '상위정치' (high politics)의 중요성과 역할을 깨달으면서[12)] 에너지 이익을 국가 안보 이익으로 인식전환을 하였다.[13)]

〈공작보고〉(工作報告)에서도 중국이 향후 20년 동안 장기 발전정책 목표와 전략을 실현하기 위해서 충분한 에너지 자원의 공급 확보가 절대절명의 중요 활동이라고 강조한 바 있다.

11) "伊戰後的國際能源形勢," 『北京週報』, 그리고 "安全?霸權?" (www.beijingreview.com.cn), 2003年 14期.

12) Kenneth Leiberthal and Mikkal Herberg, "China's Search for Energy Security : Implications for U.S. Policy," *NBR Analysis*, Vol. 17, No. 1, April 2006, p. 13.

13) 중국은 '9 · 11테러' 이후 국가이익을 위협할 수 있는 요소를 '전통적 안보' (conventional security)와 '비전통적 안보' (non-traditional security)로 양분화하면서 '전통적 안보'의 위협요소를 국가주권과 생존 등과 같은 경제 · 군사 · 외교 · 정치적 문제에서 찾는 반면, 이른바 '비전통적 안보'의 위협요소는 냉전의 종식으로 세계화와 상호 의존의 심화에 따라 나타나는 국경난민 및 불법이민, 마약, 무기거래, 돈세탁, 테러리즘, 에너지 및 수자원, 식량 등과 같은 문제로 규정하고 있다. "비전통적 안보"개념에 대한 중국학자의 구체적인 이론적 분석은 陸忠偉 主

이런 인식을 행동으로 옮긴 사례가 2003년 원자바오(溫家寶) 총리의 지도 아래 설립된 7개의 '연구소조'(研究小組)이다.[14] 중국 정부는 이런 연구소조들의 설립목적을 1년 내에 중국이 에너지 (안보)문제를 효과적으로 효율적으로 해결할 수 있는 방안과 정책을 제시하는 것으로 설정하였다.[15] 이의 결과물이 『에너지 중장기 발전계획 강요(2004－2020)』이다. 또한 중국 정부당국은 에너지 안보문제를 에너지 수급문제와 정책 및 전략문제로 이원화시키면서 이를 보다 효율적으로 해결하기 위하여 관련 국유기업의 구조조정과 개혁을 단행하였고, 에너지 안보문제에 대한 연구를 강화하기 위하여 연구조직을 설립하였다. 전자의 경우 중국은 지난 1990년대 말부터 에너지 산업 관련 3대 국유기업의 대대적인 개혁과 구조조정을 통하여 이들이 보다 경제적 · 효과적으로 해외사업을 추진할 수 있는 여건과 환경을 조성하는 데 많은 노력을 기울여 왔다. 그 결과 중국의 3대 에너지 기업은 해외 에너지 탐사, 시추, 개발, 운송, 보관 및 비축, 그리고 국내 공급문제와 관련한 대규모 사업을 독자적으로 결

編, 『非傳統安全論』(北京 : 時事出版社, 2003), pp. 9－95 참조.

14) 원자바오 총리의 지시에 따라 조직된 7개의 소조는 자원과 수급상황소조(資源及需求情況小組), 국내석유천연가스개발소조(國內石油天然氣開發小組), 석유 에너지 자원 수입 및 국제 석유 에너지 자원 참여 개발과 제소조(石油能源資源輸入及國際石油能源資源參與開發課題小組), 석유안보와 비축과제연구소조(石油安保和貯備課題研究小組), 석유화학공업발전연구소조(石油化學工業發展研究小組), 석유천연가스절약 및 대체에너지연구소조(石油天然氣節約及代替能源研究小組), 석유천연가스에너지자원발전관련 정책 및 조치연구소조(有關石油天然氣能源資源發展政策及措置研究小組) 등을 포함하고 있다. 이들 소조의 책임자는 국책기관의 연구원으로 종사하고 있는 에너지 전문가로 구성하고 있다.

15) "中國油氣可持續發展戰略研究快速啓動,"《經濟日報》, 2003年 6月 27日.

정하고 경영할 수 있는 권한을 부여받았다.16) 그럼으로써 이들 기업들은 해외로부터의 투자유치를 독립적으로 유치 · 관리할 수 있는 권한도 가지게 되었으며, 해외의 다국적 에너지 기업과의 교류와 활동도 자연스럽게 배가되었다.

특히 최근에 들어와서 중국석화공사(中國石化公司, Sinopec)는 중국석화국제석유엔지니어링공사(中國石化國際石油工程公司)를 지난 2003년 12월에 설립하여 향후 중국의 해외 석유자원 개발 및 개척을 위한 모든 엔지니어링 서비스와 시공의 책임을 맡게 되었다.17) 또한 에너지 안보문제의 정책과 전략을 보다 효율적으로 강구하기 위하여 중국 정부당국은 일련의 국책 연구기관을 설립 또는 기존의 연구기관을 확장하는 데 주력해 왔다.18) 기존의 대표적인 연구기관으로는 국무원 국가발전/개혁

---

16) 중국석화의 경우 2005년까지 200-300만 톤, 2010년까지 1,000-1,500만 톤의 원유를 개발하는 해외사업 프로젝트를 계획하고 있다. 중국석유기총공사(CNCP)는 2005년까지 국제 석유시장을 대대적으로 개척하고 해외사업을 적극 발전시키면서 3,500만 톤을 합작, 생산할 계획을 가지고 있다고 밝혔다. 중국해양석유공사(CNOOC)의 경우 향후 5년 내에 해외 원유와 천연가스의 탐사 및 시추사업을 강화하여 이의 생산량을 두 배로 증가시키고 에너지 자원의 업스트림(upstream) 사업분야에서 세계 5대 기업 대열에 진입하는 계획을 지난 2002년 2월에 밝힌 바 있다. "伊拉克戰爭使中國反思能源安全戰略," 石油經濟網, 2003年 4月 28日(검색일 : 2004년 2월 16일). 중국 정부가 1998년 이후 단행한 국유 에너지 기업에 대한 일련의 개혁과 구체적인 구조조정의 목적과 내용에 관해서는 Philip Andrews-Speed, Xuanli Liao and Ronald Dannreuther, "The Strategic Implications of China's Energy Needs," *Adelphi Paper* 346(London : The International Institute for Strategic Studies, 2002), pp. 49-53 참조.

17) "中國石化國際石油工程公司成立," 『中國石油報』, 2003年 12月 27日.

18) 현재까지 중국에는 중앙 정부 차원에서 에너지 자원을 감독 · 관리하는 에너지부

위원회 소속의 '에너지연구소'(能源硏究所)가 있으며, 새로이 설립된 연구소로서 중국지질조사국(中國地質調査局) 산하의 해양석유천연가스지질연구센터(海洋石油天然汽地質硏究中心)가 대표적인 예이다. 동 연구센터는 2001년에 설립되었으나 실질적인 운영은 지방정부 부처인 광쩌우해양지질조사국(廣州海洋地質調査局)에서 맡고 있다. 이 기구의 주요 사업내용은 중국의 해양 석유와 천연가스 자원을 조사 · 탐사 · 개발하는 문제를 과학적으로 연구 · 분석하는 데 중점을 두고 있다.

나 에너지위원회가 부재한 상황이다. 지난 1988년 정부기구 개혁 이전까지만 해도 중국의 에너지 자원을 관리하는 부처로 석탄부, 에너지부, 전력부, 핵공업부 등 4개 부처였으나 기구개편 이후 석탄부, 석유부와 핵공업부가 기업화(公司化) 되었고, 전력부는 에너지부로 흡수되었다. 1993년 정부기구 개편 때 에너지부가 없어진 대신 전력부와 석탄부가 다시 복원된 반면, 석유천연기총공사(CNPC)와 핵공업총공사는 복원되지 않았다. 그러나 날로 심각해지는 중국의 에너지 자원 문제를 지혜롭게 극복하기 위해서는 최소한 에너지부나 에너지위원회가 복원되어야 한다는 의견이 지난 2003년 1월23일 전 국가계획발전위원회(현 국가경제개혁/발전위원회) 산하의 경제－기술경제연구소의 왕자칭(王家誠)에 의해 제시되었다. 왕자칭은 현재 중국의 에너지 자원 관리가 매우 산만하게 이루어지고 있기 때문에 효과적인 에너지 정책이 부재하다고 설명하고 있다. 전 국가계획발전위원회가 에너지 자원과 관련된 종합적인 정책을 제정하고, 국가경제무역위원회에서는 석탄, 석유, 전력 등의 산업을 관리해오고 있으며, 과기부에서는 에너지 기술을 관리하고, 수리부에서는 수력자원 및 전력체계를 감독 · 관리해 왔다. 또한 농업부에서는 농업자원 및 재활용자원을 감독 · 관리해 왔고, CNPC나 Sinopec과 같은 국유기업들이 석유산업을 주도해 왔다는 것이다. 그렇기 때문에 중국의 에너지자원을 전체적으로 체계적으로 관리 · 감독할 수 있는 기관이 필요하다는 것이 그의 주장이다. 그는 이를 위해 1980년대에 존재했던 국가에너지위원회(國家能源委員會)의 복원이 필요하다고 강조하고 있다. "專家建議 : 中國應要重新建立國家能源委員會,"《上海證劵報》, 2003年 1月 24日.

중국 정부의 에너지 문제에 대한 심각한 태도와 인식은 또한 2005년 5월에 당 지도 하에 설립된 이른바 '국가에너지영도소조'(國家能源領導小組)에서 확연하게 나타나고 있다. 중국 에너지 문제는 상기한 바와 같이 새로운 기구의 설립과 관련 기업의 구조조정 등의 노력에도 불구하고 이런 기구와 기업을 운영할 수 있는 통합적인 체계의 부재로[19] 일관되고 통일된 에너지 정책을 수립하는 데 어려움을 많이 겪고 있었다. 지금까지 이를 국무원 산하의 국가발전개혁위원회가 대신 주관해 왔으나, 동 위원회가 국가 경제발전을 총괄하고 있는 상황에서 전문적으로 에너지 문제를 전담하기가 어렵기 때문에 이같은 에너지 영도소조의 설립이 불가피하였다. 동 영도소조의 설립배경과 목적은 1) 국가 에너지 전략 수립, 2) 에너지 자원의 절약과 개발전략 수립, 3) 에너지 안보와 위기상황 대응방안 수립, 그리고 마지막으로 4) 에너지 협력 추구 등으로 요약할 수 있다.[20]

이후 중국 최고 지도부의 에너지 안보 이익에 대한 태도와 관심은 2005년 원자바오 총리가 "에너지를 중국 경제성장, 사회안정과 국가안보에 중요한 전략적 이슈"로 규정한 데서 잘 나타나고 있다.[21] 또한 이듬해 6월 쩡페이엔 부총리가 전국인민대표대회에 설명한 공작보고에는 중국이 당면한 에너지 도전과제 및 잠재적 문제를 1) 지속적인 에너지 수요가 야기하는 공급에 대한 압력, 2) 자원부족으로 인한 에너지 산업 성

---

19) 과거에는 중국의 에너지 문제를 담당했던 전문 정부 부처가 에너지부였으나 아이러니하게 이 부처는 1993년 행정부 개편 때 폐지되었다.

20) Xu Yi-chong, "China's energy security," p. 265.

21) "Energy Leading Group Set Up," *China Daily*, June 4, 2005.

장의 제약(한계), 3) 석탄 중심의 수급구조가 환경에 미치는 악영향, 4) 에너지 공급효율을 저해시키는 낙후된 기술, 그리고 5) 국제시장의 변동에 따른 국내 에너지 공급에 미치는 악영향 등으로 정리할 수 있다.[22)]

그리고 이런 문제를 해결하기 위한 동 보고가 제시한 정책적 전략은 다음과 같이 요약할 수 있다.

- 러시아와 중앙아시아에서의 원유수입 증대를 통해 수입원과 수입지역의 다양화
- 중동지역을 제외한 타지역에서의 원유수입 비중을 증대시켜 에너지 수급의 다원화
- 예측 불가한 에너지 공급에 대비해 전략적 석유비축 구현을 통해 만반의 준비
- 지역적 쌍무 차원에서 에너지 생산국과의 관계 강화 발전
- 에너지 차터조약(Energy Charter Treaty) 참여

상기한 분석과 같이 중국의 에너지 문제의 심각성에 대한 인식은 순수한 경제적 개념을 초월하여 국가 안보 이익 차원에서 논의되고 정책이 수립되고 있다. 중국의 이런 안보인식은 중장기 차원에서 집중 조망되는 것이 특징이다. 그리고 이런 중장기적인 목표를 달성시키기 위한 전략도 완비된 상황이다. 중국은 이런 전략을 최근 '에너지 외교'를 통해 적극 이행시키고 있으며, 그 결과는 전 세계의 이목을 끌고 있다. 중국이 이런 전략을 수행하는 데 있어 주목할 만한 사실은 단순한 자본력을 동원하여 자원개발에 나서는 것이 아니다. 대신 경제, 정치, 문화 등 다양한 분야에서의 외교력을 발휘하여 에너지 생산국과 자원 수송 경유

22) http://www.gasandoil.com/goc/news/nts61820.htm

국과의 관계를 돈독히 해나가고 있다는 사실이다.

Ⅲ. 중국의 에너지 안보 전략

중국은 중장기적으로 자국의 에너지 문제를 효과적으로 해결하기 위해 2001년, 2003년과 2004년에 중장기 정책과 전략을 제시한 바 있다. 그러나 에너지 안보 이익만을 위한 정책방안은 정부 차원에서 아직 제시되지 않고 있으나 현재 전문가를 중심으로 한 많은 정책방안이 제시되고 있다. 에너지 안보 정책이 부재한 상황에서 중국의 에너지 안보 정책 및 전략을 이해하기 위해서는 대신 중국 정부가 발표한 일련의 중장기 에너지 정책에서 이를 추론할 수 있어 이에 대한 분석이 가능하다. 그러므로 본글에서는 중국 정부가 발표한 중장기 에너지 정책 중에서 가장 최근의 것을 분석함으로써 중국 에너지 안보 정책의 목적 및 핵심내용을 추론하고, 이를 수반하기 위해 중용되는 전략을 분석할 것이다.

우선 중국 정부 차원에서 처음으로 발표한 중장기 에너지 정책 전략 보고서는 『국가 에너지 정책과 전략 2000－2020』(*China'National Energy Strategy and Policy : 2000－2020*)이다. 이 정책 보고서는 2003년 11월 중국 국무원 국가발전연구소(DRC)가 제출하였다. 동 보고서는 기본적으로 다음과 같은 두 가지 주요 내용으로 구성되어 있다. 우선 동 보고서는 중국의 과거 에너지 정책에 대한 평가를 종합적으로 한 후 중국의 향후 20년 동안 에너지 정책의 방향과 전략을 10개 분야에서 제기하고 있다. 동 보고서가 작성된 배경에는 국무원의 지시에 따라 11개의 연구팀이 구성되어 향후 20년 동안 중국의 에너지 정책과 전략을 다양한 방면에서 재고하고 마련하기 위한 것으로 전해지고 있다.

『국가 에너지 정책과 전략 2000 – 2020』 보고서의 주요 내용은 다음과 같은 문제에 대한 정책과 전략을 제시하고 있다. 첫째 중국의 2020년까지의 에너지 자원 수요 시나리오, 둘째 에너지 수급구조의 구조조정과 능률화, 셋째 중국의 석유 안보와 대응방안, 넷째 에너지 절약과 에너지 효율, 다섯째 에너지, 환경과 공중보건, 여섯째 세계 기후변화와 도전과제, 일곱째, 에너지분야의 시장중심의 개혁방안, 여덟째 재생 에너지 개발 정책과 전략, 아홉째 에너지 기술 개발에 대한 WTO의 영향과 공공정책 분석, 그리고 마지막으로 청결 석탄기술의 활용과 개발정책 연구 등으로 구성되어 있다.

두 번째로 발표된 중국의 중장기 에너지 정책이 『에너지 중장기 발전계획 강요(2004–2020)』이다. 동 계획안은 중국의 장기 에너지 발전계획의 초안으로 2004년 6월 30일 개최된 국무원 상무회의에서 의제로 삼아 토론되었던 것이다. 동 계획안을 마련하게 된 가장 큰 배경 원인에는 에너지가 경제사회 발전과 국민 생활수준을 제고시키는 데 가장 중요한 물질이라는 중국 지도부의 공통 인식에서 비롯되었다. 이런 의미에서 중국 정부는 에너지 자원의 중장기적인 계획발전을 제정하여 실시함으로써 에너지 문제를 해결하고 중국의 현대화 건설을 지속적으로 추진할 수 있는 대비책을 마련하는 데 동 계획안의 초점을 맞추고 있다. 또한 전면적인 '샤오캉' 사회를 건설하기 위한 안정적이고 경제적이며 신뢰할 수 있는 청결한 에너지 자원의 공급을 보장하기 위해서는 에너지의 지속적인 발전화 효과적인 사용이 전제되어야 한다는 점을 강조하고 있다.

이같은 배경 하에서 중국의 국무원 상무회의는 에너지 자원의 중장기 정책과 관련하여 다음과 같은 여덟 가지 정책방침을 제시하였다. 첫째, 절약 에너지 정책을 전면적으로 실시할 수 있는 제도와 조치를 도입하여 에너지 자원의 고효율적인 활용이 보장되도록 노력한다는 것이다.

둘째, 에너지 자원의 구조를 대대적으로 조정하여 석탄 위주, 전력 중심, 석유 및 천연가스와 신에너지를 전면적으로 발전시키는 전략을 견지하는 것이다.

셋째, 합리적인 에너지 배분 발전을 위해 동부지역과 중서부지역, 도시와 농촌 경제사회 발전의 수요를 고려하여 종합적으로 에너지 자원의 생산, 운송 및 소비의 합리적인 배분을 위한 전반적인 검토를 통해 에너지와 교통이 협력적으로 발전할 수 있도록 촉진한다는 것이다.

넷째, 국내외의 두 가지 종류의 자원과 두 개의 시장을 충분히 이용해야 하나 국내 에너지 탐사, 개발과 생산에 초점을 맞추는 동시에 세계 에너지 자원의 협력과 개발에 적극 참여해야 할 것이다.

다섯째, 과학기술의 발전과 창출을 위해 주력해야 할 것이다. 에너지 개발을 위해서든 에너지 절약을 위해서든 이 모든 문제가 과학기술의 이론적 창출을 중시하고 광범위한 선진기술과 설비를 요구하고 있기 때문에 이에 대한 과학적 관리가 요구된다.

여섯째, 환경보호를 강화해야 하는 상황에서 자원의 생산 오염과 환경의 수용력을 충분히 고려하여 에너지 생산과 소비가 환경에 미치는 악영향을 감소시키는 데 노력해야 할 것이다.

일곱째, 에너지 안보의 중요성과 심각성을 의식하면서 에너지수급의 다원화를 추진해야 할 것이다. 이를 위해 에너지 경보 대비체계를 건설하는 것은 물론 석유의 전략 비축량을 하루 속히 제고하는 데 노력해야 할 것이다.

여덟째, 에너지 발전의 보장조치를 제정하여 에너지 자원 정책과 에너지 개발 정책을 완선시켜 에너지 시장체제가 그 진가를 발휘할 수 있도록 노력하여 에너지의 투입력을 확대시킬 수 있는 기반을 마련해야 할 것이다. 개혁의 심화로 인해 전면적인 '샤오캉' 사회의 구현과 사회주의 시장 경제발전이 요구하는 에너지 관리체계에 적응할 수 있는 여건을 마련하는 데 노력해야 한다는 것이다.

국무원 상무회의에 의하면 근본적으로 중국의 에너지 문제를 해결하기 위해서는 동 계획안은 과학적인 발전관을 수립하여 이를 전환중의 경제체계에 관철시켜 체계가 동요하지 않고 계획하는 길로 순조롭게 진입할 수 있도록 노력해야 한다는 점을 강조하고 있다. 이른바 '과학적인 발전관'은 산업구조, 상품구조, 기술구조, 기업 조직구조 등에 대한 대대적인 구조조정을 통해 새로운 기술과 체제 및 관리체제를 마련하는 것이다. 중국 지도부는 이같은 구조조정이 절약형 에너지의 생산모델과 소비모델을 형성하는 데 유리하게 작용할 것이며, 에너지 절약형 경제를 발전시켜 절약형 사회를 건설하는 데 이바지할 것이라고 역설하고 있다.

이런 정책목적을 실현시키기 위해 중국 정부가 추진하는 '에너지 외교'에서 가장 보편적으로 중용되는 전략은 '발전중국가(發展中國家) 외교', '조우추취', '정상외교', 그리고 '다자외교'로 정의할 수 있다. 우선 '발전중국가 외교'는 중국이 가장 의존하고 있는 에너지 확보 전략 중의 하나로 산유국 및 천연가스 생산 국가와의 관계발전을 모색하기 위하여 정상외교 등을 포함한 전통적 외교수단을 동원하는 전략이다. 이는 이들 국가와의 관계발전과 강화를 위해 이른바 '에너지 외교'를 정부 차

원에서 적극적으로 전개한다는 것이다.[23)]

이같은 외교적 전략은 지난 1990년대 중반 이후 중국의 지도부에서 에너지 자원 생산국과 수출국에 대한 이른바 '정상외교'의 적극적인 전개에서 나타나고 있다. 이들 에너지 자원국은 대부분 제3세계 국가로, 중국은 과거 이들이 세계 에너지 위기를 조장했음에도 불구하고 이데올로기적 동질성을 강조하면서 적극적인 외교적 지지를 표명하는 등 이들과의 관계를 매우 중시했다.[24)] 그러나 개혁개방 이후 중국의 외교가 이데올로기의 색채에서 탈피하면서 이른바 '자본주의 국가'나 '서방세계'와의 외교를 중시하고 있는 반면, 제3세계와의 관계는 특별한 성과를 올리지 못하면서 소원해졌다. 그러나 중국은 해외 에너지 자원에 대한 의존도가 급속도로 증대되자 이들 에너지 자원국과의 관계개선을 시도하였고,[25)] 이데올로기 색채가 강한 '제3세계 외교' 대신 이른바 '발전중국

---

23) Ariel Cohen, *China's Quest for Eurasia's Energy Resources*(Washington D.C. : The Heritage Foundation, 2003) ; Amy Myers Jaffe and Steven Lewis, "Beijing's Oil Diplomacy," *Survival*, Vol. 44, No. 1, 2002, pp. 115–134 ; Steve Lewis, *China's Oil Diplomacy and Relations with the Middle East*(Houston : The Baker Institute for Public Policy, Rice University, 2002) ; and Erica Streker Downs, *China's Quest for Energy Security* (Santa Monica : RAND Corporation, 2000) 등 참조.

24) 에너지 위기 문제와 관련하여 중국의 제3세계 국가 또는 원유 생산국에 대한 외교적 · 정치적 지지에 대한 구체적인 설명은 Kim Woodard, *The International Energy Relations of China*(Stanford : Stanford University Press, 1980), pp. 259–60 참조. 이 밖에 중국 자료로는 謝益顯,『中國當代外交史, 1949–2001』(北京 : 中國青年出版社, 2002), pp. 347–348.

25) 가장 최근의 예로, 후진타오 주석의 2004년 1월의 중동 및 아프리카 순방에 대한 평가도 표면적으로는 '발전중국가'와의 관계 강화와 발전을 위한 것이나 이의 후속 평가는 동 지역의 에너지 자원 시장에 대한 지역국가와의 협력강화와 발전

가 외교'를 강조하면서 이들과의 관계개선을 추진하게 되었다.[26)]

장쩌민 정부 말기부터 부활하기 시작한 중국의 '발전중국가' 외교는 다자외교로 한층 승화되어 에너지 외교를 성공적으로 이끄는 원천이 되었다.[27)] 이와 같은 중국의 외교적 노력은 2000년 10월 북경에서 개최된 제1차 '중-아프리카 부장급회의'(中-非部長級會議)를 통해 시행되기 시작하였으며, 이후 중국의 제4세대 지도자인 원자바오(溫家寶) 총리

을 위한 것으로 중국의 현 에너지 정책 목표를 구현하기 위한 정상외교라고 강조하고 있다. 즉 중국어로 "境外能源生産供應基地"(해외에너지생산공급기지)의 구축을 위한 것이다. "中國原油進口欲破馬六甲困局泰國路線圖生轉機,"《21世紀經濟報道》, 2004年 2月 16日.

26) 중국이 제3세계를 '발전중국가'로 대신 칭하고 있는 추세는 이들 국가와의 정상회담 결과로 채택되어 발표된 연합성명, 공동성명 등 일련의 성명서에서 잘 나타나고 있다. 제3세계의 용어를 사용하지 않는 이유를 구체적이고 체계적으로 분석하고 설명한 것은 없으나, 제3세계 외교의 표본이었던 이른바 '77국 집단'과 같은 그룹의 활동이 저조해지고 지역주의의 부상으로 지역 대 지역, 또는 국가 대 지역 개념의 외교가 활발해지고, 냉전의 종결로 인한 정치적 이념 또는 이데올로기 위주의 외교(식민주의 대 반식민주의, 제국주의 대 반제국주의, 사회주의 대 민주주의 등)가 잠식되었다는 점에서 그 원인을 찾아볼 수 있겠다. 이와 같은 사실은 후진타오의 가봉의회연설 전문에서도 잘 나타나고 있다. "恐固中非傳統友誼, 深化中非全面合作,"《人民日報》, 2004年 2月 2日.

27) 장쩌민 국가주석은 1999년의 아프리카 순방을 통해 개혁개방 이래 처음으로 아프리카를 국빈방문한 중국 최고의 지도자가 되었다. 이후 장쩌민, 주룽지 총리와 우이 국무위원 등이 매년 아프리카와 중동지역을 순방하였고, 후진타오는 국가주석직을 승계한 후 세 번째로 국빈방문의 길에 오른 지역이 아프리카가 될 정도로 동 지역의 전략적 중요성에 대한 중국 정부의 공식적인 견해를 계승해 나갔다. 2002년의 제3세대 지도부의 아프리카 순방의 방문국가와 일정과 관련, 中華人民共和國 外交部 政策硏究室 編, 『中國外交 2003年版』(北京 : 世界知識出版社, 2003), pp. 37-38, 47 참조.

가 2003년 12월 이디오피아의 아디스 아바바(Addis Ababa)에서 다시 개최된 동 회의의 제2차 회의에 참석하면서 좀더 구체화되었다. 장쩌민과 원자바오는 모두 이 회의에서 아프리카지역 국가와의 협력과 관계발전을 중요시하는 중국 정부의 공식 입장과 정책기조를 거듭 밝혔으며, 이를 계기로 중국과 아프리카 대륙 관계가 새로운 외교의 장으로 발전되었다. 이와 같은 외교적 노력의 결과로 중국과 아프리카 국가 간의 교역은 급상승하였고, 아프리카 대륙의 원유 및 천연가스 생산국과 에너지 분야의 협력을 보장하는 일련의 계약을 체결할 수 있었다.[28)]

최근 에너지 자원국 또는 '발전중국가'에 대한 중국의 제4세대 지도부의 적극적 외교공세는 2003년 12월 원자바오 총리의 중동지역 방문과 2004년 1월 후진타오 국가주석의 아프리카지역 순방에서부터 잘 나타나고 있다. 올해에도 후진타오를 비롯한 중국 최고 지도부의 아프리카지역과 중동지역의 방문은 강화되고 있다. 중국은 중동지역 국가와 '중-중동협력 포럼' (Sino-Arab States Cooperation Forum)을 개최하고 있으며, 아프리카 국가들과는 '중-아프리카 포럼'을 발족시켰다.[29)] 이 밖에 주지하듯이 중국의 대중앙아시아 외교의 쾌거로 상징되는 상해협력기구[Shanghai Cooperation Organization : SCO 또는 상해합작조직(上海合作組織)]와 대동남아시아의 외교적 이니셔티브인 아세안(ASEAN)+1(또는

28) 중국과 아프리카 석유 천연가스 생산국 간의 구체적인 협력사업 및 계획 내용은 將忠良, "中共之石油戰略與其對非洲關係,"『問題與硏究』, 2003年 第42卷 第4期, pp. 114-118 참조. 이 분야에 대한 최근의 소식은 "China eyes Africa's potential investment," CCTV-9 , 2003年 12月 16日 참조.

29) 《人民日報》, 2004年 1月 31日.

'10+1') 모두가 발족 초기단계의 목적과는 달리 지금은 중국의 에너지 외교를 위한 장으로 전환되어 가고 있다는 사실에서도 중국 지도부가 에너지 문제라는 중장기적인 목적을 염두에 두고 전개한 외교적 노력이었다는 결과론적 평가가 팽배하다.

이른바 '조우추취' 전략은 지난 1997년 15기 전국인민대표대회에서 제3세대 지도부에 의해 처음으로 제기되었고, 이의 구체적인 정책적 내용과 방향은 1998년과 1999년에 발표되었다. 중국 지도부는 1998년 '우량 국유기업을 조직적으로 통합하여 이들의 해외진출을 적극적으로 지원'한다는 방침을 수립하면서 '조우추취' 전략의 중요성을 정부 차원에서 처음으로 피력하였다. 그리고 1999년에는 〈국유기업 개혁과 발전에 관한 중요한 문제의 결정〉의 결의를 통해 여건을 갖추고 있는 우량 국유기업의 해외진출, 해외시장 개척에 대한 정부 차원에서의 지원을 적극 제공하고 이들에 대한 관리감독을 강화하는 정책을 도입하였다.

'조우추취' 전략의 목표는 '두 개의 시장'(국내외 시장), '두 종류의 자원'(중국의 자원과 해외충당 자원)의 이용을 통해 중국 경제의 후발주자로서의 우세한 점을 강화시키는 동시에 이의 지속적인 발전을 실현 가능하게 한다는 데 있다. 그런 의미에서 동 전략의 외교적 개념은 이후 장쩌민(江澤民) 전 국가주석에 의해 추진된 이른바 '발전중국가'와의 관계를 강화시키기 위한 외교적 행보에서 입증되고 있다. 그리고 동 개념은 오늘날 중국 외교전략으로 채택되어 외교정책에도 반영되고 있다. 특히 4세대 중국 지도부는 2004년 전국인민대표대회의 "공작보고"를 통해 '발전중국가'와의 관계의 중요성을 역설하면서 향후 중국 외교의 우선순위에서도 이를 대국과의 관계의 전면에 배치하였다. 이는 '조우추취' 전략과 '발전중국가' 관계가 중국 외교에 있어서 역사적으로 필연적인 당면과제인 점을 다시 한 번 강조하는 부분이었다.

'조우추취'의 전략적 의미는 다음과 같이 정리할 수 있다. 즉 중국 기업의 해외진출을 통해 1) 중국 국내 자원과 시장의 부족한 점을 보충하고, 2) 중국의 기술, 설비, 상품의 수출을 통해 새로운 기술을 도입하고 새로운 산업분야를 발전시키며, 3) 대규모 중국 다국적기업의 육성을 촉진시켜 세계경제의 세계화에 적극 참여할 수 있는 경쟁력을 키우며, 4) 제3세계의 경제발전을 촉진시켜 반패권주의와 세계평화를 수호할 수 있는 국제적 역량을 증대시키는 것이다. 그러므로 중국의 '조우추취' 전략의 기본 내용은 자원개발형 해외투자, 수출주도형 해외투자, 시장개척형 해외투자와 첨단기술연구발전형(R&D) 해외투자 등으로 구성되어 있다.

자원개발형 해외투자는 해외 자원의 원활한 수급을 확보 전략으로, 해외 자원은 곧 에너지 자원과 자연 자원으로 분리할 수 있겠다. 수출주도형 해외투자의 의미는 투자대상국의 무역장벽과 무역보호주의를 타파할 수 있는 방법으로 직접투자의 방식을 통해 기존의 시장으로 지속발전시키는 동시 새로운 시장을 개척하고, 제3국에서의 가공무역을 발전시키는 의미를 내포하고 있다. 시장개척형 해외투자는 기존의 해외시장을 발전시킨다는 의미보다는 해외 소비자에 대한 서비스를 제고시켜 현지 시장 점유율과 경쟁력의 제고시키는 데 초점을 두고 있다. 첨단기술개발형 해외투자는 선진국에 첨단과학기술연구센터 또는 첨단과학기술개발공사의 설립을 통해 첨단기술을 도입하여 국내 또는 모회사에서 이를 이용하여 상품을 생산한다는 의미를 내포한다.

최근 중국이 가장 의존하고 있는 에너지 확보 전략 중의 하나는 산유국 및 천연가스 생산국가와의 관계발전을 모색하기 위하여 정상외교 등을 포함한 전통적 외교수단을 동원하는 것이다. 이는 곧 이들 국가와의 관계발전과 강화를 위해 이른바 '에너지 외교'를 정부 차원에서의 적극적인 추진을 의미한다. 다시 말하면, 중국의 에너지 수급의 다원화를 위한 노력은 비단 실무적인 차원(예 : 석유 및 가스 국유기업)에서 전개될 뿐만 아니라 정부의 최고위급 차원(예 : 최고 지도자 및 정부 부처)에서도 이루어지고 있어 모든 외교수단이 다 동원된다고 해도 과언이 아니다. 실무적인 차원에서의 원유 수급체계가 마련되기 위해서는 정부의 보장이 전제되기 때문이다.

이같은 외교적 전략은 지난 1990년대 중반 이후 중국의 지도부에서 에너지 자원 생산국과 수출국에 대한 이른바 '정상외교'의 적극적인 전개에서 나타나고 있다. 이런 노력의 결과로 중국은 지난 2004년 3월 전국인민대표대회에서 중국의 최근 해외 원유 시추량은 2000만 톤 이상에 달한다고 발표하였다.

이들 에너지 자원국은 대부분 제3세계 국가로, 중국은 과거 이들이 세계 에너지 위기를 조장했음에도 불구하고 이데올로기적 동질성을 강조하면서 적극적인 외교적 지지를 표명하는 등 이들과의 관계를 매우 중시했다. 그러나 개혁개방 이후 중국의 외교가 이데올로기의 색채에서 탈피하면서 이른바 '자본주의' 국가나 '서방세계'와의 외교를 중시하고 있는 반면, 제3세계와의 관계는 특별한 성과를 올리지 못하면서 소원해졌다. 그러나 중국은 해외 에너지 자원에 대한 의존도가 급속도로 증대되자 이들 에너지 자원국과의 관계개선을 시도하였고, 이를 효과적으로 실현시키기 위해 중국의 최정상 지도자가 직접 나서게 된 것이 정상외교 전략이라는 결과를 낳았다.

중국은 여느 나라와 마찬가지로 대량의 에너지, 특히 원유와 천연가스를 육상과 해상경로에 의지할 수밖에 없는 현실에 처해 있다. 이같은 수송로의 안전과 보장을 획득하기 위해 중국 역시 외교적 노력을 아끼지 않고 있다. 중국은 자신이 처한 지리적 특성과 육 · 해상 경로를 수호할 수 있는 자국의 방위능력을 고려하여 중앙아시아지역과 동남아지역에서의 수송로를 확보하는 데 외교적 초점을 맞추고 있다. 즉 중국은 중앙아시아지역에서 에너지 수급을 해결하는 것은 물론 이를 운송할 수 있는 파이프라인을 건설함으로써 육로 수송선을 확보하는 데 주력하면서 일석이조의 효과를 기대하고 있다. 그리고 동남아시아에서는 말라카 해협에서부터 자국의 동해까지 이어지는 남지나해와 대만해협을 안전한 해상로로 만드는 데 역점을 두고 있다.

중국의 에너지 안보 이익을 위한 다자외교의 대표적인 결실로는 다음과 같은 협력체가 있다. 첫째, 중-아프리카 협력 포럼 장관급 회의(Sino-African Ministerial Conference)이다. 중국과 아프리카 국가들은 외교, 무역, 국제협력, 경제, 사회분야 관련의 부장(장관)들이 모두 모인 이른바 "중-아프리카 협력 포럼"을 2000년 10월 북경에서 개최하였다. 동 포럼은 1999년 장쩌민 전 국가주석의 아프리카 순방의 결실로 개최되었으며, 매 3년마다 중국과 아프리카를 순환하면서 개최하는 방식으로 현재 운영 중이다.

둘째, 아랍중동지역으로 중-아랍 협력 포럼(Sino-Abrabian States Cooperation Forum)이다. 동 포럼은 후진타오 주석이 2004년 1월 아프리카 및 아랍지역 4개국을 순방하면서 아므르 무사 아랍연맹 사무총장과 만나 중국-아랍 협력 포럼 구상에 합의를 도출하는 데 성공함으로써 성사된 것이다. 동 포럼의 주요 목적은 중국과 아랍연맹 22개 회원국 간 정치, 경제, 통상 및 문화교류를 확대하고 국제문제에 있어 협력을 추진하는 데 있다.

셋째, 중앙아시아지역에서의 상하이협력기구이다. 동 지역에 대한 중국의 외교적 공세는 1996년 당시 러시아 대통령과 카자흐스탄, 키르기스스탄, 타지기스탄 등 중앙아시아 3국과 상해에서 정상회담을 개최한 계기를 통해 이른바 "상해 5국"(Shanghai - Five)을 발족시키면서 시작된다. 상하이협력기구(SCO)는 2001년 6월 15일 상하이에서 중국과 러시아 및 중앙아시아 4국이 참여한 가운데 설립된 정부 간 기구로서, 1996년 중국이 러시아 및 카자흐스탄, 키르기스스탄, 타지키스탄 등과 더불어 결성한 '상하이 5국'을 모체로 하고 있다.[30] 1998년부터 정치와 경제, 법률 등 여러 분야에서 협력을 진행하는 종합적인 안보기구로 발전하였고, 2001년 상하이에서 개최된 제6차 '상하이 5국' 정상회의에서는 우즈베키스탄을 회원국으로 가입시키고 처음으로 '상호 신뢰, 상호 이익, 평등, 협상, 다양한 문명 존중, 공동발전의 모색'을 내용으로 하는 '상하이 정신'(Shanghai Spirit)을 제시하였다.[31]

이런 정신을 바탕으로 중국은 SCO를 자국의 경제 안보 이익을 추구하는 데 매개체로 활용하면서 중국의 서부 경제개발 프로젝트와 연계시키고 있다. 서부지역이 러시아 및 중앙아시아와 인접하고 있어 중국은 SCO를 통해 이들 국가들과 경제관계를 강화하여 서부지역의 경제발전을 촉진하고자 한다. 그리고 경제 안보 이익 측면에서 러시아 및 중앙아시아 국가들이 보유하고 있는 풍부한 천연가스와 석유자원을 적극 추구

---

30) 연합뉴스, 2004. 6. 17.

31) 常言, "上海精神的靈魂-超越冷戰思惟的新安全觀,"『世界知識』, 2001年 第13期, p. 8.

하고 있다.[32] 1990년대 이래 중국의 급속한 경제발전으로 인해 에너지 수요가 급격히 증대되었고, 1993년에는 중국이 원유 수입국이 되었다. 경제 안보 측면에서 중국은 지속적인 에너지의 수입경로 다원화를 추구하고 미국의 중동지역에서의 세력확장에 대비하기 위해 중앙아시아 및 러시아와 에너지 개발을 위한 협력을 추진하는 동시에 중앙아시아에서 중국 서부를 지나 동부에 이르는 에너지 수송로를 건설하길 원한다.[33]

네 번째 지역이 동남아지역이다. 동남아에서 중국은 이른바 'ASEAN + 1' 이라는 다자협력 구상을 제안하면서 동 지역에서 자국의 에너지 관련 이익을 추구하는 데 보다 강한 외교적 공세를 하기 위한 기틀을 마련하고 있다고 해도 과언이 아니다. 다자외교 전략에 따라 중국이 현재 ASEAN과 추진중인 FTA 구상 배경에는 단순한 경제적 논리보다 9 · 11테러 이후 급변하는 대외정세 변화에 대한 정부 당국의 인식변화가 더 큰 요인으로 작용했다는 것을 감지할 수 있을 것이다. 중국의 ASEAN과의 FTA 추진 당위성을 대외적인 논리에서 찾을 수 있는 근거는 이 문제가 제기된 시점이다. 중국은 2001년 11월에 WTO의 정식회원으로 가입한 후 이듬해인 2002년에 바로 ASEAN과의 FTA를 주창하였다. 또한 FTA구상의 대외적인 논리의 유효성을 정당화시키는 배경 요인에는 중국이 남지나해를 둘러싼 ASEAN 국가와의 정치 · 군사 · 외교적 잠재 갈등요소를 초월하고 이를 추진할 수 있다는 것이다. 이같은 정

---

32) 통계에 의하면 상하이협력기구 6개 회원국이 보유하고 있는 원유와 천연가스 매장량은 각기 세계의 8%와 34%를 가지고 있다. 《人民日報》, 2002年 10月 11日.

33) 중국과 중앙아시아 간의 에너지 협력에 대해서는 주재우, pp. 202－204 ; 黃虹堯, "9 · 11事件對中共與中亞政經關係的影響," 『展望與探索』, 2003年, 第1卷 第4期, pp. 50－54를 참조.

치 · 대외적 배경을 고려하면 중국이 ASEAN과 추진하는 FTA의 목적과 의도를 정치적 논리에서 재조명할 수 있다는 의문을 제기하지 않을 수 없다.[34] 이런 중국의 목적과 의도는 최근 남지나해 지역에서 중국과 공동개발을 추진할 수 있는 공동의 이익을 가진 국가, 즉 베트남, 필리핀, 태국, 미얀마 등과 같은 국가와 일련의 자원 공동개발에 합의한 점에서도 잘 반영되고 있다.

---

34) 본문은 중국이 ASEAN과 자유무역경제지역의 창설을 통해 얻을 수 있는 경제적 이득을 무시하고 있다. 이는 순수한 의미에서의 양자 간의 경제협력 규모가 아직 미미하기 때문이다. 비록 ASEAN이 중국의 제5대 교역지역이고 중국이 ASEAN의 제6대 교역국이지만 2001년도 양자 간의 총교역액이 416억 달러에 불과하다. 그리고 전망에 따르면, 자유무역경제지역이 창설된 후의 ASEAN의 대중(對中) 수출은 14%, 중국의 대(對)ASEAN 수출은 55% 성장할 것이나 이들이 각각의 GDP에서 차지하는 비중은 0.9%와 0.3%에 지나지 않는다는 것이다. 中國現代國際關係硏究所東盟課題組(2002 : 5) 각주 ⑤ 참조. 또한 2001년 기준 ASEAN의 대중(對中) 투자의 총누적건수는 17,972건으로 누적계약금액은 534.68억 달러로 중국의 총투자액의 7.2%를 차지하나, 실제투자액은 261.75억 달러로 실제투자금액의 6.6%에 불과하다. 중국 기업의 대(對)ASEAN의 투자도 총 740건으로 그 규모액도 10.91억 달러이나, 중국 측의 투자는 6.55억 달러에 불과하다. 그리고 ASEAN에서의 중국 기업이 합의한 청바오와 노무협력 계약은 총 195.81억 달러이며, 이 중 실제 영업액수는 124.43억 달러에 불과하다. 趙春明 · 劉振林, "論 '中國-東盟自由貿易區'的前景與挑戰,"『世界經濟與政治』, 2002年 11期, p. 34.

Ⅳ. 결론 : 중국의 에너지 외교에 대한 평가

중국은 에너지 안보 이익을 수호하고 추구하기 위한 노력을 배가시키고 있다. 이런 노력은 국가 차원에서 추진하는 중장기 정책과 유효적절하고 다양하게 구사되고 있는 전략에서 잘 반영되고 있다. 이에 대해 우리는 중국의 이런 노력이 서론부에서 정의한 에너지 안보 이익, 즉 에너지 자원의 효율적인 공급, 안정적인 공급(원) 확보, 구매력과 상응하는 가격 유지와 에너지 자원의 안정적인 수송로를 확보하였는지에 대한 실질적인 결실에 대해 질문을 할 수 있을 것이다.

우선 에너지 자원의 효율적인 공급문제와 관련하여 중국은 에너지 수입 및 소비의 대국이나 아직까지 수급문제가 가시화되고 있지는 않고 있다. 그러나 주지하듯이 중국의 에너지 수급문제는 중장기적으로 불가피한 것이다. 그럼에도 불구하고 중국은 에너지 자원의 생산국과 수송경유국과의 관계 강화를 통해 이런 중장기적인 문제를 조기부터 차근차근하게 대응하려는 기세를 보이고 있다. 중국이 당면한 근본적인 에너지 수급문제는 크게 두 가지이다. 중장기 정책에서도 지적되었듯이 하나는 향후 중국의 고도성장에 따른 소비증가량과 전략적 비축체계 구축의 필요량을 충당하는 것이다. 다른 하나는 해외에서 보다 원활한 공급을 구현할 수 있는 능력을 만들어 놓는 것이다. 날로 치솟는 유가와 증대되는 에너지 자원의 확보 경쟁 구도 속에서 중국이 앞으로 자국의 에너지 소비규모를 충족시키는 것이 에너지 안보문제의 관건이므로 조기에 대응하는 것이 주된 전략이라고 해도 과언이 아니고, 지금까지 실질적으로 그 효과를 보고 있다고 평가할 수 있겠다.

둘째, 안정적인 공급원의 확보 문제 역시 좀더 시간을 가지고 평가해야 할 부분이라고 할 수 있겠다. 그러나 지금까지 미루어 봐서 중국은 현재 안정적인 공급원을 확보하기 위해 에너지 생산국과 구매, 시추, 탐사, 개발, 생산 등의 영역에서 수십 건의 프로젝트 계약을 체결한 상황이다. 그럼에도 불구하고 중국의 확보능력을 평가하기 위해서는 앞으로 수백 억, 아니 수십 조라는 막대한 자금을 요구하는 이런 사업을 실질적으로 진행시키기 위한 재정적 조달능력과 사업성에 대한 평가가 동시에 이루어져야 하겠다.

그러나 문제는 에너지 생산지역 및 국가들의 투자환경이 매우 불안한 상황이기 때문에 중국의 실질적인 투자가 제대로 이루어질 수 있는지에 대한 의문이다. 일례로, 후진타오 주석은 2006년 상반기에 나이지리아를 국빈방문하면서 기존의 석유 파이프라인과 석유 생산 및 구매계약을 체결한 바가 있으나 체결한 지역이 현재 나이지리아의 반군이 점령한 지역으로 이들로부터 계약무효라는 서신을 전달받은 경험이 있다. 물론 나이지리아 정부가 사태를 무마시킨 것으로 보도되고 있어 문제가 더 이상 확대 · 발전되지는 않았으나 이와 같은 불확실하고 예측불가한 잠재적인 문제가 중국이 체결한 일련의 계약에 내재하고 있기 때문이다. 그러나 이들 프로젝트의 현재 진행상황에 비춰보면 주변지역을 중심으로 한 대부분의 프로젝트가 예상외로 순조롭게 진행되고 있다는 사실이다. 이런 배경에는 중국 정부와 관련 기업이 국가적인 차원에서 상호 협력 · 협상하는 관계를 긴밀하게 유지하면서 상호 보완적인 대외(외교)활동을 전개하고 있는 사실이 매우 중요하다고 평가할 수 있겠다.

셋째, 구매력에 상응하는 국제 유가를 유지하는 문제이다. 현재 중국의 에너지 구매는 국제 석유시장에서보다는 양자 또는 다자 차원에서 이루어지고 있어 국제 유가문제에 대한 영향력이 사실상 미약하다. 대신 중국의 날로 늘어나는 수입과 소비는 국제 유가 상승에 지대한 영향을 미치고 있다고 평가되고 있다. 그러므로 중국은 이런 현상을 완화시키고 국제 유가의 안정에 보다 긍정적으로 기여하기 위해 에너지 절약 기술의 제고를 통해 수요를 감소시키는 에너지 효율성의 제고를 중장기 에너지 정책의 목표로 설정하고 있다.

이는 또한 2005년 말에 발표된 11차 5개년 경제발전계획에 중요한 국가발전 목표로 채택되었다. 중국이 또한 국제 유가 상승문제에 보다 긍정적인 기여를 하기 위해서는 국제사회가 지적하듯이 IEA의 적극적인 참여와 에너지 차터조약에 참여하는 것이 현재로서는 유일한 방법이라고 해도 과언이 아니다. 이밖에 방법이 있다면 최근 논쟁되고 있는 중국과 미국 간의 에너지 협력 강화이나 이는 현재 중미 양국 관계에서 보면 기술적인 분야를 제외하면 현실적으로 어려움이 많은 것이 사실이다. 그러므로 이 문제는 중국의 중장기적인 목적달성을 위해 요구되는 관련 기술분야의 개선이 시급히 절충되어야 하는 문제이기 때문에 중국의 에너지 산업분야의 개방의지가 변수로 작용할 수 있다.

마지막으로 해외의 다양한 공급원에서 확보된 에너지 자원의 안전한 수송을 위하여 다양한 수송 채널을 구축하는 것이다.[35] 다양한 에

35) 수송로의 다양화와 관련하여 중국 지도부의 가장 최근의 관심은 후진타오주석이 직접 말라카해협을 대처할 수 있는 방안으로 태국 남부의 클라운하건설계획에 관심을 표명한 사실에서도 잘 나타나고 있다. 후주석은 지난 2003년 11월 29일 개최된 중앙경제공작회의에서 에너지 안보 문제에 대한 심도 있는 분석을 하면서 특히 에너지 수송로의 다원화의 중요성을 강조했다고 전해지고 있다. 특히 후

너지 공급원의 확보는 곧 다양한 수송 채널의 수반을 의미한다. 페르시아만, 중동, 동남아(남지나해), 중남미, 북미와 아프리카 등의 지역으로부터 중국까지 에너지 자원을 운반하기 위해서는 해양 수송로를 이용할 수밖에 없다. 그러나 러시아와 같이 육로 운송이 가능한 지역이나 부동항이 부족한 지역에서 생산된 에너지 자원은 육로 수송을 이용해야 하고,[36] 중국과 동일한 대륙 연장선상에 위치하면서 국경을 접하고 있는 인접국가로부터 에너지 자원을 수송하는 것은 수송관이나 철로를 이용해야 한다. 그러므로 중국은 이와 같은 다양한 수송노선을 이용한 안정적인 에너지 자원 확보를 위해서 국제적인 협력을 도모하고 있다.

특히 중국은 수송노선 확보를 위하여 1990년대 후반부터 쌍무 간 또는 다자 간 협력을 증가시켜 오고 있다. 중국은 러시아와 중앙아시아 및 카스피해 연안지역 국가와는 쌍무관계 및 다자 간 협력을 통하여 안

주석은 중국, 한국, 일본, 대만으로 수입되는 4억 5,000만 톤의 석유가 이 해협을 통과하고 있으나 미국의 동 지역에 대한 영향력 확대와 역내 불안요인의 증대로 대처방안이 시급하다고 강조한 바 있다. 이후 중국은 2004년 2월 3일자 *Financial Times*가 보도한 태국의 동 운하 건설계획에 대해 관심을 표명했다. "中國原油進口欲破馬六甲困局泰國路線圖生轉機," 21世紀經濟報道, 2004年 2月 16日.

36) 러시아와의 수송관 건설 문제는 지난 1994년 11월 러시아의 제의로 약 10여 년 동안 연구와 논의가 진행되었으나 아직까지 실질적인 진척이 없는 답보상황에 놓여 있다. 러시아 - 중국 간의 수송관 건설에 대한 논의가 발전이 없는 이유는 예산 및 재정 등을 포함한 경제적 문제에 대한 이견도 있으나 중국의 입장에서는 이의 원인을 러시아의 정책 부재로 설명하고 있다. 즉 원유와 천연가스의 생산 및 공급 국가로서 러시아가 아직까지 중국에 대한 구체적이고 명확한 공급정책이 마련되어 있지 않기 때문이다. 중국과 러시아 간의 수송관 건설 문제를 둘러싼 역사적 배경과 구체적 논의사항 및 연구결과(feasibility studies)는 "就中俄原油管道等問題, 馬富才接受俄羅斯媒體專訪,"『中國石油報』, 2003年 2月 11日.

전한 수송로를 확보하려고 노력하는 반면, 러시아와 카스피해 연안지역 국가(이란, 이라크, 터키 등)와는 아직까지도 쌍무관계를 중심으로 이를 추구하고 있다. 또한 중앙아시아와는 아세안과 유사한 다자 간 협력을 통하여 수송로의 확보에 주력하고 있다.[37)]

이런 맥락에서 중국이 러시아와 발족시킨 '상하이협력기구'(SCO)가 에너지 부문에서 더욱 중요한 역할을 할 것이라는 전망이 조심스럽게 나오고 있다.[38)] 또한 아세안 국가들이 모두 남지나해의 해양 수송로에 위치한 국가들이어서 중국은 말라카 해협으로부터 황해까지 안전한 해양로를 확보하기 위하여 이른바 '10+1'과 같은 구상을 바탕으로 이들 국가와의 관계를 개선하려는 움직임도 조심스럽게 제기되고 있다.[39)] 이밖에 동 해협에 대한 의존도를 감소시키기 위한 노력의 일환으

---

37) 중앙아시아 지역 국가와의 수송관 건설과 관련하여 중국 정부는 다자 간 협력을 통한 구축을 기본 입장으로 설정하고 있으나 현실적으로 키르기스탄, 우즈베키스탄, 투르크메니스탄 등과는 에너지 협력이 구축되지 않아 우선 카자흐스탄과 수송관 건설을 쌍무차원에서 추진하고 있다. 가장 최근의 예로, 중국의 CNPC와 카자흐스탄의 국가석유천연가스공사(KazMunaiGaz)는 3,000km에 이르는 제2송유관을 2004년에 착공하여 오는 2005년 말에 완공하기로 하였으며, 연간 1억 4,000만 톤의 원유를 수송하는 계획을 발표하였다. 이 송유관은 카자흐스탄의 아타수(Atasu)에서 중국 서부지역의 알라샨코우(Alashankou)를 연결하는 것으로 이후 1,300km를 추가연장할 것이다. 총 공사비는 약 8억 5,000만 달러 정도로 추정되었다. "中哈石油管線2期工程將于2004年開工," 中國石油商務網, 2004年 2月 13日자 참조.

38) Bates Gill, "Shanghai Five : An Attempt to Counter US Influence in Asia?," *Newsweek*, May 2001.

39) 해양수송로로서 남지나해의 전략적 가치에 대한 중국의 평가와 구체적인 내용은 劉宏炫 主編, 『中國睦隣史 : 中國與周邊國家關係』(北京 : 世界知識出版社, 2002),

로 중국은 또한 지역 국가(태국)와 운하를 건설하고 중국의 남서부지역(운남성)으로 에너지 자원을 육상으로 수송할 수 있는 육상로를 개척하고 개발하는 데 국제적인 노력을 아끼지 않고 있다. 이런 다방면적인 전방위적 수송로 개발사업은 막대한 재정적인 부담이 될 것으로 관측되어 왔으나 지금까지 큰 문제 없이 진행되어 왔으며, 중국의 지속적인 경제발전의 수요와 중장기적으로 필연적인 전략비축계획을 구현시키는 데 큰 기여를 할 것으로 평가되고 있다.

---

pp. 455-56 참조. 이같은 중국의 아세안지역에 대한 접근 전술을 '선(先)경제, 후(後)정치'라고 칭한다. 이 전술의 의미는 중국의 아세안에 대한 향후 10년의 기본전략에서 잘 나타나고 있으며, 이는 "양측 지도자들이 동의한 정치적 신뢰, 경제적 혜택, 외교적 지원 등의 지도원칙을 견지하면서 (양측 간의) 경제협력이 주도하고 정치협력이 보증하는 조건에서 안보협력을 보완해 나가고, 과학기술, 문화교육 협력에 원동력을 제공함으로써 이웃국가들이 서로 믿을 수 있는 협력관계로 발전시켜 나가자는 원칙으로" 해석되고 있다. 中國現代國際關係研究所東盟課題, "中國對東盟政策硏究報告,"『現代國際關係』. 2002年 第10期, p. 10.

●●● 참고문헌 ●●●

Andrews-Speed, Philip, Xuanli Liao and Ronald Dannreuther. "The Strategic Implications of China's Energy Needs." *Adelphi Paper* 346 (London : The International Institute for Strategic Studies, 2002).

"China eyes Africa's potential investment." CCTV-9 , 2003년 12월 16일.

Choo, Jaewoo. "Northeast Asia Energy Cooperation Problem : Unfolding the Reality." forthcoming in *East Asia : An International Quarterly*, Vol. 23, No. 3 2006.

Cohen, Ariel. *China's Quest for Eurasia's Energy Resources*(Washington D.C. : The Heritage Foundation, 2003).

Downs, Erica Streker. *China's Quest for Energy Security*(Santa Monica : RAND Corporation, 2000).

"Energy Leading Group Set Up." *China Daily*, June 4, 2005.

Gill, Bates, "Shanghai Five : An Attempt to Counter US Influence in Asia?" *Newsweek*, May 2001.

Jaffe, Amy Myers and Steven Lewis. "Beijing's Oil Diplomacy." *Survival*, Vol. 44, No. 1, 2002.

Jiang, Wenran. "China's 'new thinking' on energy security." Alexander's Gas & Oil Connection, Vol. 11, Issue #9, 2006 (accessed on June 28, 2006).

Leiberthal, Kenneth and Mikkal Herberg. "China's Search for Energy Security : Implications for U.S. Policy." *NBR Analysis*, Vol. 17, No. 1, April 2006.

Lewis, Steve. *China's Oil Diplomacy and Relations with the Middle East*(Houston : The Baker Institute for Public Policy, Rice University, 2002).

Woodard, Kim. *The International Energy Relations of China*(Stanford : Stanford University Press, 1980).

Xu, Yi-chong. "China's energy security." *Australian Journal of International Affairs*, Vol. 60, No. 2, June 2006.

常言. "上海精神的靈魂-超越冷戰思惟的新安全觀." 『世界知識』. 第13期(2001. 8).
黃虹堯. "911事件對中共與中亞政經關係的影響." 『展望與探索』 第1卷 第4期 (2003. 4).
課題組. "建立風險采購屏障 : 關于維護國家石油安全的基本設想." 『國際貿易』. 2000年 9期.
將忠良. "中共之石油戰略與其對非洲關係." 『問題與研究』 第42卷 第4期, 2003年 7/8月.
李鵬 "中國的能源政策." 《人民日報》, 1997年 5月29日.
劉宏炫 主編. 『中國睦隣史 : 中國與周邊國家關係』(北京 : 世界知識出版社, 2002).
陸忠偉 主編. 『非傳統安全論』(北京 : 時事出版社, 2003).
謝益顯. 『中國當代外交史, 1949-2001』(北京 : 中國青年出版社, 2002).
趙春明 · 劉振林. "論 '中國-東盟自由貿易區.' 的前景與挑戰." 『世界經濟與政治』. 2002年 11期.
中國現代國際關係研究所東盟課題. "中國對東盟政策研究報告." 『現代國際關係』 2002年 第10期.
中華人民共和國 外交部 政策硏究室 編. 『中國外交 2003年版』(北京 : 世界知識出版社, 2003).
"伊戰後的國際能源形勢 : '安全?霸權?'." 『北京週報』, 2003年 14期.
"中國油氣可持續發展戰略硏究快速啓動." 《經濟日報》, 2003年 6月 27日.
"伊拉克戰爭使中國反思能源安全戰略." 『石油經濟雙』, 2003年 4月 28日 (검색일 : 2004년 2월 16일).
"中國石化國際石油工程公司成立." 『中國石油報』, 2003年 12月 27日.
"專家建議 : 中國應要重新建立國家能源委員會." 『上海證券報』, 2003年 1月 24日.
"中國原油進口欲破馬六甲困局泰國路線圖生轉機." 『21世紀經濟報道』, 2004年 2月 16日.
"恐固中非傳統友誼, 深化中非全面合作." 《人民日報》, 2004年 2月 2日.

"中國原油進口欲破馬六甲困局泰國路線圖生轉機."『21世紀經濟報道』, 2004年 2月 16日.

"就中俄原油管道等問題, 馬富才接受俄羅斯媒體專訪."『中國石油報』, 2003年 2月 11日.

"中哈石油管線2期工程將于2004年開工."『中國石油商務雙』, 2004年 2月 13日.

중앙일보, 2006년 1월 11일.

동아일보, 2004년 3월 7일.

머니투데이, 2004년 5월 6일.

연합뉴스, 2004. 6. 17.

人民日報, 2004年 1月 31日.

人民日報, 2002年 10月 11日.

러시아의 에너지 안보 정책 :
소비국 에너지 안보와 러시아와의 관계를 중심으로

이준범[1](한국석유공사)

I. 서론

러시아는 지난 100년 이상 산유국으로서 지위를 유지하면서 세계 석유 및 천연가스 공급에 중요한 역할을 수행해 왔다. 2003년 말부터 시작된 장기 고유가 상태에서 러시아 에너지에 대한 세계적인 관심이 증가하고 있을 뿐만 아니라, 러시아 또한 자국 이익을 위해 국제정치경제 관계 속에서 에너지가 갖는 중요성을 심각하게 인식하고 있다. 러시아는 세계 에너지 공급 측면에서 의미 있는 부분을 점하고 있는 동시에, 지정

1) 본고는 필자 개인의 의견이며 소속기관과는 관련이 없음을 밝혀둠

학적 측면에서도 여타 에너지 생산국에 비해 강력한 영향력을 행사하고 있다. 러시아에게 있어 에너지 수출은 경제적 이익을 가져다 주는 경제적 상품이며, 국제정치에서는 우월적 지위를 확보할 수 있는 기회를 제공하는 전략적 상품이 되고 있다. 이런 측면에서 러시아에게 있어 대외 에너지 문제는 단순히 경제적 문제가 아니라 정치적 · 외교적 의미를 담고 있는 복합적 문제이다.

최근 들어 불안한 양상을 보이고 있는 국제 에너지 안보 환경 속에서 러시아 에너지가 긍정적인 역할을 수행할 수 있을지 여부는 세계적인 관심사가 아닐 수 없다. 특히 우리나라처럼 중동이라는 특정 지역에 에너지 공급 의존도가 높거나 중국처럼 에너지 소비 급증 때문에 신규 에너지 공급원이 절실한 국가들은 러시아 에너지가 가져다 줄 수 있는 편익을 진지하게 고려하지 않을 수 없다. 즉 에너지 안보 확보의 공리인 안정적인 공급원 확보, 공급원 다원화 및 합리적 가격 지불을 위해 에너지 소비국들의 러시아 에너지에 대한 기대는 높을 가능성이 높으며, 이는 결국 러시아 에너지를 자국 에너지 안보 방정식 도출에 주요 변수로 고려하지 않을 수 없는 입장이다.

본고는 이러한 문제의식 하에 러시아 에너지가 소비국 에너지 안보에 갖는 의미를 국제정치경제학적 관점에서 탐구할 것이다. 이를 위해 소비국 에너지 안보 이론을 먼저 살펴봄으로써 에너지 소비국이 러시아 에너지에 가질 수 있는 기대치를 설정할 것이다. 다음으로 러시아 에너지 자원 역량을 검토하여 세계 에너지 수급 속에서 러시아 에너지의 위치를 검증함과 동시에 에너지 소비국들이 러시아 에너지에 대해 갖고 있는 기대가 실현될 수 있는 물적 조건을 살펴볼 것이다. 그리고 러시아 에너지 정책과 전략을 국가와 시장이라는 정치경제학의 고전적 분석틀을 활용, 에너지 소비국과 러시아와의 관계를 검토함으로써 러시아 에너지가 소비국 에너지 안보에 기여할 수 있는 여지를 검토할 것이다. 그리고 마지막으로 에너지 공급 부족으로 역내 관계가 불안해질 가능성이 상존하고 있는 동북아지역에 러시아 에너지가 갖는 의미를 살펴봄으로써 동북아 에너지 안보 확보의 기여 가능성을 논의할 것이다.

II. 에너지 안보 이론과 산유국 러시아

에너지 안보는 세계 경제가 석유를 주요 에너지원으로 사용한 이래 에너지 소비국에게는 핵심적인 정책과제로 부각되었다. 제1차 세계대전이 발발하기 직전인 1911년 영국이 해군 연료를 석탄에서 석유로 전환하면서 안정적인 석유 공급은 국가 안보를 위한 핵심 요소가 되었다.[2] 충분한 에너지 공급은 군사적 작전을 위해 필수 불가결한 요소로 인식되었던 것이다. 제2차 세계대전 이후 석유는 세계 경제회복을 위한 중요한 에너지원으로 부상하면서 세계 경제는 석유를 기반으로 하는 경제체제로 진입하였다. 하지만 1973년 제1차 석유위기는 세계 경제성장에 심각한 타격을 주었을 뿐만 아니라, 산유국이 국제정치에 중요한 영향을 미칠 수 있는 독립변수가 될 수 있다는 점을 각인시켰다. 심각한 에너지 공

---

2) Daniel Yergin, *The Prize : The Epic Quest for Oil, Money and Power*(New York : Simon and Schuster, 1992), pp. 11–12.

급 차질은 에너지 가격 폭등을 유발하여 한 국가의 정상적인 경제활동을 마비시키고, 고유가로 지불한 에너지 수입 대금은 급속한 국부 유출로 연결되어 에너지 수입국에게 심각한 외환위기를 초래하는 동시에 국제 금융질서마저도 혼란에 빠뜨릴 수 있다는 점을 실증하였다.

그리고 산유국들은 자신들의 정치적 목적에 동조하는 석유 수입국에 대해서는 석유 공급을 보장하는 한편, 그렇지 않은 국가에 대해서는 에너지 공급 중단을 위협함으로써 에너지 소비국 간의 정치적 대립을 유도하였다. 즉 에너지 소비국 외교 정책에 심각한 영향력을 행사하여 기존의 강대국 중심의 국제질서에 도전할 수 있는 공간을 만들었다. 이와 병행하여 석유 공급 혼란으로 발생한 국제질서 혼란을 수습하는 방식을 두고 에너지 수입국들이 심각한 이견이 노출되면서 정치적 갈등도 노정될 수 있다는 점도 보여주었다.[3] 결국 안정적인 에너지 공급은 군사적 목적뿐만 아니라 경제적 목적을 위해서도 절대적으로 필요하며, 안정적인 국제질서 유지를 위해서도 긴요하다고 하겠다.

이러한 에너지 안보는 국제적 속성을 지니고 있다. 에너지 안보는 통상 국내 에너지 자원 분배와 관련된 국내 정책으로 인식될 수도 있지

---

3) 제1차 석유위기를 수습하기 위한 방법론을 두고 미국과 프랑스 등 세계 주요 에너지 수입국들은 심각한 의견 차이를 노정하였다. 특히 이스라엘과 전쟁을 치르고 있던 아랍국가들은 안정적인 석유공급 대가로서 소비국들에게 자국의 정치적 입장을 지지할 것을 요구함에 따라 미국은 패권위기를 맞기도 하였다. 미국이 세계 석유공급을 통한 세계 경제패권 확보과정과 석유공급 질서 붕괴위기 수습과정은 Robert O. Keohane, *After Hegemony : Cooperation and Discord in the World Political Economy*(Princeton : Princeton University Press, 1984) 및 Simon Bromley, *American Hegemony and World Oil*(College Park : Penn State University, 1991) 참고.

만, 국내 에너지 자원 생산이 부족한 국가는 경제 안보 및 군사 안보를 보장하기 위해 국제 에너지 분배과정에 필연적으로, 그리고 불가피하게 참여하여야 하며, 이 과정에서 일국의 에너지 안보가 결정될 수밖에 없다.[4)] 이 분배과정은 국가권력이 개입됨과 동시에 시장 메커니즘이 동시에 작용하고 있다. 세계 경제가 현재 사용하고 있는 에너지원—석유, 천연가스 및 석탄—은 탐사부터 생산, 그리고 판매에 이르기까지 거의 모든 과정이 상업화되어 있으며, 국제적 수준에서는 세계 에너지 시장이 작동하고 있다. 특히 세계 경제 주력 에너지원인 석유의 경우, 1970년대 세계적인 석유산업 국유화 바람에 의해 산유국 정부에 의한 국가 통제적 석유 공급방식이 강화되었고, 이를 견제하기 위해 미국을 중심으로 한 석유 소비국들은 석유의 시장화 및 상품화를 1980년대에 급속히 추진하였다. 즉 과거 정부 대 정부(government to government) 간에 체결한 석유 공급 계약은 시장을 통한 다양한 참여자들이 맺는 자발적 계약형태로 전환되었다.[5)] 이는 산유국의 국가통제 강화 노력과 소비국의 시장화 노력이라는 상반된 정책에도 불구하고 에너지 자원 분배과정에 참여하는 국가들은—자원 생산국이든 소비국이든—국제 에너지 시장을 통한 분배구조로부터 자유로울 수 없음을 의미한다고 하겠다.

---

4) Barry Barton, Catherine Redgwell, Annita Ronne and Donald N. Zillman, "Introduction," in Barton, Barry, Catherine Redgwell, Annita Ronne and Donald N. Zillman eds., *Energy Security : Managing Risk in a Dynamic Legal and Regulatory Environment* (Oxford : Oxford University Press, 2004).

5) Biolsi, Robert A., "Spot, Options and Futures Oil Markets," in Siamack Shojai ed., *The New Global Oil Market : Understanding Energy Issues in the World Economy*(Westport : Praeger, 1995), pp. 51–60.

이러한 관점에서 전통적 에너지 안보는 충분한 양적 공급과 동시에 적절한 가격 실현을 강조하고 있다. 에너지는 군사력 유지와 원활한 경제활동 보장을 위한 절대적 요소로서 충분한 에너지를 공급해 줄 수 있는 정치적으로 믿을 만한 공급원 확보가 첫 번째 정책 순위라고 할 수 있다. 그리고 공급되는 에너지는 소비국 경제에 심각한 부담이 되지 않는 수준에서 가격이 형성되어야 한다. 과도한 에너지 가격은 소비국 경제의 국제 경쟁력 약화와 적절한 세계 경제성장을 억제할 수 있는 것이다.

마지막으로 에너지 공급은 소비국의 대외 정책수단으로 이용되어 정치적 목적에도 기여하여야 한다는 것이다. 적대적 산유국으로부터의 에너지 수입을 중단함으로써 적대 산유국에 심각한 경제적 타격을 줄 수 있는 경제 봉쇄수단으로서 활용할 수 있으며, 동맹국에 대해서는 안정적인 석유 공급을 보장함으로써 동맹국과의 적절한 관계설정에 활용할 수 있다는 것이다. 이런 측면에서 고전적인 의미의 에너지 안보란 '충분한 에너지가 합리적인 가격으로 공급되어 국가안보에 기여하고 있는 상태'라고 정의할 수 있다. 다시 말하면, 에너지 안보의 핵심 요소는 충분한 물량, 안정적인 가격, 그리고 국가 안보와의 관련성이라고 하겠다.[6)]

---

6) 스티븐 크래스너는 일찍이 그의 주저 『국익의 방어』(*Defending the National Interest*)에서 제2차 세계대전 이후의 미국의 대외 에너지 정책을 검토한 후 미국은 일관된 대외 에너지 정책을 보유하고 있었으며, 이와 같은 3가지 요소가 대외 에너지 정책의 핵심이라고 분석한 바 있다. 에너지 안보 3대 구성 요소는 오늘날 미국의 에너지 안보 정책뿐만 아니라 주요 에너지 소비국의 에너지 안보를 규정하는 준거로 활용되고 있다. Stephen D. Krasner, *Defending the National Interest : Raw Materials Investments and U.S. Foreign Policy*(Princeton : Princeton University Press, 1978), pp. 52–54 및 Douglas R. Bohi and Joel Darmstadter, "The Energy Upheavals of the 1970s :

최근 들어 에너지 안보는 복잡한 양상으로 전개되고 있다. 냉전 붕괴 이후 비재래식 군사 안보의 중요성이 부각되면서 에너지 공급 관련 시설들이 이러한 비재래식 군사 공격의 대상이 되고 있다. 즉 유전, 정유 공장, 송유관, 발전시설들은 테러집단들이 자신의 정치적 의지를 알리기 위해 쉽게 공격할 가능성이 높아지고 있다. 2004년 5월 세계 최대 산유국 사우디아라비아의 호바르 시에서 발생한 테러를 실례로 들 수 있다. 이 지역은 사우디 최대 원유처리 시설이 위치해 있다는 점만으로도 테러 세력의 공격대상이 되기에 충분하였다.

이런 이유 때문에 에너지 공급 안보를 위해서는 과거보다 훨씬 복잡한 정책을 요구하고 있다. 석유 공급원 다원화와 같은 전통적인 방식뿐만 아니라 특정 석유 생산시설이 테러집단에 의해 공격당하였을 경우 활용할 수 있는 충분한 석유 잉여생산 능력 확보가 주요 변수가 되고 있으며, 소비국들이 보유하고 있는 대규모 전략비축유도 이러한 정책수단의 하나로 간주되고 있다. 또한 소비국 일방의 노력에 의한 에너지 안보 확보가 어려워짐에 따라 산유국-소비국 간의 국제협력 강화처럼 과거에는 고려되지 않았던 정책들이 요구되고 있다.[7] 이는 에너지 안보를 위해 에너지 소비국들이 과거보다 더 많은 정책적 부담을 지지 않을 수 없

Policy Watershed or Aberration?," in David Lewis Feldman, ed., *The Energy Crisis : Unresolved Issues and Enduring Legacies*(Baltimore : Johns Hopkins University, 1996).

7) Yergin은 이들 방안 외에도 에너지 효율성 향상과 같은 에너지 기술 정책 등을 포함하여 모두 8가지 에너지 안보 강화방안을 제시하고 있어 에너지 소비국 단독의 에너지 안보 확보의 어려움을 시사하고 있다. Daniel Yergin, "Energy Security and Market," in Jan H. Kakicki and David L. Goldwyn eds., *Energy and Securitty : Toward a New Foreign Policy Strategy*(Washington D.C. : Woodrow Wilson Center Press, 2005).

는 상황이 되어 가고 있음을 의미함과 동시에, 이러한 부담을 경감시키고 장기적인 세계 에너지 안보 확보를 위해서는 산유국의 협력이 반드시 필요하다는 점을 시사하고 있다.

전통적 에너지 안보 관점과 최근 복잡해지고 새로운 에너지 안보 관점에서 보면 러시아 에너지는 소비국의 에너지 안보에 크게 기여할 여지를 충분히 갖고 있다. 러시아는 1800년대 후반 변방 아제르바이잔에서 석유가 발견된 이래 서방의 중요한 석유 공급원이 되었다. 볼세비키 혁명 이후 러시아 석유는 세계 경제에서 사라지면서 오직 소련 및 그 위성국에게만 의미 있는 존재가 될 것으로 예상되었지만 1950년대 이탈리아에 의해 서방에 재공급되기 시작했다. 또한 천연가스의 경우, 미국의 반대에도 불구하고 독일의 적극적인 소련 경제 지원의 일환으로서 유럽 천연가스 수송 파이프라인이 건설되어 러시아는 지난 20년 이상 유럽 천연가스 공급에 핵심적인 역할을 하였다. 또한 냉전 기간 중 서방진영의 중요한 석유 공급원이었던 북해 유전이 1990년대에 생산 최고기를 지나 생산 감소기로 진입하면서 카스피해와 더불어 러시아는 중요한 신흥 석유 공급지로 간주되고 있다.[8)]

---

8) 러시아 석유산업 전반에 관해서는 Jennifer I. Considine and William A. Kerr, *Russian Oil Economy*(Edward Elgar Publishing, 2002), 소련과 유럽국가 간의 천연가스 파이프라인 건설의 정치경제 과정은 Bruce W. Jentleson, *Pipeline Politics : The Complex Political Economy of East-West Energy Trade*(Ithaca : Cornell University Press, 1986), 그리고 최근 세계 석유수급 방정식에서 카스피해 및 러시아의 중요성은 Julia Nanay, "Russia and the Caspian Sea Region," in Jan H. Kakicki and David L. Goldwyn eds., *Energy and Securitty : Toward a New Foreign Policy Strategy*(Washington D.C. : Woodrow Wilson Center Press, 2005) 참조.

그런데 국제 유가 형성 측면에서 러시아는 적극적인 역할을 수행하지 않고 있다. 러시아는 세계 주요 석유 공급국임에 틀림없지만, 가격 형성자(price setter)로서의 역할보다 국제 석유시장의 한 참여자로서 가격 수용자(price taker)의 입장을 견지하고 있다. 러시아는 국제 석유가격 형성자로서의 역할을 수행해 온 OPEC과의 협력 요청을 실질적으로 거부하고 있다. 현재 러시아는 옵저버 자격으로 OPEC 총회에 참관하고 있지만 감산 혹은 증산을 통해 OPEC과 실질적인 협력을 하는 데는 소극적이다. 이는 OPEC 비회원국 가운데 주요 산유국인 노르웨이, 멕시코가 OPEC과 일정한 거리를 유지하면서도 사안별로 협력하고 있는 것과는 대조적이다.[9)]

러시아의 이러한 행태는 안정적인 가격 형성에 대한 국제적인 압력을 피하고 가격 형성과 관련된 역할을 OPEC 등 여타 산유국에 전가시킴으로써 무임승차자(free rider)로서의 편익을 극대화하려는 전략으로 보인다. 러시아의 이런 전략은 전신인 소련의 대외 석유정책에서도 관찰된다. 소련은 1980년대 아랍민족주의와 비동맹 노선을 견지했던 중동 산유국을 정치적으로 지원하는 입장을 표방하면서도 소련 경제유지를 위한 경화확보 필요성 때문에 국제 석유시장에 원유 수출을 지속적으로 증가시켰다. 이 결과 소련은 1988년에 하루 1,200만 배럴이라는 소련 역사상 최대 생산을 기록하면서 국제유가를 배럴당 10달러 이하로 폭락시키는 데 일조하였다. 산유국과 석유 소비국 관계 측면에서는 소련의 이러한 비협조적 행태가 석유 수입국들로 하여금 산유국에 대해 상대적인 우

9) Dag Harald Clae, *The Politics of Oil–Producer Cooperation*(Boulder : Westview Press, 2001).

위를 점하게 하는 데 기여하기도 하였다. 그리고 1998년 외환위기 이후에도 러시아는 자국의 경제회복을 이유로 OPEC의 '감산을 통한 가격 지지 요청'에 협조하지 않은 결과 2000년대 초까지 계속된 장기 가격 하락에 일익을 담당하였다. 결국 러시아 석유는 세계 석유 공급원 다원화에 보탬이 되므로 국제 에너지 안보를 강화할 수 있는 역할을 할 수 있다고 하겠다.

러시아 에너지 공급은 비전통적 에너지 안보 관점에서도 긍정적인 측면을 갖고 있다. 러시아는 중동 산유국과는 달리 국내 정치불안으로 에너지 공급에 어려움을 겪은 경우는 거의 없다. 1990년대 체첸 분쟁에도 불구하고 러시아 석유 공급은 전혀 지장을 받지 않았다. 체첸 수도 그로즈니는 구소련 시절 주요 석유 생산지였지만 최근 들어 그 역할은 크게 위축되었으며, 체첸지역에 송유관이 통과하고 있지만 체첸지역의 불안이 공급 혼란을 직접 유발한 경우는 아직까지 발생하지 않고 있다. 또한 러시아는 비이슬람 기독교 국가로서 이슬람의 영향력이 미약한 결과 정치적으로 신뢰할 만한 에너지 공급국으로 평가되고 있다.

이런 관점에서 러시아는 주요 소비국과의 협력대상으로 인식되고 있다. 미국과의 관계에서는 미-러 에너지 동맹관계 구축이라는 목표 하에 푸틴 대통령과 부시 대통령이 2003년 정상회담에서 에너지 문제를 집중적으로 논의하기도 하였다. 당시 9 · 11테러 직후 상황에서 사우디가 안정적인 석유 공급원으로서의 역할을 수행할지 여부에 의문이 제기되면서 부시 행정부는 러시아가 사우디를 대체하지는 않더라도 사우디와 경쟁할 수 있는 대상으로 보고 미-러 에너지 동맹을 추진하였다.[10] 이후

10) Victor David G. and Nadejda M. Victor, "Axis of Oil?," *Foreign Affairs*, Vol. 82,

러시아는 미국에 사상 처음으로 원유를 수출하기도 하였고, 러시아 석유기업이 미국 내 정유공장 및 주유소 투자에 나서기도 하였다.

국제 에너지 안보 확보과정에서 러시아의 긍정적인 역할과는 대조적으로 대외정책 수단으로서의 러시아 에너지 공급의 역할은 변화하고 있다. 러시아는 1998년 외환위기를 겪으면서 러시아 경제정치와 석유산업 관계는 일종의 전환을 겪었다. 구소련 붕괴 이후 러시아는 세계화의 영향으로 에너지 산업에 대한 전반적인 민영화를 추진하면서 석유산업을 전면 민영화하였다. 민영화에 의해 러시아 국가와 석유산업은 분리되었지만, 다른 산유국처럼 국가가 석유산업을 통제할 수 있는 기제를 마련하지 못하는 정책적인 실패를 경험하였다. 특히 러시아는 민영화 과정에 있던 국내 석유산업의 저항에 의해 서구적인 석유관련 법체계를 도입하지 못함에 따라 국가와 석유산업의 적절한 관계를 설정하지 못했다.[11] 즉 러시아 석유산업은 민영화를 통해서 국가통제로부터 자율성을 확보하는 데는 성공하였지만, 러시아 국가로서는 석유산업 민영화 과정에서 적절한 조세방안을 마련하지 못해 오히려 세수 기반을 상실하는 결과만 초래하였다.

No. 2 (March/April 2003).

11) 구소련이 몰락하면서 미국은 러시아 석유산업 진출을 위해 러시아 석유관련 법체제 정비를 지원하기도 하였지만 완전한 성공을 거두진 못했다. 실례로 석유개발에 있어 국제적인 기준인 생산물 분배 계약 법률을 러시아는 전면적으로 도입한 것이 아니라 예외적으로 허용하는 데 그치고 말았다. Gary B. Conie, "The Emerging Petroleum Law of the Russian Federation," in Katie Gillespie and Clement Moore Henry eds., *Oil in the New World Order*(Gainsville : University Press of Florida, 1995).

러시아는 세계화의 결과로 맞은 1998년 외환위기 충격을 완화하는 데도 실패하였다. 즉 옐친 정부 기간 중 러시아는 연성국가(weak state)의 속성을 보였으며, 세계 경제작동 원리에 영향을 미칠 수 있는 강성국가(strong state)의 모습을 사상하였다. 이로 인해 러시아 석유산업은 세계 에너지 경제에서 확고한 위치 확보를 위한 변화를 강요받았지만, 러시아 석유산업은 민영화의 혼란 속에서 동원 가능한 국내 자원의 한계와 석유산업에서의 국가 역할 축소에 의해 여타 산유국처럼 단순 석유 공급원으로 역할이 환원되었다. 특히 러시아는 소련의 경제적 자급구조(autarky)에 의해 내부 석유 공급에 절대적으로 치중한 나머지 석유 수출은 부차적인 역할에 불과했던 경험에 기초하여 러시아는 해외 수출보다 국내 공급에 치중하였다. 이러한 전례는 1990년대 세계화 속에서 러시아 석유산업이 단순히 세계 석유 공급원이라는 한계화의 길로 나아가게 만들었다.

1998년 이후 러시아의 정치적 · 경제적 변화는 국가의 변화를 유도하였다. 외환위기로 혼미한 경제적 · 정치적 상황 속에서 2000년 선거를 통해 집권한 푸틴 정부는 에너지 산업의 국내 정치 영향력 축소를 위한 노력을 기울였다. 러시아 최대 석유기업 유코스(Yukos)의 파산과 경영주 호도로프스키의 몰락은 이의 결과라고 할 수 있다. 그리고 루블화 가치 폭락으로 인해 국가 조세기반이 붕괴되면서 러시아 정부는 현금 확보에 주력하였고, 이를 위해 조세를 강화하였으며, 이를 바탕으로 2000년부터 시작된 국제 에너지 가격 회복을 활용하여 에너지 산업을 국가 통제 하에 두려는 작업을 추진하였다. 국가기제의 붕괴에 의해 조세 확보가 용이치 않았던 러시아로서는 석유산업은 가장 손쉽게 조세를 확보할 수 있는 유일한 경제부문이었다. 더욱이 에너지 산업의 민영화에 대한 러시아 일반 국민들의 불만은 에너지 산업에 대한 국가통제를 강화할 수 있는 여건을 제공하였다.

이 과정에서 에너지 산업과 러시아 국가와의 관계는 '재산국가'(property state)에서 '조세국가'(tax state)로의 이행을 예상할 수 있지만, 제도 운영 측면에서는 러시아 국가는 '불로소득 국가'(rentier state)의 속성을 보여주고 있다.[12] 구소련 붕괴 후 러시아는 에너지 자산을 국유화한 재산국가였지만, 1990년대 전면적인 민영화를 통해 에너지 산업의 자율성 확립을 허용함과 동시에 조세를 통해 국가 수입을 확보하는 조세국가로의 이행이 추진되었다. 하지만 이 과정에서 러시아는 전면적인 에너지 산업의 민영화를 중단하였다. 석유산업의 경우 민영화는 거의 완성되어 극히 일부 자산만을 국영 석유회사 로스네프트(Rosneft)에 남겨 둔 반면, 천연가스 부문은 민영화를 전혀 진행하지 않아 국영 가즈프롬(Gazprom)이 재산국가의 역할을 수행하고 있다. 하지만 1998년 이후 벌어진 정치 및 경제적 환경의 변화로 인해 러시아는 석유 수출에 국가 수입을 전적으로 의존하는 불로소득 국가의 속성을 보이고 있는 것이다. 더욱이 유코스 파산과 그 자산의 국유화에서 관찰되었듯이 재국유화를 통해 재산국가로의 역행도 일부 목격되고 있다. 이 과정에서 러시아 권력 핵심 측근들인 소위 '실로비키'(siloviki)들이 에너지 산업 통제에 직접 나서기도 하여 일부 국영 석유기업 경영진들이 이들로 채워지고 있다.

석유산업과 국가 간의 관계 변화는 러시아의 대외 에너지 관계 변

---

12) Neil Robinson, "Globalization and the Evolution of the Russian State," 한국외국어대학교 주최 '러시아의 세계화 연구 프로젝트' 국제회의(2004. 4. 23-24, 서울) 발표 논문.

화와도 무관해 보이지 않는다. 냉전 종식 후 러시아는 국익을 위해 대외적으로 일방적인 권력행사를 자제하고 있는 것으로 이해되었다. 하지만 푸틴 체제 이후 러시아의 국가 안보 정책은 힘의 행사를 강조하고 있으며, 구소련지역 및 위성국가에 대한 영향력 회복에 초점을 맞추고 있는 것으로 알려지고 있다. 이러한 대외관계 인식의 변화 속에서 러시아 에너지 산업에 대한 국가 통제 강화는 러시아의 대외 영향력 확대를 위한 유용한 수단으로 확실하게 활용되고 있다. 구소련 붕괴 후 러시아는 국제정치에서 군사력 사용이 거의 불가능하였다.[13] 특히 과거 구소련 위성국들이 러시아 영향권(sphere of influence)을 이탈하고 서방 중심의 북대서양조약기구(NATO) 및 유럽연합(EU)으로 편입되었지만, 이에 대해 러시아는 구소련 시절과는 달리 군사적 수단을 전혀 활용하지 못하였으며, 이는 러시아의 대외 영향력 저하로 연결되었다.[14] 즉 러시아는 대규모 군사능력을 보유하고 있지만 이의 유용성은 현저히 하락하였고, 이를 대체할 수 있는 수단을 찾지 않으면 안 되는 상황이 되었다.

이의 결과는 러시아가 보유하고 있는 에너지 공급 능력이 대외관계에 유용하게 활용될 수 있다는 인식이 러시아 안보 엘리트들 사이에 형성되고 있다. 이러한 인식은 러시아 정부가 2005년 의회의 승인을 거쳐 발표한 '러시아 에너지 전략 2020'에 분명히 나타나고 있다. 러시아

13) Leon Aaron, "The Foreign Policy Doctrine of Postcommunist Russia and its Domestic Context," in Michael Mandelbaum ed., *The New Russian Foreign Policy*(New York : Council on Foreign Relations, 1998), pp. 23－63.

14) 1950년대 및 1960년대 소련은 폴란드, 체코 그리고 헝가리와 같은 동맹국이 정치적인 이탈을 보임에 따라 군사개입을 통해 막은 사례가 있다.

국방부, 내무부, 외무부 및 정보기관과 같은 안보 관련 정부부처뿐만 아니라 산업 에너지부와 지하자원부와 같은 에너지 관련 경제부처의 의견도 반영된 이 전략에서 러시아는 대외 에너지 정책의 목적이 러시아의 대외 역량 향상에 있음을 천명하였다. 이런 정책방향은 대외관계에서 불안한 면들을 노정하고 있다. 러시아가 에너지를 통해 구소련 지역에 대한 영향력 확대를 시도하는 움직임을 강화함에 따라 러시아의 신제국주의 부활이라는 주장이 제기되고 있고, 2006년 1월 우크라이나에 대한 천연가스 공급 중단 사건을 계기로 에너지를 둘러싼 신냉전 부활이 현실화되고 있음이 거론되고 있다.[15)]

III. 러시아 에너지 역량의 현황과 한계

러시아가 세계 에너지 생산에서 차지하고 있는 비중은 매우 높다. 석유의 경우, 2005년 기준 하루 955만 배럴(b/d, barrels per day)을 생산하여 전 세계 생산의 12.1%를 담당하고 있으며, 천연가스의 경우 전 세계 생산의 21.6%인 연간 598십억 입방미터(bcm, billion cubic meter)를 생산하고 있다. 그리고 석탄은 전 세계 생산의 5.1%인 2.98억 톤을 기록하고 있다. 한편, 국제 에너지 관계의 지표(indicator)가 될 수 있는 에너지 교

---

15) Keith C. Smith, *Russian Energy Politics in the Baltics, Poland and Ukraine*(Washington D.C. : Center for Strategic and International Studies Press, 2004).

〈표 1〉 러시아 및 세계 에너지[16] 매장량, 생산량과 소비량

(2005년 기준)

	석유			천연가스			석탄		
	매장량 (억 bbl)	생산량 (만 b/d)	소비량 (만 b/d)	매장량 (조 m³)	생산량 (십억 m³)	소비량 (십억 m³)	매장량 (천억 톤)	생산량 (억 톤)	소비량 (억 톤)
러시아 (a)	744억	955	275	47.8	598	405	1.57	2.98	1.1
세계 (b)	12,000	8,108	8,246	179	2763	2749	9.09	58	29
러시아 (a/b,%)	6.2	12.1	3.4	26.6	21.6	14.7	17.3	5.1	3.8

자료 : *BP Statistical Review of World Energy*(June 2006).

역 규모는 러시아의 위치를 더욱 부각시켜 주고 있다. 러시아는 작년 기준 680만 b/d의 석유를 수출하여 전 세계 석유 교역량 4,990만 b/d의 8.5%를 차지하였다. 이는 세계 최대 산유국인 사우디아라비아에 이은 세계 2위의 규모이다. 천연가스의 경우, 러시아는 아직까지 천연가스를 액화·수출하지 않고 파이프라인을 통해서만 수출하고 있다. 러시아의 파이프라인 천연가스 수출규모 1,510억 m³는 전 세계 파이프라인 천연가스 교역량의 28%에 해당한다. 이는 미국에 천연가스를 주로 수출하는 캐나다의 수출보다 약 1.5배 많다. 결국 러시아는 세계 2위의 석유 수출국이며, 세계 1위의 천연가스 수출국이다. 석탄의 경우, 세계 석탄 교역

16) 재래식 에너지원(conventional energy sources)으로는 석유, 천연가스, 석탄 및 수력 전력을 꼽으며, 비재래식 에너지원(non-conventional energy)으로 원자력과 신재생 에너지(new and renewable energy)를 꼽는다. 본고에서는 세계 에너지 수급에서 러시아 에너지 역량을 파악하기 위해 통계 자료 확보가 가능한 재래식 에너지원으로 한정하였다. 다만, 아직까지 국제적 교역을 하지 않고 있는 전력은 제외하였다.

규모는 약 7억 톤으로 추정되는데, 러시아의 석탄수출은 상당한 것으로 추정되고 있다.[17]

러시아의 잠재적 에너지 역량 또한 두각을 나타내고 있다. 에너지 수출국의 잠재적 역량은 그 국가의 생산량 대비 매장량(R/P)[18]으로 측정될 수 있다. R/P는 현 생산을 유지할 경우 향후 생산 가능한 기간을 나타낸다. 석유의 경우 전 세계 R/P는 약 40년으로 보고 있는 데 비해 러시아 석유는 21.6년에 불과하다. 이는 사우디의 100년, OPEC의 73년에 비해 턱없이 낮은 수준이다. 하지만 천연가스의 경우, 러시아의 R/P는 80년에 이르고 있어 전 세계 평균 65년보다 훨씬 높은 수준이다. 석탄의 경우 러시아의 R/P는 500년 이상이어서 전 세계 평균 155년보다 월등히 높다. 석유를 제외한 재래식 에너지에서 러시아는 세계 평균보다 높은 잠재력을 보유하고 있다. 러시아의 석유 R/P가 세계 평균보다 낮은 것이 사실이지만, 러시아의 추가 매장량 확보 가능성이 높은 것으로 평가되고 있어 재래식 에너지 전반에서 러시아가 세계 에너지 수급구조에서 차지하는 잠재적 및 현재적 역량은 상당히 높은 것으로 평가된다.

러시아는 지난 5년간 석유 생산을 지속적으로 증가시켜 왔다. 2001년 러시아는 702만 b/d를 생산하였지만, 이후 지속적인 생산을 늘려 2005년에는 2001년 대비 35% 증가한 948만 b/d를 생산하였다. 구소련 시절 소련은 1988년 1200만 b/d를 생산하여 단일국가로서는 세계 최대 생산을 과시한 바 있다. 소련방 붕괴 이후 러시아는 국내 석유 생산 체

---

17) Energy Information Administration, *International Energy Outlook*, 2006, pp. 51-61.

18) 이를 흔히 R/P(reserves/production)라고 한다. 즉 전체 매장량을 현 생산량으로 나눠 지속 가능한 생산연수를 산출한다.

〈표 2〉 러시아 석유 생산 및 수출

(단위 : 만 b/d)

	2001	2002	2003	2004	2005
생산	705	769	854	928	948
수출	460	521	604	671	n.a

자료 : *BP Statistical Review of World Energy*(June 2004).

계의 혼란으로 인해 1990년대 중반 500만 b/d까지 생산이 하락하기도 하였다. 최근 생산 회복은 러시아가 사상 최대 원유 생산을 달성할 가능성에 무게를 실어주고 있으며, 더욱이 일부에서는 러시아 석유 생산이 앞으로도 계속 증가하여 사우디아라비아를 능가하는 최대 산유국이 될 것으로 전망하고 있다.

지난 3년간의 고유가 속에서 러시아의 역할이 돋보이는 이유는 러시아가 정치적 안정과 함께 지속적으로 원유 생산을 늘려 비중동·비 OPEC 산유국 중 신뢰할 만한 공급원이라는 평판을 획득하였다는 점이다. 2003년 이후 세계 석유 수급은 지속적인 수요 증가에 비해 공급 능력은 한계를 보이고 있어 일부에서는 구조적 문제라고 규정하고 있다. 이런 조건 하에서는 작은 정치적 사건들도 석유 공급에 큰 충격을 주고 있다. 이란, 이라크, 나이지리아, 남미 산유국처럼 테러와 국내 정치불안으로 인해 석유 공급의 불확실성이 높아짐에 따라 이들 국가들은 신뢰할 만한 공급원으로서의 가치에 의문이 제기되고 있다. 이에 비해 러시아는 체첸 사태와 같은 정치적 불안이 있었던 것이 사실이지만, 앞에서 언급하였듯이 이런 불안이 석유 생산 및 수출에 직접적으로 영향을 미치지 않아 안정적이고 신뢰할 만한 석유 공급자라는 평판을 축적해 왔다.

러시아의 이러한 석유 생산 증가는 몇 가지 한계점을 안고 있다.

먼저 석유 생산 증가 속도가 해를 거듭할수록 크게 떨어지고 있다. 2001년부터 러시아 원유 생산이 지속적으로 증가한 것은 사실이지만 최근 들어 그 증가폭이 크게 둔화되고 있다. 2001-2004년에는 석유 생산 증가세가 전년 대비 연 9% 이상에 이르러 다른 어떤 산유국보다도 높은 증가세를 보였다. 하지만 2005년 증가율은 전년 대비 약 2%에 불과하였다. 더욱이 2006년 통계가 아직까지 구체적으로 나오고 있지는 않지만 2006년 생산증가는 1%에 불과하며, 2008년까지 이 수준을 유지할 것으로 보는 분석도 제기되고 있다.

이러한 생산증가 둔화는 지속적인 석유 생산 증가가 어렵다는 비관적 전망을 옹호하는 것처럼 보인다. 비관론자들에 따르면, 러시아가 현재까지 성공적으로 석유 생산을 확대한 것은 기존 발견 유전의 회수 증대에 치중해 왔기 때문이라는 것이다. 2004년의 경우, 러시아가 새로운 유전을 찾기 위한 탐사 시추는 전년의 253공보다 감소한 216공에 그친 반면, 기존 유전에 생산시설을 갖추기 위한 개발 시추의 경우, 전년의 860만 미터와 큰 차이 없는 840만 미터였던 것으로 알려지고 있다. 또한 원유 생산을 하지 않고 있는 휴지정(idle well)도 그 수가 감소하기보다 오히려 증가하였다. 즉 2003년 36,337정의 휴지정은 2004년에 36,803으로 늘어났다. 이는 러시아가 신규 유전을 찾기 위한 노력보다 이미 발견해 놓은 유전을 이용하려는 노력에 치중하고 있다는 것을 의미하며, 장기적으로는 러시아의 원유 생산 능력이 저하될 수도 있다는 점을 시사하고 있다.

이런 이유 때문에 러시아 유전의 매장량 대체가 제대로 이뤄지지 않으면 일반적인 예상보다 훨씬 빨리 러시아의 석유 매장량이 고갈될 수도 있다. 국제 석유산업에서 가장 일관된 통계를 제시하고 있는 BP 연간

〈표 3〉 러시아 석유 및 천연가스 매장량 보유 추세

	1998	1999	2000	2001	2002	2003	2004	2005
석유 (억 bbl)	558	592	596	632	685	725	724	744
천연가스 (조 m^3)	48.08	46.90	46.70	46.80	47.00	48.00	47.80	47.82

자료 : *BP Statistical Review of World Energy*(June 2004) 및 Energy Information Administration, *International Energy Outlook 2006*.

에너지 통계에 의하면, 1998년부터 러시아는 원유 생산량 증가와 더불어 원유 매장량도 늘어난 것으로 나타나고 있는 반면, 천연가스 매장량 증가는 같은 기간 정체되었다. 이는 러시아 기업의 활발한 추가 매장량 확보에 의한 것이 아니라 기존 매장량에 대한 재평가에 의한 것으로 알려지고 있다. 실제 석유 매장량 확보 업무를 담당하고 있는 천연자원부의 유리 드루드네프(Yuri Trutnev) 장관은 러시아 매장량이 2015년이면 고갈될 것으로 2004년에 이미 전망한 바 있다. 또한 현재의 석유 생산 수준이 러시아의 최대 생산 규모로서, 석유 생산에 대한 신규투자가 이뤄지지 않으면 향후 2년간 심각한 생산 제약에 직면할 것이라고 한다.

러시아의 석유 생산 잠재력이 한계를 맞고 있는 가장 큰 원인은 러시아 정부의 조세정책에서 찾아야 할 것이다. 러시아 정부는 석유 생산 및 수출에 과도한 세금을 징수하고 있다. 러시아 정부는 2004년 고유가가 시작되면서 8월에 새로운 석유수출세(export tax)를 도입하였다. 고정세 $4/bbl ($/barrel/배럴당 달러) 외에 유가 $25/bbl 초과할 경우, 초과액의 65%를 세금으로 거둬들이기로 하였다. 예를 들어서 유가가 $60/bbl인 경우, 25달러 초과액인 35달러의 65%인 $22.75/bbl는 수출세 중 변동부분이 된다. 여기에다 고정부분 $4/bbl을 추가로 징수하면 총세금은

$26.75/bbl로서 판매금액의 약 45%를 세금으로 납부하여야 한다. 실제로 신규 석유수출세가 도입되기 직전인 2004년 7월 석유수출세는 $5.66/bbl에 불과하였지만 새로운 제도가 도입되면서 수출세는 2배로 증가하였고, 작년 10월과 11월에 $24.64/bbl를 기록한 것으로 알려지고 있다. 뿐만 아니라 광물생산세(mineral extraction tax)도 급증하였다. 2004년 $4.24/bbl이었던 광물생산세는 작년 10월 $10.08/bbl로 크게 인상되었다. 이 결과 러시아의 수출 주력 원유인 우랄유 가격은 2004년 4월 $30.50/bbl에서 2005년 10월 $54.85/bbl로 상승하였는 데 비해, 석유 수출 기업의 세후 수익은 $21.43/bbl에서 $20.12/bbl로 오히려 감소하였다.[19] 이는 러시아가 조세국가가 아니라 불로소득 국가 속성을 갖고 있다는 점을 나타낸다.

또한 러시아는 조세를 석유기업에 대한 정치적 규제수단으로도 사용하고 있다. 주지하다시피 러시아는 2004년 세무조사를 통해 러시아 최대 석유기업 Yukos에 약 130억 달러를 추징하여 파산시킨 바 있다. 이후 러시아 정부는 주요 민간 석유회사들의 납세실적을 세무조사하였으며, Lukoil 및 TNK-BP와 같은 주요 석유기업들에 세금을 추징한 것으로 알려지고 있다. 과도한 조세는 민간기업의 생산의욕을 떨어뜨린다는 것은 너무나 자명하다. 적정수준 이상의 조세는 러시아 정부로 하여금 민간 석유회사에 대한 통제력을 높여 옐친 행정부 시절 나타났던 무분별

---

19) 러시아의 석유부문에 대한 중과세를 '과잉행정 개입'으로 보면서 조세정책 이외에 러시아 정부는 송유관 사용, 원유생산 면허 부여, 석유기업 소유권 변경 등을 통해 행정개입을 하고 있다. Julian Lee, "Has Russia's Oil Production Growth Come to an End?" *Geopolitics of Energy*, Jan. 2006.

한 석유 생산을 방지할 수 있는 효과를 거둘 수 있을지도 모른다. 하지만 이로 인해 러시아 석유기업은 탐사와 같은 불확실성이 높은 부문에 투자할 자금력을 상실하고 있고, 결과적으로 이들 기업의 장기적인 석유 생산 잠재력이 떨어질 수도 있다. 또한 러시아 국가가 조세국가에서 불로소득 국가로 이행하게 되어 권위주의적 국가가 될 수 있는 물적 기반을 제공하고 있다는 점을 부인할 수 없다.

Ⅳ. 국가의 통제 강화 : 석유개발 관련법 개정 논의

러시아는 2006년 현재 석유개발 관련법 개정을 논의하고 있다. 석유 관련법 중에서 가장 주요한 부분은 지하자원법(Subsoil Law)이다. 지하자원법은 석유자원 개발과 관련된 기본법으로서 러시아 기업뿐만 아니라 외국기업들에게도 매우 중요하다. 러시아는 구소련이 붕괴된 후인 1992년 5월 구소련의 '에너지 및 광물자원법'을 토대로 지하자원법을 만든 이후 수차례 수정을 거듭하였다. 2000년 푸틴 행정부 출범 후 러시아에서는 석유산업에 대한 국가 통제력 강화를 위해 지하자원법 개정 필요성이 강력히 제기되었고, 2002년부터 논의가 시작되어 2004년 말에 초안이 완성되었다. 2005년 1년간 지하자원법 개정안에 대한 토론이 진행되었지만 법개정을 둘러싼 이해관계가 매우 복잡한 관계로 2006년 말까지 법은 통과되지 않은 상태이다. 러시아 정부는 법 통과를 염두에 두고 관련 정책들을 법 개정안에 준거하여 집행하고 있어 개정법안은 실질적인 효력을 발휘하고 있다.

개정안 중에는 외국 투자자들에게도 적용되어 향후 러시아 석유 자원 개발사업에 영향을 미칠 만한 내용들이 상당히 많이 있다. 우선, 전략적으로 중요한 의미를 지니는 것으로 판단되는 전략광구에 대해서는 외국기업의 참여지분을 최대 49%로 제한하는 내용이 포함되어 있다. 전략광구란 러시아 국방에 있어 중요한 지역에 위치하고 있는 유전과 규모가 큰 대형 유전을 의미하며, 이러한 전략광구를 법률로 지정할 예정이다. 러시아 기업이 지분 51%를 차지함에 따라 외국기업들의 경영 자율성을 제약하겠다는 의도가 담겨 있다. 외국기업의 참여지분 49% 제한은 외국기업들로서는 투자 의욕을 상실하게 하는 조항이다.

러시아에서 또다른 논란이 되고 있는 제도적 장치는 생산물 분배계약(Production Sharing Agreement : PSA)[20]이다. PSA법은 1993년 12월에 공포되어 외국기업들이 초기에 러시아 석유개발에 진출할 수 있는 법적 토대를 마련하는 계기가 되었다. PSA법은 국가와 석유회사 간에 체결한

---

20) 생산물 분배계약(production sharing agreement)은 현재 국제석유개발 산업에서 가장 보편적으로 채택되고 있는 석유개발 계약제도이다. 이 계약방식으로 산유국과 석유회사가 계약을 체결하게 되면 석유회사는 석유개발을 위해 투자한 투자비의 일정 비율을 생산 원유의 판매 수익에서 매년 회수하고, 나머지 생산물을 산유국과 석유회사가 일정 비율에 따라 나눠 갖는 방식이다. 이 방법은 산유국 정부가 석유회사의 활동을 감시할 수 있는 능력을 갖추고 있을 때 가능하다. 즉 석유회사의 투자비, 생산물량, 판매 수익금 등 경영 일체를 감시하고 확인할 능력이 있어야 이 제도의 운영이 가능한 것이다. Donald F. Todd, An Indonesian Experience, Allen G. Hatley ed., *The Oil Finders: A Collection of Stories about Exploration* (Utopia Texas, Centex Press, 1995), pp. 49－118 및 財團法人 石油學會編, 『ガイドブック世界の大油田』(技報堂出版株式會社, 東京, 昭和 59年), pp. 114－115.

계약에 의해 러시아의 복잡한 각종 조세(관세, 소비세, 기타 강제납부금 등)를 대체할 수 있도록 규정하고 있어 법적 투명성이 부족한 러시아에서 외국기업이 석유개발에 투자할 수 있는 제도적 장치 역할을 해왔다. 이런 이유 때문에 외국기업들은 PSA 방식에 의한 러시아 석유개발 참여를 희망해 온 반면, 러시아로서는 PSA가 사업에 개입할 수 있는 여지를 없애버리고 외국기업에게 절대적으로 유리하다는 이유 때문에 PSA에 반대하는 여론들이 형성되었다. 2003년 러시아는 PSA법을 개정하여 이 계약이 체결될 수 있는 조건을 엄격하게 제한하였다. 즉 PSA 적용대상 광구가 되기 위해서는 러시아 정부가 실시한 광구 입찰에서 응찰자가 없어 투자희망 기업이 없는 것이 확인되어야 하고, 의회가 인정하는 PSA 적용대상 목록에 이 광구를 등재하여야 하며, 재입찰을 통해 현행 러시아 조세방식에 의해 사업할 수 있는 기업이 없는 것으로 판명될 때 PSA 계약을 체결할 수 있도록 했다. 러시아의 불확실한 법적 위험으로부터 벗어나기를 희망하는 외국기업으로서는 이러한 까다로운 절차를 거쳐야 되는 PSA를 수용할 수 없으며, 현실적으로 석유개발에 참여할 수 있는 기회도 상당히 줄어드는 것으로 평가된다.

PSA와 관련하여 문제가 되는 것은 러시아가 PSA계약을 두고 외국기업과 잦은 마찰을 빚고 있다는 것이다. 러시아는 2004년 미국의 엑슨모빌이 참여하고 있던 사할린 프로젝트-III 광구의 면허를 회수하였다. 면허 회수 이유에 대해 러시아는 엑슨모빌이 탐사작업을 제대로 하고 있지 않기 때문이라고 주장하는 반면, 엑슨모빌은 러시아가 당초 약속한 PSA를 부여하지 않았기 때문에 구체적인 탐사작업을 개시할 수 없었다는 것이다. 또한 이미 PSA를 부여하여 석유를 생산하고 있는 유전에 대해서도 개입을 시도하고 있다. 엑슨모빌과 쉘이 각각 운영하고 있는 사할린 프로젝트-I과 사할린 프로젝트-II에 대해 러시아는 국영 가스회사 가즈프롬(Gazprom)을 통해 이들 프로젝트의 지분 취득을 요구하고 있고, 프로젝트-II의 지분 51%를 넘겨받았다. 또한 프랑스의 토탈(Total)사가 운영하고 있는 서시베리아의 카랴가(Kharyaga) 유전 지분도 넘길 것을 요구하고 있다. 일부 러시아 석유 과학자들은 이들 외국기업들이 석유 생산을 제대로 하고 있지 않다는 이유를 들어 러시아 기업의 지분을 51%까지 확대하여야 한다고 주장하고 있다. 이에 대해 토탈사와 같은 외국기업들은 러시아의 이런 주장이 모종의 정치적 배경, 즉 자원국가주의와 관련이 있는 것으로 보고 있다.

V. 대외정책 수단으로서 천연가스 공급

천연가스는 러시아의 대외 영향력 확대를 위한 수단으로 적극 활용되어 왔다. 미국의 레이건 행정부 출범 직후 냉전이 고조되고 있던 1980년대 초반, 소련은 독일과 천연가스 공급 파이프라인 건설에 합의한 바 있다. 당시 미국은 독일 등 서유럽 국가들이 정치적으로 신뢰할 수 없는 러시아에 중요 에너지원인 천연가스 공급을 의존하는 것은 에너지 공급 안보에 심각한 위협이 될 수 있다고 판단했다. 더욱이 1차 석유위기에서 경험했듯이 에너지 공급을 중단하거나 이를 이용하여 정치적으로 위협할 경우 소련의 요구를 수용해야 할지도 모르며, 독일이 에너지 수입대금으로 지불한 경화는 소련의 군사력 강화에 이용될 수 있다는 우려를 표명하였다. 한편, 소련은 당시 국내경제 활성화를 위해 외자 도입이 필요했으며, 이를 위해 당시 발견한 초대형 우렌고이(Urengoi) 가스전의 가스를 서유럽에 공급함으로써 경화를 획득하려 하였다. 또한 천연가스 수입국이었던 독일로서는 천연가스 도입 명분을 이용하여 대소 경제원조를 제공함으로써 소련과 정치적 우호관계를 유지하는 데 관심이 있었다. 결국, 미국의 반대에도 불구하고 독일은 소련과 천연가스 파이프라인 건설에 합의하여 1980년대 중반부터 소련 천연가스를 도입하였다.[21]

러시아는 천연가스를 다시 유럽 및 미국과의 에너지 동맹관계 구축을 통한 전반적인 관계 강화 수단으로 활용하려 하고 있다. 미국과 러시아는 양국의 신행정부 출범 이후 처한 정치적 공동 과제에 기초하여 에너지 동맹관계를 구축하였다. 푸틴 행정부와 부시 행정부는 체첸 반군과 알카에다로 대변되는 테러문제에 각각 직면하였다. 비전통 안보 위협이라는 새로운 안보개념 설정이 공통으로 필요한 상황에서 에너지는 양국을 엮어줄 수 있는 훌륭한 정치적 상징물이 되었다. 또한 양국 에너지 동맹을 통해 러시아로서는 유럽에 치중되어 있는 에너지 수출시장의 다원화를 통한 에너지 수요 안보 강화를 기대할 수 있고, 미국은 북해 및 캐나다 석유자원의 생산 한계와 중동 석유 의존 탈피라는 에너지 공급 안보 강화라는 대외 에너지 정책에서 양국은 접점을 찾았다. 양국은 2002년 5월 정상회담을 갖고 에너지 동맹관계를 선언하였으며, 이후 매년 에너지 정상회담을 개최해 오고 있다.

에너지 동맹관계 구축 이후 러시아는 미국에 사상 처음으로 원유

---

21) Bruce W. Jentleson, 앞의 책.

를 수출하였으며, 천연가스 수출도 도모하고 있다. 이를 위해 미국과 러시아는 러시아의 쉬톡만(Shtokman) 가스전에서 생산된 천연가스를 북극 바렌츠(Barents) 해에서 액화하여 미국으로 공급하는 소위 '쉬톡만 프로젝트'를 추진하고 있다.[22] 또한 독일과는 신규 천연가스 파이프라인을 건설하여 추가로 천연가스를 공급하는 문제를 계획하고 있다. 소위 '북유럽 가스 파이프라인' (North Europe Gas Pipeline) 이라고 불리는 추가 천연가스 공급 확대 계획은 러시아가 기존 에너지 시장인 유럽에서 더욱 강화된 지위를 보유하겠다는 의지로 보인다.[23]

러시아가 미국 및 유럽에 대한 천연가스 공급 확대를 통해 국익 확대를 추구하고 있지만, 2006년 1월에 발생한 우크라이나 천연가스 공급 사태는 러시아 에너지에 대한 부정적인 인상을 심어주고 있다. 이 사태는 러시아 국영 가스공사(Gazprom)의 대우크라이나 천연가스 공급가

---

22) 쉬톡만 가스전은 2006년 현재 130조 입방피트 매장량을 보유하고 있으며, 이는 미국 전체 천연가스 매장량 186조 입방피트의 70% 규모로서 미국 소비량의 약 7년치에 해당하는 물량으로서 미국의 주요 천연가스 공급국인 캐나다의 가스 생산 및 공급 감소를 보완해 줄 것으로 기대하고 있다. 러시아는 쉬톡만 가스를 액화하여 연간 1,500백만 톤씩 2010년 말 혹은 2011년 초에 공급할 수 있을 것으로 예상하고 있다. 하지만 미국과 러시아 양국 협상이 순조롭게 진행되고 있는 것은 아니다.

23) '북유럽 가스 파이프라인' (North Europe Gas Pipeline) 프로젝트는 전임 독일 총리 슈뢰더가 사업 추진 회사의 회장으로 있으며, 독일의 바스프(BASF) 및 Eon이 각각 지분 24.5%, 러시아 Gazprom이 51%의 지분을 보유하고 있다. 서시베리아 유즈노-루스코예(Yuzhno-Russkoye) 가스전을 50억 달러 투자하여 2008년까지 개발하고 2010년부터 가스를 공급할 예정이다. 동 가스전은 연간 8,830억 입방피트의 천연가스를 30년간 공급할 수 있을 것으로 예상된다.

격 협상에서 촉발되었다. 구소련 붕괴 이후 러시아는 우크라이나에 공급하는 천연가스 가격을 \$50/천 m³로서 러시아 국내가격 수준으로 인정해왔다. 하지만 2000년부터 천연가스 가격협상을 해오던 러시아는 2005년 말 우크라이나가 WTO에 가입되어 있는 자유무역국가이므로 러시아가 독일 같은 WTO 국가에 공급하는 가격인 \$230/천 m³를 지불할 것을 요구하였다. 이러한 가격인상은 우크라이나로서는 수용하기 어려운 요구였으며, 러시아는 우크라이나에 압박을 가하기 위해 가스 공급을 중단하게 되었다. 러시아는 2003년에도 벨루로스와의 가격협상에서 가스 공급 중단이라는 극단적인 위협을 가한 전례도 있다. 우크라이나 사태는 러시아가 공급위협을 협상무기로 삼은 최초 사례는 아니다.

〈그림 1〉 러시아의 대유럽 천연가스 파이프라인망

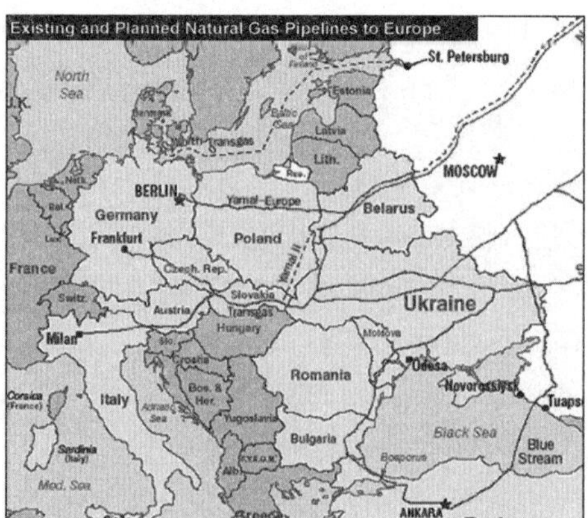

자료 : 미국 에너지부

문제는 우크라이나에 대한 천연가스 공급 중단이 서유럽 국가에 대한 천연가스 공급 중단으로 연결되었다는 점이다. 우크라이나는 유럽으로 향하는 천연가스 파이프라인 통과국이다. 러시아에서 출발한 이 파

〈표 4〉 러시아의 대유럽 가스 수출 노선과 규모

(2005년 11월 기준, 1일 백만 입방피트)

노선	우크라이나 경유	터키 경유	폴란드 경유
수출 규모	10,096	1,518	671

자료 : PIRA 2005. 12. 27.

이프라인은 우크라이나와 체코를 거쳐 독일, 오스트리아 및 이탈리아로 연결되어 있다. 러시아가 우크라이나에 대한 천연가스 공급을 중단할 경우, 파이프라인 마지막에 위치하고 있는 이들 유럽 수입국들은 당연히 천연가스 공급을 받을 수 없다. 러시아가 천연가스 공급 조절을 통해 우크라이나에 영향력을 행사할 경우 서유럽에도 파장을 미치게 되는 것이다.

러시아는 또한 에너지 공급을 구소련 지역의 이탈을 막는 무기로 사용하고 있다는 의혹도 사고 있다. 2004년 12월 우크라이나 대통령 선거 부정에 의해 촉발된 오렌지 혁명 이후 구소련권 국가들이 러시아의 영향력으로부터 이탈함에 따라 러시아는 이를 차단하기 위해 천연가스 공급을 정치적 지렛대로 삼고 있다. 즉 러시아가 우크라이나를 이렇게 압박한 데는 2006년 3월로 예정된 총선에 영향을 미치기 위한 목적도 있었다고 한다. 러시아는 친러시아 국가에 대해서는 국제가격보다 낮은 공급가격을 유지하는 반면, 그렇지 않은 국가는 가혹하리만큼 인상하여 이의 효과를 기대하였다. 실례로 벨라루스에 대한 공급가격은 \$47/천 m^3이지만 에스토니아, 라트비아 및 리투아니아에 대한 가격은 \$120-125/천 m^3를 받고 있다. 러시아의 이런 자세로 냉전 시절 구소련의 망령이 되살아난 듯한 인상까지 주고 있다. 냉전 시절 소련이 에너지 공급을 통해 동유럽 및 소련 위성국가들을 통제했던 방식을 러시아가 다시 사용하려 하고 있다.[24)]

러시아의 이러한 천연가스 공급 중단에 대해 서방은 강력하게 반발하였다. 러시아의 에너지 공급 중단 사태는 러시아가 과연 신뢰할 만한 에너지 공급원인가에 대한 의문을 제기하였다. 유럽 국가들이 러시아의 이러한 행동에 대해 에너지 안보 차원에서 집단행동(collective action)에 나설 필요성이 있다는 주장도 제기되었다.[25] 사태 직후 직접 당사자가 아닌 미국도 러시아에 압박을 가하였다. 라이스 국무장관의 비판에 이어 5월에는 체니 부통령이 리투아니아를 방문하여 러시아가 천연가스 파이프라인을 주변국 압박과 협박수단으로 이용하는 '파이프라인 정치'를 펴고 있다고 강력히 비난하였다. 카자흐스탄을 방문한 자리에서는 이보다 더 나아가 러시아를 거치지 않는 천연가스 파이프라인 건설을 촉구하여 러시아를 압박하였다.[26] 또한 EU 회원국들은 2년 전 EU 집행위원회가 제안한 천연가스 전략비축안을 거부하였지만, 천연가스 공급 안보를 강화하기 위해 이를 재고할 가능성도 제기되고 있어 러시아에 대한 압박수준을 높이고 있다.

---

24) 소련은 동유럽 국가들에게 석유 및 천연가스 공급을 통해 정치적 영향력을 행사하였을 뿐만 아니라, 이들 체코 같은 국가에게는 필요 이상의 물량을 공급하여 국내 잉여생산을 처분하고 외화 수익원으로도 활용하였다. 에너지 공급을 통한 소련과 동유럽 국가 간의 정치경제 관계는 William M. Reisinger, *Energy and the Soviet Bloc*(Ithaca : Cornell University Press, 1992) 참고.

25) Financial Time, *Editorial*(Jan. 8, 2006).

26) "Cheney, Visiting Kazakhstan, Wades Into Energy Battle," *New York Times*(May 14, 2006).

VI. 새로운 전략적 개입의 확대 : 극동 러시아의 에너지 자원 개발

러시아에게 동북아는 중요한 에너지 외교 대상임에는 틀림없다. 동북아지역은 세계 어느 지역보다도 높은 에너지 소비 성장세를 보이고 있고, 에너지 소비 규모 또한 세계 주요 경제권에 못지 않을 정도로 크다. 그리고 이들 국가들은 중동국가에 대한 에너지 공급 의존도가 높아 공급 안정성을 높이기 위해서는 공급원 다원화가 절실히 필요하며, 러시아를 다원화 대상으로 염두에 두고 있다. 또한 러시아는 에너지 생산을 확대하기 위해서는 서시베리아에 치중되어 있는 에너지 생산지역을 동시베리아의 미개발지역으로까지 확장할 필요가 있고, 동시베리아의 낙후한 경제개발을 위해서도 이 지역 에너지 개발을 활용하여야 한다.[27)]

러시아는 에너지 수급이라는 경제적 측면 외에 자국의 대외 에너지 전략을 구사하는 데 유용한 수단으로 동북아를 인식하고 있다. 러시아는 유럽 및 미국과의 에너지 관계 구축에 있어 동아시아를 지렛대로

---

27) 동시베리아는 러시아에게 경제적 · 군사적으로 매우 부담이 되었던 지역이다. 러시아는 동시베리아 방어를 위해 대규모 군대를 주둔시켜야 했으며, 경제적으로는 금, 다이아몬드, 목재와 같은 원자재 공급원만으로 활용되었을 뿐 러시아 경제 전체에 대한 기여도는 매우 낮다. 따라서 시베리아는 러시아의 '과잉팽창' (overreach) 을 의미하며, 러시아에게는 '저주' 라는 주장도 제기되고 있다. Fiona Hill and Clifford Gaddy, *The Siberian Curse : How Communist Planners Left Russia Out in the Cold*(Washington D.C. : Brookings Institution Press, 2003).

활용하려는 의도를 비치고 있다. 푸틴 대통령은 2006년 4월 천연가스 공급 문제를 논의하기 위해 방문한 독일의 메르켈 총리와의 회담에서 유럽 국가들의 대러시아 에너지 공급 의존 우려보다 러시아 에너지 산업의 유럽 진출 제한을 더욱 우려한다는 입장을 밝히면서 러시아는 신규 에너지 시장을 확보할지도 모른다고 언급한 바 있다.[28]

이는 러시아의 유럽 에너지 산업 진출을 규제할 경우 아시아 시장으로 에너지를 수출할 수 있다는 것을 의미한다. 하지만 아시아 입장에서 보면 러시아의 대아시아 에너지 공급은 러시아와 아시아 국가 간의 상호작용 결과에 의해 결정되기보다는 러시아와 유럽의 협상결과인 것으로 해석될 수 있다. 즉 러시아가 유라시아 국가로서 아시아 중시 정책 추진 가능성이 높은 것으로 보고 있지만, 에너지 문제의 경우 러시아와 유럽의 에너지 외교 결과에 따라서는 아시아에 대한 러시아의 에너지 공급이 영향을 받을 수도 있다는 점에서 러시아 에너지에 대한 신뢰도 형성은 아직까지 높은 것은 아닌 것으로 관찰된다.

이러한 러-유럽 에너지 관계 속에서 러시아는 동아시아에 대한 에너지 공급을 위한 구체적인 노력의 일환으로서 동시베리아 송유관을 건설하고 있다. 1996년 중국 국영 석유회사와 러시아 민간 최대 석유회사 유코스(Yukos)에 의해 구체화되기 시작한 동시베리아 송유관은 2001년부터 일본이 뛰어들면서 중-일 간의 외교전으로 비화되었고, 러시아는 양국 경쟁을 유도하였다.[29] 당초 유코스는 중국으로 송유관을 연결할 계

---

28) Platt's Oilgram News, "Putin says Russia may seek new energy markets," Vol. 84, No. 81 (April 28, 2006).

29) 일본의 동시베리아 건설 지원 동기에 대해 일부에서는 중국을 견제하기 위한 의도

〈그림 2〉 동시베리아 송유관 노선 계획도

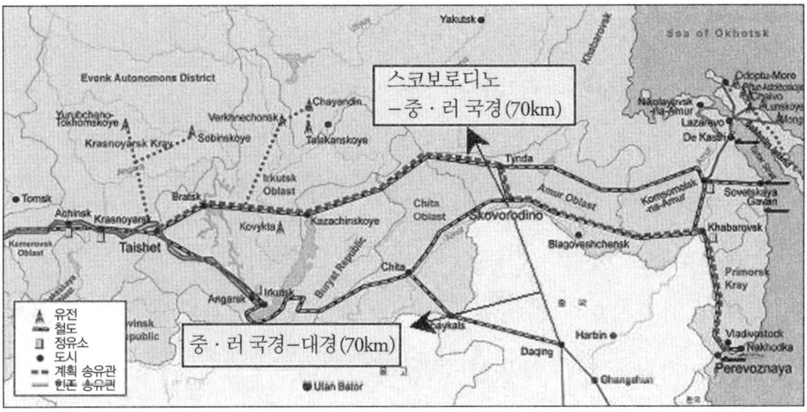

획이었지만, 러시아 정부가 송유관 건설에 적극 개입하면서 중국뿐만 아니라 동북아 모든 국가에 석유수출이 가능하도록 하기 위해 당초 계획과는 달리 태평양 연안까지 송유관을 건설하는 것으로 변경되었다. 일본은 러시아가 자국에 유리한 태평양 연안 페레보즈나야까지 송유관을 건설할 경우, 공사비 전액에 해당하는 대규모 자금을 지원할 것이라는 입장을 피력하였다. 하지만 러시아와 북방영토 문제가 부각되면서 일–러 간의 협상은 난항을 겪었다.

반면, 중국은 동시베리아 송유관이 자국으로 연결되기를 강력히 희망하면서 2005년 2월 장기 원유 공급용이라는 명분 하에 약 60억 달러를 러시아 국영 석유회사(Rosneft)에 제공하였다. 이 자금은 러시아 국영 석유회사 경영구조 개선에 상당히 도움이 되어 결과적으로 러시아 석유

로 해석되기도 했다. Edward C. Chow, "Russian Pipeline : Back to the Future," *Georgetown Journal of International Affairs*, Vol 5, No. 1 (Winter/Spring 2004), p. 27–33.

산업에 대한 국가개입을 도와준 것으로 보인다. 러시아는 2005년 송유관 노선과 건설방식을 최종 결정하였다. 러시아는 동시베리아 송유관을 2단계에 걸쳐 건설하기로 하고, 1단계(타이쉐트-스코보로디노) 공사를 2008년 완공을 목표로 2006년 4월에 착공하였다.[30] 2단계 구간(스코보로디노-페레보즈나야)은 동시베리아에서 충분한 석유매장지를 확보한 이후에 건설하기로 하였다. 이런 건설방식은 2단계 구간 건설을 두고 중국과 일본을 지속적으로 경쟁하게 함으로써 러시아로서는 국익을 극대화할 수 있는 기회를 계속 보유할 수 있게 되었다.

러시아는 동북아 여타 국가에 비해 중국과 가장 활발한 에너지 협력관계를 형성하고 있다. 일본이 북방 영토문제 때문에 사할린 프로젝트-I 및 II 참여 이후 러시아와의 에너지 협력에서 지속적인 성과를 거두지 못하고 있는 반면, 중국과 러시아는 전반적으로 긴밀한 양국 관계를 바탕으로 에너지 문제에 있어서도 주목할 만한 협력성과를 도출하고 있다. 중국은 러시아의 유코스가 파산한 후 이 기업을 인수하려다 실패한 적도 있지만, 2005년 10월 중국 시노펙(Sinopec)이 사할린 프로젝트 III의 베닌스키광구 지분 25.1%를 인수하였다. 특히 2006년 3월 푸틴 대통령의 중국 방문을 통해 주목할 만한 합의를 일궈냈다. 중국과 러시아는 동시베리아 송유관의 중국 연결을 위해 러시아 구간 70km와 중국 구

30) 동시베리아 송유관은 타이세트와 나훗카 인근 페레보즈나야 항을 연결하는 총 4,130km로서 수송능력 160만b/d, 공사비 115억 달러 이상 소요되는 대규모 프로젝트이다. 러시아는 이를 2단계로 나눠 공사하기로 하였는데, 1단계는 타이쉐트에서 스코보로디노까지 연결하는 작업으로서 60만 b/d 수송능력을 갖게 되며, 2단계는 동시베리아 지역의 원유 매장량을 확보한 이후에 결정하기로 하였다.

간 70km 건설을 중국 측 비용 부담 조건으로 공동 연구하기로 하였으며, 천연가스 분야에서는 기존의 이르쿠츠크 가스 공급계획을 중단하고 2개 천연가스 파이프라인을 건설하여 2011년부터 600-800억 입방미터를 공급하기로 합의하였다. 또한 석유분야에서는 러시아 국영 석유회사와 중국 국영 석유회사는 합작회사를 설립하여 중국 내 정유 및 주유소를 운영하고 동시베리아 석유자원 개발을 공동으로 추진하기로 하였다.

중러 에너지 협력에 장애가 없는 것은 아니지만 과거에 비해 상당히 진전되고 있는 것은 사실이다. 동시베리아 송유관의 지선 연결의 경우 일본의 반발이 강력할 것으로 예상되며, 동시베리아에서 대규모 원유 매장량을 발견할지도 아직까지 확실하지 않다. 러시아 과학 아카데미는 동시베리아 생산 가능 물량이 30-32만 b/d로 보고 있어 동시베리아 송유관 수송용량 60만 b/d에 못 미칠 것으로 보고 있다. 또한 송유관이 자연보호 구역인 바이칼 호수를 지나치게 가깝게 통과하도록 설계되어 있는 결과 환경보호를 위해 노선변경을 고려하고 있어 건설공사가 차질 을 빚을 가능성도 있다. 천연가스 공급의 경우, 중국이 제시할 수 있는 가스 가격이 $105/천 m³인 데 비해 러시아가 서유럽에 판매하고 있는 가격은 250달러 수준이다. 그리고 양국 관계가 급속히 개선되어 양국 합동 군사 훈련도 이뤄지고 있지만 중국의 중앙아시아, 특히 카자흐스탄 에너지 확보 노력에 대해 러시아가 어떤 역할을 할지도 의문이다. 중국은 상하이 협력회의(SCO) 출범 후 5년간 러시아 및 중앙아시아 국가와의 관계를 성공적으로 이끌면서 카자흐스탄 등에서도 상당한 에너지 자원을 확보하였다. 러시아는 중앙아시아에서 중국의 에너지 확보에 개입하려는 움직임도 보이고 있다. 즉 중국이 카자흐스탄으로부터 송유관을 건설하려는 계획에 러시아가 참여하려 하고 있다. 이 경우 러시아는 동시베리아 송유관과 더불어 중국의 석유수송에 상당한 영향력을 확보하게 될 것이다.

Ⅶ. 결론 : 러시아 대외 에너지 정책의 명암

러시아는 세계 석유 공급 안보에 기여할 수 있는 국가이다. 세계 에너지 안보는 충분한 양의 에너지가 안정적인 가격으로 공급될 때 달성될 수 있다. 공급원 다원화는 이러한 전통적인 에너지 안보를 달성할 수 있는 가장 기본적인 방안이다. 이런 측면에서 볼 때, 러시아 에너지는 세계 석유 공급원을 다원화시키는 데 기여할 수 있다. 세계 주요 에너지 공급원이 정치적으로 불안하여 공급이 중단될 경우 러시아는 이를 대체할 수 있는 공급원이 될 수 있고, 세계 공급원 다원화는 결국 국제 에너지 가격 안정에 보탬이 될 것이다. 또한 러시아는 이제까지 세계 석유시장에서 가격 설정자의 역할보다 가격 수용자의 입장을 견지해 온 사실로 보아 조심스럽지만 안정적인 가격 형성에도 도움이 될 것으로 기대될 수 있다. 그리고 비전통적인 에너지 안보 관점에서 보면, 러시아는 국내정치가 여타 산유국에 비해 안정되어 있어 테러와 같은 국내정치 혼란에 의한 에너지 공급 혼란을 겪을 가능성도 낮다. 전통적 · 비전통적 에너지 안보 관점에서 세계 경제가 러시아 에너지에 대해 상당히 높은 수준의 기대가 가능할 것으로 보인다.

러시아는 이런 높은 기대를 뒷받침할 수 있는 에너지 역량을 보유하고 있다. 지난 5년간 러시아 석유생산 증가는 다른 산유국보다 높은 수준을 유지해 왔으며, 조만간 세계 최대 산유국 사우디아라비아를 능가하여 세계 제1위 산유국이 될 수도 있다는 전망도 나오고 있다. 그리고 러시아가 보유하고 있는 에너지 잠재력도 여타 주요 산유국에 못지 않을 만큼 풍부하다. 천연가스, 석탄은 세계 평균보다 높은 수준을 보이고 있고, 석유는 세계 평균보다 낮지만 추가로 석유 매장량을 확보할 여력도 있어 이 또한 잠재력이 풍부하다고 할 수 있다.

또한 러시아는 세계 에너지 소비 중심지인 유럽과 아시아에 걸쳐 위치하고 있어 지리적으로도 유리한 위치에 놓여 있다. 이런 이유 때문에 세계 석유 공급에서 러시아의 중요성은 높아지고 있고, 주요 소비국들도 러시아와 강력한 에너지 관계 확립을 희망하고 있다. 미국은 러시아와 에너지 동맹관계를 구축한 이래 쉬톡만 LNG 도입을 추진하고 있고 독일도 이미 공급받고 있는 천연가스 파이프라인에 추가하여 신규 북유럽 천연가스 파이프 건설을 서두르고 있다. 동아시아에서는 중국이 원유를 공급받기도 하였고, 몇 차례 실패 후 사할린에서 러시아 유전 참여에 성공하였으며, 러시아로부터 천연가스를 공급받기로 합의하였다.

이러한 긍정적인 발전에도 불구하고 러시아의 대외 에너지 정책에는 국제적 우려를 낳을 만한 내용들도 있다. 2006년 초 러시아의 우크라이나 천연가스 공급 중단, 그리고 여타 구소련 위성국가에 대한 과도한 천연가스 공급가격 인상과 이를 통해 정치적 영향력을 행사하려는 의도도 보이고 있다. 이에 대해 러시아와 에너지 관계를 맺고 있는 국가들은 강력히 반발하고 있고, 신뢰할 만한 에너지 공급원으로서의 러시아의 위상에 의문을 표시하고 있으며, 추가적인 에너지 공급 불안 야기를 방지하기 위해 집단행동 필요성도 제기되고 있다. 이를 우려한 미국 등 서방국가들은 정치적 · 외교적 압력뿐만 아니라 러시아를 배제한 가운데 중앙아시아 천연가스를 공급할 신규 파이프라인 건설방안을 내놓고 있어 러시아의 영향력 축소를 의도하고 있는 것으로 보인다.

경제적 측면에서 러시아는 에너지 공급 대가로서 에너지 수입국의 에너지 산업에 참여하려 하고 있다. 중국과는 합작을 통하여 러시아의 상류부문에 대한 중국의 참여 대가로 중국 하류부문에 대한 러시아 참여를 합의하였으며, 연초 천연가스 공급 분쟁을 일으켰던 우크라이나에서는 천연가스 파이프라인 회사에 참여하기로 하였다. 러시아의 과도한 에너지 소비국 진출을 우려한 영국은 러시아 가즈프롬이 자국 천연가스 회사 인수를 방지하기 위한 입법도 추진하고 있다. 과거 메이저 석유회사들이 안정적인 원유 공급 대가로서 소비국 정유공장의 지분을 취득하였듯이 러시아도 이와 유사한 방법으로 소비국에 접근하고 있다.

러시아의 이런 행대는 러시아의 대외 에너지 정책과 밀접한 관계가 있다. 러시아는 탈냉전시대 대외정책에서 군사력의 유용성이 떨어지면서 대외 영향력의 급격한 감소를 목격하였다. 2000년 집권한 푸틴 행정부를 중심으로 러시아는 구소련 지역 및 과거 소련 위성국에 대한 영향력 회복을 희망하였으며, 국제관계에서 상대적 우위를 갖고 있는 에너지에 초점을 맞추었다. 러시아는 에너지 공급을 대외정책의 유효한 수단으로 활용하고 있다. 과거 영향력을 미쳤던 국가들과는 에너지 공급을 둘러싸고 경제적 마찰을 빚고 있고, 친러시아 국가에 대해서는 우호적인 조건 하의 에너지 공급을 보장하는 반면, 그렇지 않은 국가에게는 에너지 공급 중단을 통해 러시아의 목적을 달성하기도 하였다. 이러한 행태들은 러시아의 에너지 제국주의 부활을 예고하고 있고, 에너지를 둘러싼 신냉전 구도로의 이행을 우려하는 시각들이 등장하게 하는 배경이 되고 있다.

이런 대외정책은 국내 에너지 산업에 대한 강력한 국가개입에 의해 뒷받침되고 있다. 러시아는 1990년대에 석유산업의 민영화를 완료하였지만 국가와 에너지 산업 간의 관계를 제대로 설정하지 못하였다. 천연가스 산업의 경우 민영화가 이뤄지지 않아 아직까지 국가가 절대적인 영향력을 행사할 수 있는 제도적 구조를 갖고 있었다. 이에 덧붙여 민영화된 자산들이 재국유화되었고, 이를 정치적으로 활용하였던 호도르프스키 등 정치세력을 와해시켰다. 또한 지하자원법 개정과 생산물 분배계약법 개정과정에서 노정되었듯이 외국기업이 러시아 에너지 산업에 참여하는 것이 어려워지도록 국내 제도를 개정하고 있고, 이미 허용한 외국기업의 참여에 대해서도 러시아 국가개입을 확대하여 이들 기업의 자율성을 제약하려 하고 있다. 이러한 움직임은 러시아가 에너지를 대외정책수단으로 활용할 수 있는 국내적 여건을 갖추는 과정으로 이해될 수 있을 것이다.

러시아의 대외 에너지 정책은 당분간 완강할 것으로 보인다. 이의 가장 큰 원인은 최근의 고유가 때문이다. 고유가는 산유국의 국내 경제와 정치에 부정적인 영향을 미친다. 전반적인 경제개발 수준이 원유 생산 산업에 비해 충분히 발달하지 못할 경우, 석유를 통해 확보한 외환은 국내 통화가치를 고평가하여 수출을 저해하고 인플레를 유발하여 수출보다 수입에 치중하여 장기적으로 경제적 잠재력을 떨어뜨리는 소위 '화란병' (Dutch Disease)를 앓게 한다. 네덜란드의 경우, 1960년대에 북해에서 대규모 천연가스를 발견, 생산하면서 석유산업을 제외한 여타 산업이 쇠퇴하는 현상을 경험하였다. 또한 정치적으로 고유가는 산유국 국내에서의 조세 획득 필요성이 줄어듦에 따라 국내 정치 요구에 둔감하게 만

들어 민주주의를 후퇴시킬 수도 있다. 이런 점을 고려할 때, 세계 에너지 안보를 위해 러시아 에너지에 대해 거는 기대치와 이에 대한 러시아의 대응방식은 차이가 있을 것이다.

참고문헌

Aaron, Leon. "The Foreign Policy Doctrine of Postcommunist Russia and its Domestic Context." in Michael Mandelbaum, ed. *The New Russian Foreign Policy* (New York : Council on Foreign Relations, 1998), pp. 23–63.

Barton, Barry, Catherine Redgwell, Annita Ronne and Donald N. Zillman, "Introduction." in Barton, Barry, Catherine Redgwell, Annita Ronne and Donald N. Zillman. eds. *Energy Security : Managing Risk in a Dynamic Legal and Regulatory Environment*(Oxford : Oxford University Press, 2004).

Biolsi, Robert A. "Spot, Options and Futures Oil Markets." in Siamack Shojai ed. *The New Global Oil Market : Understanding Energy Issues in the World Economy* (Westport : Praeger, 1995).

Bohi, R. Douglas and Joel Darmstadter. "The Energy Upheavals of the 1970s : Policy Watershed or Aberration?" in David Lewis Feldman. ed. *The Energy Crisis : Unresolved Issues and Enduring Legacies*(Baltimore : Johns Hopkins University Press, 1996).

Bromley, Simon. *American Hegemony and World Oil*(College Park : Penn State University, 1991).

Chow, Edward C. "Russian Pipeline : Back to the Future." Georgetown Journal of International Affairs, Vol. 5. No. 1 (Winter/Spring 2004), pp. 27–33.

Clae, Dag Harald. *The Politics of Oil–Producer Cooperation*(Boulder : Westview Press, 2001).

Conie, Gary B. "The Emerging Petroleum Law of the Russian Federation." in Katie Gillespie and Clement Moore Henry eds. *Oil in the New World Order*(Gainsville : University Press of Florida, 1995).

Energy Information Administration. *International Energy Outlook* 2006.

Financial Time, Editorial (Jan. 8, 2006).

Friedman, Thomas L. "The First Law of Petropolitics." *Foreign Policy*(May/June, 2006).

Hill, Fiona and Clifford Gaddy. *The Siberian Curse : How Communist Planners Left Russia Out in the Cold*(Washington D.C. : Brookings Institution Press, 2003).

Jentleson, Bruce W. *Pipeline Politics : The Complex Political Economy of East–West Energy Trade*(Ithaca : Cornell University Press, 1986).

Keohane, Robert O. *After Hegemony : Cooperation and Discord in the World Political Economy*(Princeton : Princeton University Press, 1984).

Krasner, Stephen D. *Defending the National Interest ; Raw Materials Investments and U.S. Foreign Policy*(Princeton : Princeton University Press, 1978).

Lee, Julain. "Has Russia's Oil Production Growth Come to an End?" *Geopolitics of Energy*(Jan. 2006).

Nanay, Julia. "Russia and the Caspian Sea Region." in Jan H. Kakicki and David L. Goldwyn eds. *Energy and Security : Toward a New Foreign Policy Strategy*(Washington D.C. : Woodrow Wilson Center Press, 2005).

New York Times. "The Pipes Carry Clout with the Oil" (May 14, 2006).

"Cheney, Visiting Kazakhstan, Wades Into Energy Battle" (May 14, 2006).

Oilgram News. "Putin says Russia may seek new energy markets." Vol. 84, No. 81 (April 28, 2006).

"Russia's criticism of Total 'political'." Vol. 84, No. 104 (June 1, 2006).

"East Siberia pipeline moves forward on Putin reroute decision." Vol. 84, No. 80 (April 27, 2006).

Reisinger, William M. *Energy and the Soviet Bloc*(Ithaca : Cornell University Press, 1992).

Robinson, Neil. 2004. "Globalization and the Evolution of the Russian State." 한국외국어대 주최 '러시아의 세계화 연구 프로젝트' 국제회의(2004. 4. 23–24, 서울) 발표 논문.

Smith, Keith C. *Russian Energy Politics in the Baltics, Poland and Ukraine*(Washington

D.C. : Center for Strategic and International Studies Press, 2004).

Donald F. Todd. An Indonesian Experience, Allen G. Hatley ed. *The Oil Finders : A Collection of Stories about Exploration*(Utopia Texas, Centex Press, 1995).

Victor David G. and Nadejda M. Victor. "Axis of Oil?" *Foreign Affairs*, Vol. 82. No. 2 (March/April 2003).

Yergin, Daniel. *The Prize : The Epic Quest for Oil, Money and Power*(New York : Simon and Schuster, 1992).

財團法人 石油學會 編.『ガイドブック 世界の 大油田』(技報堂出版株式會社, 東京, 昭和 59年).

3. 에너지 안보를 위한 남북한 협력

북한의 에너지 실태 및 과제

김규륜(통일연구원)

I. 서론

북한은 1990년 이후 지속적인 경제난에 직면해 있는바, 에너지 분야에서의 공급 불안정이 경제회생에 큰 걸림돌로 작용하고 있다. 에너지 산업은 현대국가의 경제에서 핵심적 위치를 차지하는 기간산업으로서 경제발전을 위해서는 에너지의 수급이 안정적으로 이루어져야 한다는 것은 주지의 사실이다. 이러한 맥락에서 볼 때, 북한이 경제난을 극복하고 정상적으로 산업을 발전시키기 위해서는 에너지 분야의 발전계획을 정립하여 일관되게 추진해 나가야 할 것이다. 또한 상호 의존적 세계경제체제 하에서는 고립된 경제발전 정책으로는 국가경제를 발전시킬 수 없으며, 국가의 전반적 산업을 발전시키기 위해서는 에너지 분야에서도 외국과의 협력체제 구축이 필수불가결한 것이다. 따라서 북한의 에너지난은 기본적으로 사회주의권 국가들 간 경제 협조체제의 붕괴에서 비롯된 것이지만, 1990년대에 북한이 체제전환을 모색하지 아니하고 사회주의적 명령경제체제를 고집하는 동시에 자본주의 국가들과의 경제교류를 외면함으로써 더욱 악화된 것이라 할 수 있다.

사실상 북한은 경제효율을 무시한 에너지 자급정책을 고집한 결과 에너지 효율이 저하되면서 산업 전체의 생산성을 떨어뜨리는 결과를 빚게 되었는바, 최근에는 북한이 주력으로 간주하고 있는 에너지인 석탄의 생산력조차도 저하됨으로써 전반적인 에너지 공급체계가 붕괴상태에 직면하고 있다. 더욱이 북한의 과거 해외 에너지 공급원이었던 중국과 구소련으로부터의 지원이 감소되거나 단절됨으로써 에너지난은 더욱 가중되고 있는 현실이다.

이러한 북한의 에너지난 해결방법은 북한이 폐쇄적 경제체제 운용을 탈피하고 시장경제체제의 장점을 받아들이는 동시에 서방국가와의 경제교류를 확대하는 것이지만, 북한은 아직도 경제 개혁 · 개방의 파급효과를 경계하면서 최소한의 경제정책 변화만을 보이고 있다. 따라서 북한의 에너지난이 단기간에 획기적으로 개선될 가능성은 크지 않은 것으로 전망된다. 본 논문은 북한의 에너지 실태를 주요 에너지원을 중심으로 살펴보고 문제점을 파악하고자 한다.

Ⅱ. 북한의 에너지 산업 현황

북한은 기본적으로 자력갱생에 입각한 경제정책을 운용하여 왔는바, 자력갱생은 자립경제의 기본 정신이 되고 있다. 자력갱생은 국가간 자원과 상품의 교류에서 비롯되는 국제분업의 이익보다는 생산수단에 대한 대내 수요를 자체적으로 충족시키고 생산적 물질조건을 기술혁명과 확대 재생산을 통해 자체 내에서 해결한다는 것이다. 북한의 에너지 정책 또한 이러한 북한식 자력갱생 원칙을 근간으로 하고 있다. 에너지 부문에서의 자력갱생은 에너지 생산과 소비에 있어서 경제성이나 효율성보다는 국내에 부존된 자원을 최대한으로 생산하고, 국내적으로 생산 불가능한 에너지만을 최소한으로 외국에서 수입하는 정책을 채택하였다.

따라서 북한은 국내에 풍부하게 매장되어 있는 석탄을 집중적으로 개발 · 이용하고 채취공업과 가공공업에 역점을 두어 왔으며, 국내 최대 자원인 석탄 중심의 공업화 정책을 추진하여 왔다. 그러나 북한 내에서 생산되지 않는 석유와 코크스용 원료탄은 수입할 수밖에 없기 때문에 완전한 자급자족을 이루었다고 할 수는 없으며, 석유 소비를 최소한으로 하도록 하는 원칙 하에 석유는 여타 에너지로 대체할 수 없는 수송분야에만 사용하도록 하는 정책을 추진하고 있다.[1)]

이와 관련, 북한은 "자립적 민족경제를 건설하기 위해서는 자체

---

1) 에너지경제연구원, "남북한 에너지체계 비교분석 및 협력방안 연구," 『석유협회보』 (경기도 : 에너지경제연구원, 1993), p. 115 참조.

의 원료, 연료기지를 튼튼하게 꾸려야" 한다고 강조하면서 "경제적으로 자립하고 경제를 안전하고 전망성 있게 발전시키자면 반드시 자체의 원료, 연료기지에 의거하여야" 한다고 강조하고 있다.[2)]

북한에서의 에너지 부문은 주로 채취공업과 전력공업으로서 원료, 연료원으로서 석탄 및 광물자원, 동력원으로서 전력생산을 의미한다. 북한에서는 주체공업을 위해서는 원료, 연료, 동력에 대한 인민경제의 수요를 기본적으로 자체의 생산으로 보장할 것을 요구하고 있으며, 공업구조를 완비하고 생산공정을 정비 · 보강하는 데서 중요한 것은 현대 과학기술에 토대하면서도 자체의 원료, 연료기지에 의거하는 방향에서 진행해야 한다고 강조하고 있다.[3)] 즉 에너지 부문의 자력갱생을 위해서 공업부문 구조가 아무리 최신 과학기술에 의거하여 이루어졌다 해도 수입원료와 연료를 이용한다면 그 위력을 충분히 발양시킬 수 없기 때문에 수입원료와 연료를 쓰는 생산공정들은 국내의 원료와 연료를 쓰는 생산공정으로 정비보강해야 한다고 강조하고 있다.

이러한 맥락에서 북한은 채취공업에 역점을 두면서 국내에 풍부하게 매장되어 있는 석탄을 집중적으로 개발하고 석탄 이용을 극대화하는 동시에 북한의 지형과 자연조건에 의해 천연적으로 풍부하게 이용할 수 있는 수력발전소의 건설에 집중적으로 투자하여 왔다. 따라서 북한은 무연탄과 같이 전통적으로 매장량이 많은 에너지는 국내에서 생산하고

2) 『김일성 선집』, 7권, pp. 184 ; 정영룡, "자연부원개발리용의 기본요구를 정확히 지키는 것은 자연부원을 합리적으로 개발리용하기 위한 중요담보," 『경제연구』, 2001년 제2호, pp. 29－31.

3) 정우진, 『북한의 에너지산업』(서울 : 공보처, 1996), p. 14 참조.

국내 생산이 어려운 석유 등은 중국 및 러시아 등으로부터 수입하고 있다. 그러나 북한의 석탄 생산은 1990년 이후 계속적으로 감소하고 있다. 또한 북한의 에너지 분야 해외 수입원인 중국과 러시아가 1990년 이전까지 원조형식 및 우호가격으로 지원하였던 석유와 코크스탄을 중단 또는 감소시킴으로써 북한의 에너지 부족현상을 악화시킨 것으로 파악되고 있다.

이에 따라 북한은 1990년대에 석탄 증산의 어려움 및 수력발전 건설 부진 등으로 양대 에너지원의 생산력이 저하되는 것을 만회하고자 소수력 개발이나 풍력발전 등의 대체 에너지 사업을 추진하였으나 그 성과는 미미한 실정이다. 그 이유는 대체 에너지 사업의 추진은 기본적으로 환경친화적 에너지원 개발에 있으며, 선진국에서 추구하는 것으로써 에너지 공급 증대보다는 화석 에너지에서 배출되는 환경오염 문제를 해결하는 것이 주목적이기 때문에 북한과 같이 낙후된 경제체제 하에서는 많은 투자가 요구되는 대체 에너지 개발이 어렵기 때문이다.

북한은 석탄과 수력자원 이외에는 에너지 자원이 없음에도 불구하고 폐쇄적 경제운용을 지속함으로써 에너지 산업의 해외 의존도를 매우 낮게 유지할 수 있었다. 한편 선군시대의 경제건설을 위해서는 전력과 석탄의 증산이 필수요소라는 점을 강조하고 있다. 이와 관련, 김정일은 "어떤 일이 있어도 전력문제부터 풀고 금속공업, 석탄공업, 철도운수를 추켜세우며 이 부문들을 확고히 앞세워 나가도록 하여야" 한다고 지적한 바 있다. 즉 전력과 석탄은 "인민경제의 기간부문으로서 사회적 생산에 필요한 동력과 시초원료와 연료, 자재의 대부분을 생산보장한다"는 점을 강조하고 있다. 또한 전력공업과 석탄공업이 선군시대의 국방공업에 필수적이라는 점을 "군수생산 계획을 어김 없이 수행하자면 전력과 석탄부문에서 국방공업에 요구되는 전력, 석탄을 원만히 생산보장하여야 한다"고 지적하고 있다.[4] 이러한 북한의 에너지 분야에 대한 중요성 인식에도 불구하고 에너지난은 지속되고 있는 것으로 파악된다.

남북한의 에너지 수급 규모를 시계열 자료를 통해서 보면 아래 〈표 1〉과 같다. 북한의 에너지 공급 규모는 1990년에 약 2천4백만 TOE(Ton of Oil Equivalent, 원유환산톤)이었으며, 지속적으로 감소하여 1998년에 약 1천4백만 TOE를 기록하여 최저점을 보여준 이후 약간의 상승세를 보인 결과 2004년에는 1천6백만 TOE를 기록하였다. 이는 북한의 에너지 부문 생산이 회생의 기미를 미세하나마 보여주는 것이라 평가할 수 있지만, 2004년의 에너지 공급량이 1990년의 67%에 불과함으로써 에너지난을 실증적으로 보여주는 것이다. 즉 북한의 2004년 GNI가 1990년의 89.6% 수준까지 회복된 것과 비교해 보면 북한의 에너지난이 여타 부문보다도 심각하다는 점을 알 수 있는 것이다.[5] 한편, 남북한의 에너지 규모를 비교해 보면, 1990년에 남한이 북한의 3.9배였던 것이 2004년에 13.3배로 확대된 것을 알 수 있는바, 이는 북한의 에너지난과 남한의 에너지 산업 발전에 기인한 것으로 파악된다.

이와 같은 남북한 에너지 통계와 남북한 GNI 통계를 대비해 보면, 1990년에 남한의 GNI는 북한의 11.4배였으며, 2004년에는 남한이 북한의 32.8배를 기록함으로써 에너지 총규모의 남북한 격차보다 크다

---

4) 김덕호, "전력, 석탄, 금속공업, 철도운수를 앞세워 나가는 것은 선군시대경제건설의 필수적 요구," 『경제연구』, 2004년 제2호, pp. 5－7.

5) 북한의 2004년 GNI는 208억 달러이며, 1990년 GNI는 232억 달러로 추계된다. 통계청, 『남북한 경제사회상 비교』, 2005, p. 20.

〈표 1〉 남북 1차 에너지 소비 규모 비교

	에너지 소비(천 TOE)			1인당 에너지 소비(TOE)		
	북한(A)	남한(B)	(B)/(A)	북한(a)	남한(b)	(b)/(a)
1990	23,963	93,192	3.9	1.19	2.17	1.8
1991	21,920	103,619	4.7	1.07	2.39	2.2
1992	20,450	116,010	5.7	0.98	2.65	2.7
1993	19,013	126,879	6.7	0.90	2.87	3.2
1994	17,870	137,234	7.7	0.84	3.07	3.7
1995	17,280	150,437	8.7	0.80	3.34	4.2
1996	15,836	165,212	10.4	0.73	3.63	5.0
1997	14,746	180,638	12.2	0.68	3.93	5.8
1998	14,030	165,932	11.8	0.64	3.58	5.6
1999	14,955	181,363	12.1	0.68	3.89	5.7
2000	15,687	192,887	12.3	0.71	4.10	5.8
2001	16,230	198,409	12.2	0.73	4.19	5.7
2002	15,638	208,636	13.3	0.70	4.38	6.3
2003	16,079	215,067	13.4	0.71	4.49	6.3
2004	16,535	220,238	13.3	0.73	4.58	6.3

자료 : 통계청, 『남북한 경제사회상 비교』, p. 85 ; 북한은 공급량 수록.

는 점을 알 수 있다. 즉 북한 경제의 총규모는 남한 경제의 3%에 불과한데, 에너지의 측면에서 보면 북한은 남한의 7.5% 수준을 보이고 있다는 것이다. 이러한 현상은 북한이 에너지를 효율적으로 사용하지 못하고 있다는 점을 단적으로 보여주는 것이다. 즉 남한은 에너지 사용의 구조 및 정책을 선진국형으로 개선해서 에너지를 효율적으로 사용하고 있는 반면, 북한에서는 후진적 에너지 사용으로 인한 낭비적 측면이 심각하게 존재한다는 것을 보여주는 것이다.

북한 에너지의 주 공급원은 단연 석탄이다. 1990년부턴 2004년까

〈표 2〉 남북 1차 에너지원별 수급구조 비교

(단위 : 천 TOE, %)

			1990	1991	1992	1993	1994	1995	1996	1997	1998	1999	2000	2001	2002	2003	2004
북한	1차계		23,963	21,920	20,450	19,013	17,870	17,280	15,836	14,746	14,030	14,955	15,687	16,230	15,640	16,079	16,535
	구성비	석탄	69.2	70.7	71.4	71.3	71.1	68.6	66.3	69.8	66.3	70.2	71.7	71.2	70.0	69.3	69.0
		석유	10.5	8.6	7.4	7.2	5.1	6.4	9.1	6.8	10.0	5.9	7.1	7.7	8.0	7.6	7.4
		수력	15.7	17.1	17.4	17.4	19.4	20.5	19.6	18.0	18.2	18.7	16.2	16.3	17.0	18.2	18.9
		원자력	0.0	0.0	0.0	0.0	0.0	0.0	0.0	0.0	0.0	0.0	0.0	0.0	0.0	0.0	0.0
		천연가스	0.0	0.0	0.0	0.0	0.0	0.0	0.0	0.0	0.0	0.0	0.0	0.0	0.0	0.0	0.0
		기타	4.7	3.6	3.8	4.2	4.4	4.6	5.0	5.3	5.5	5.2	5.0	4.8	5.0	4.9	4.9
남한	1차계		93,192	103,619	116,010	126,879	137,234	150,437	165,212	180,638	165,932	181,363	192,887	198,409	208,636	215,067	220,238
	구성비	석탄	26.2	23.7	20.4	20.4	19.4	18.7	19.5	19.3	21.7	21.0	22.2	23.0	23.5	23.8	24.1
		석유	53.8	57.5	61.8	61.9	62.9	62.5	60.5	60.4	54.6	53.6	52.1	50.7	49.1	47.6	45.7
		수력	1.7	1.2	1.0	1.2	0.7	0.9	0.8	0.7	0.9	0.9	0.7	0.5	0.6	0.8	0.7
		원자력	14.2	13.6	12.2	11.5	10.7	11.1	11.2	10.7	13.5	14.2	14.1	14.1	14.3	15.1	14.8
		천연가스	3.2	3.4	3.9	4.5	5.6	6.1	7.4	8.2	8.4	9.3	9.8	10.5	11.1	11.2	12.9
		기타	0.9	0.6	0.6	0.5	0.7	0.7	0.7	0.7	0.9	1.0	1.1	1.2	1.4	1.5	1.8

자료 : 통계청, 『남북한 경제사회상 비교』, p. 86–87 ; 북한은 공급구조 수록.

지의 통계를 보면 석탄의 공급비율은 약 70%를 유지하고 있다. 두 번째로 중요한 북한의 에너지원은 수력발전으로서 1990년에 15.7%, 2004년에 18.9% 등 15–20% 내외의 비중을 차지하고 있다. 세 번째 에너지원은 석유로서 1990년에는 10.5%를 기록하였으며, 1994년에는 5.1%로 가장 낮은 점유율을 보이다가 다소 회복되어 2000년대에는 7–8%대를 기록하고 있다.

이와 같은 북한의 석탄과 수력에 편중된 에너지 공급구조는 북한으로 하여금 끊임없이 석탄산업과 수력발전의 발전을 강조하게 하고 있는 실정이다. 한편, 남한은 석유에 대한 의존도가 50% 내외, 석탄의 비율이 20%대, 원자력의 비율이 10-15% 등 골고루 분포되어 있는 상황이며, 최근에 천연가스의 비율이 높아지고 있다.

III. 북한의 에너지 분야별 실태

1. 석탄산업

북한에서 석탄은 주체공업의 원료, 연료이기 때문에 석탄 생산을 늘리는 것이 인민경제의 최우선적 과업으로 규정되어 있다. 따라서 생산의 첫 공정을 담당한 탄광에서 생산능력을 최대한 발휘하여 석탄 생산을 늘려야 다음 단계인 가공공업 부문의 정상적인 발전을 보장할 수 있으며, 나아가서 전반적인 인민경제의 계획적이고 균형적인 발전을 보장할 수 있다는 것이다.

북한이 시행하여 온 정책방향은 자국 내 부존자원의 확보, 광산개발의 효율화, 가공기술 개발을 통해 자원의 부가가치를 향상시키는 것이다. 이를 달성하기 위해 북한은 지질탐사 사업의 확대, 기술혁신의 실현, 과학연구 사업의 실현이라는 광업발전 3대 원칙을 수립하였다. 첫째, 지질탐사 사업의 확대는 기존 탄광 및 광산의 예비 매장량 확보를 위한 굴진탐사의 강화, 신규 광산 및 광산 후보지 개발을 위한 기초탐사를 적극 전개하여 자원의 매장량 확보를 추진해 나감과 동시에 지질탐사 요원의 증원, 탐사설비의 현대화 및 물리화학 탐사의 선진화로 탐사속도 및 효율성을 제고하는 것이다.

둘째, 기술혁신의 실현은 광산개발과 관련된 제반기술의 향상을 주내용으로 하고 있는바, 채탄작업의 기계화, 착암, 발파, 채굴, 운반작업의 종합적 기계화 등의 효율적 기술개발, 광산 보안기술로서의 습식착압방법 개발과 가스경보기설치 등의 노동안전 시설과 산업위생 시설을 완비하는 것이다.

셋째, 과학연구 사업의 실현은 지질탐사 사업 및 기술혁신 실현을 위한 전제조건을 충족시키기 위한 것으로 과학 연구기관 증설 및 연구인력의 증원을 통하여 탐사 · 채탄 · 채굴방법의 개선 및 탐사, 채굴장비의 개선, 광물자원의 처리공정 및 응용기술에 관한 연구능력을 제고하는 것이다.

북한의 중요한 석탄 이용 정책의 하나는 고열량탄은 산업용 원료나 외화획득을 위한 수출용으로, 저열량탄은 발전용이나 민생용 연료로 사용하도록 하는 점이다. 이와 같은 정책은 북한의 외화사정 악화와 가능한 수입을 억제하는 방침 및 중공업 우선정책에 따른 것이다. 따라서 민생용 석탄수급은 매우 열악한 편이며, 일반적으로 가정의 난방이나 지방 군소 공장의 연료로 이용하는 석탄은 열량이 kg당 3,000kcal 이하의 저열량탄이다.

〈표 3〉 북한의 석탄 생산량 추이

(단위: 천 M/T)

시점	1990	1991	1992	1993	1994	1995	1996	1997	1998	1999	2000	2001	2002	2003	2004
생산량	33,150	31,100	29,200	27,100	25,400	23,700	21,000	20,600	18,600	21,200	22,500	23,100	21,900	22,300	22,800

자료 : 통계청, 『남북한 경제사회상 비교』, p. 56.

북한은 남한과 같이 매장된 대부분의 탄이 무연탄이며, 대량의 갈탄도 생산하고 있지만 남한에서는 생산되지 않는 제철용 코크스 제조용인 원료탄도 역시 북한에서는 생산되지 못해 수입되고 있다. 북한 최대의 에너지원인 석탄의 생산량은 1990년에 약 3천3백만 톤이었으며, 계속 감소하여 1998년에는 1천8백6십만 톤으로 최저치를 기록하였다. 이후 약간의 상승세를 보이며 2천여만 톤의 생산량을 보이고 있다.

과거 북한은 중국 등지에 주로 고열량탄을 중심으로 비교적 많은 양의 석탄을 수출하였으나 최근 북한의 석탄 생산이 감소하면서 석탄 수출이 거의 중단된 것으로 알려지고 있다. 즉 북한은 1989년까지 중국을 북한 무연탄의 최대 수출 대상국으로 하여 일본 등지에 매년 2백만 톤 규모의 무연탄을 수출하여 왔다. 그러나 1990년 이후 중국에 대한 수출이 급감하기 시작하여 1994년에는 중국에 단지 6만 5천 톤 정도를 수출하는 데 그쳤다. 따라서 1993년 이후는 일본에 약 40－50만 톤 정도 수출하였다. 북한의 대남한 수출은 남북교역이 시작된 1989년부터 개시되었으나 그 양은 최대 7만 톤 이하로 미미한 편이다. 따라서 북한의 석탄 수출량은 50만 톤 규모로 감소되었으며, 이는 1990년대 석탄 생산의 감소로 인한 석탄 수급을 국내 내수로 전환한 데 기인한 것으로 보인다.

2. 전력산업

북한은 1950년대 기존 전력 공급체계를 유지 및 보수하는 정책을 추진하였으며, 압록강 수계에 의존하던 일제시대의 기존 설비를 유지하는 한편 중국과 구소련으로부터 발전설비를 도입하고 파괴된 발전설비를 복구하는 데 주력하였다. 이와 같은 전력산업 중시는 김일성이 전기 에너지 산업 각료들 앞에서 행한 연설에서 "현존 생산용량을 최대화하고 상대적으로 적은 투자로 가까운 장래에 독자적인 전기 에너지 근간의 창설 가능성을 열어 주면서 전기 에너지 생산에 있어 확실한 고도성장을 향한 명확한 방향을 제시했다는 사실에 있다"고 강조한 데 잘 나타나 있다.[6] 당시 김일성의 연설은 국가 내부적으로 필요한 전력시설의 생산을 촉진시켜 다른 분야와 비교해 전기 에너지 분야의 빠른 개발을 보장하는 새로운 발전소의 건설과 파괴된 발전소의 복구를 하나로 융합하는 작업을 의미하는 것이었다.

이후 북한은 1960년대에는 수력발전 중심의 발전설비를 확장하는 한편 수력과 화력발전의 균형을 도모하였고, 1970년대에는 풍부한 지하자원 활용을 위해서 화력발전소 건설을 가속화하는 정책을 추진하였으며, 1980년대에는 화력발전 우위의 전원개발전략을 채택하였다. 예를 들면, 제2차 7개년 계획기간인 1978－1984년에 1984년까지 화력발전의 비중을 68%로 높일 것을 계획한 것이다.[7] 이후 북한은 제3차 7개년 계획기간인 1987－1993년간 1,000억 kw의 전력생산을 계획한 바 있으나 북한은 지속적인 전력난에 직면해 있는 상황이다.

전력은 발전소에서 발전을 함에도 불구하고 소비가 되지 않으면 저장되지 않고 없어져 버리는 특성을 갖고 있다. 또 수요가 단 몇 분간이라도 일시적으로 몰릴 때 이를 중단 없이 공급하기 위해서는 지속적인

---

6) 『경제사전』, p. 307.

7) 북한 경제포럼, 『북한 에너지 문제에 관한 연구』(서울 : 한국가스공사 연구개발원, 1997), pp. 74－76 참조.

발전소 건설이 필요하다. 통상 전력수요는 산업활동이 활발한 주간 시간대에 집중되고 야간 시간대에는 크게 감소된다. 따라서 주간 시간대의 산업활동을 야간 시간대로 옮김으로써 전력수요를 평준화시킨다면 발전소 가동률을 높여 발전소를 많이 건설할 필요가 없어진다.

북한은 전력생산량이 절대적으로 부족한 점을 고려해 이러한 전력 특성을 이용, 대부분의 경제부문에서 주야간 구분 없이 1일 3교대를 실시하는 '교차생산'을 합리적으로 조직할 것을 지시하는 등 전기절약운동을 강력히 전개하고 있다.

북한의 수력발전소 건설은 일제가 대륙침략을 위한 병참기지화 정책의 일환으로 조선 북부와 중국 동북부 지방의 중공업화를 지향하여 압록강에 수풍 및 부전강댐, 장진강댐 등을 건설함으로써 시작되었다. 북한의 이용 가능 수력자원은 연간 약 1,000만 kw 정도로 추정되고 있으며, 대체로 풍부한 수력자원을 보유함으로써 수력발전에 좋은 입지를 갖추고 있다.

북한의 대형 수력발전소의 특징은 서쪽으로 흐르는 물을 동해로, 국경지대에서 남쪽으로 흐르는 물을 북으로 유역변경시키고 산세를 이용하여 방대한 저수지를 조성하여 갈수기에도 일정한 발전을 계속할 수 있는 능력을 갖도록 설계되어 있다.

북한은 1970년대 중반부터 본격적으로 화력발전소 건설을 추진하였는바, 그 이유는 수력발전은 좋은 입지에서부터 건설하는 것이 일반적이므로 더 이상의 수력발전소 건설이 한계비용을 높이게 되는 상황에 이르렀으며, 건설기간이 화력발전소보다 2배 이상 소용되는 문제점과 북한에 풍부하게 매장되어 있는 석탄 이용을 극대화하기 위한 것이었다.

북한의 발전량 추이를 총량 기준으로 살펴보면 아래 표에 나타난 바와 같다. 북한은 1990년에 277억 kwh의 전력을 생산한 이후 지속적 감소추세를 보여 1998년에 1,770억 kwh의 생산량으로 최저점을 보인 이후 약 200억 kwh 수준에 머물고 있다.

남북 간의 전력산업의 비교를 통해 북한의 전력실태와 전원구조를 알아보고자 한다. 2004년을 기준으로 할 때 북한의 발전량 206억 Kwh는 남한 발전량의 약 6%에 불과하다. 반면에 북한의 발전설비는 777만 KW로 남한의 발전설비 5,996만 KW의 13% 규모이다. 발전량과 발전설비의 남북 간 비교에서 이같이 차이를 보이고 있는 것은 북한의 발전소 이용률이 크게 떨어지고 있기 때문이다. 북한의 발전설비 이용률은 현재 약 25-30% 수준에 있는 것으로 추정된다.

〈표 4〉 북한의 발전량 추이

(단위: 억 kwh)

시점	1990	1991	1992	1993	1994	1995	1996	1997	1998	1999	2000	2001	2002	2003	2004
발전량	277	263	247	221	231	230	213	193	170	186	194	202	190	196	206

자료 : 통계청, 『남북한 경제사회상 비교』, p. 87.

전력설비 자체가 부족한 북한에서 발전소 이용률이 낮은 것은 북한은 보유하고 있는 전력설비조차 제대로 가동하지 못하고 있음을 의미한다. 즉 북한은 석탄 부족에 의해 석탄발전소를 원활하게 가동하지 못하고 발전설비의 노후, 부품 공급의 차질, 유지보수의 미비 등으로 설비가 제대로 운영되지 못하는 것으로 풀이될 수 있다. 이것은 북한의 전력공급력 증대를 위해서는 새로운 발전소를 건설하는 것보다 석탄의 공급, 노후 발전기의 정비 및 필요한 부품의 공급 등이 더 효과적임을 시사하는 것이다. 전원구조를 보면 남한이 화력 55%, 수력 7%, 원자력 42%로 구성되어 있는 데 반해 북한의 발전설비는 화력과 수력이 4 : 6의 비율로 구성되어 수력의 비중이 이례적으로 높음을 알 수 있다.

한편 북한의 주파수는 60Hz로 남한과 같다. 중국이나 러시아의 주파수가 50Hz로 북한에서 중국이나 러시아로 전력망을 연계하려면 별도의 주파수 조정장치가 필요하나 남한과의 연계시에는 이러한 조정장치가 필요하지 않다. 그러나 문제는 북한의 주파수 변동이 너무 심해 남한과의 연계시는 북한의 저품질 전력이 남한에 파급될 위험이 높다는 점이다. 송전압은 남북한이 차이를 보이고 있다. 남한은 154Kv서부터 최근에는 765Kv의 초고전압 송전로가 설치되고 있다. 반면 북한의 송전전압은 60Kv, 100Kv, 220Kv로 남북 송전망 연계시는 전압조정을 위한 변압기가 필요하다.[8)]

〈표 5〉 남북 전력사업 비교

	남한	북한	남북한	남한/북한(배)
발전설비(천㎾)	59,961	7,772	67,733	7.7
수력	3,879 (6.5%)	4,812 (61.9%)	8,691	–
화력	39,366 (65.6%)	2,960 (38.1%)	42,326	–
원자력	16,716 (27.9%)	–	16,716	–

자료 : 통계청, 『남북한 경제사회상 비교』, p. 88–91, 2004년 기준.

북한의 송전계통 구성은 발전소의 분포가 낭림산맥을 중심으로

8) 북한의 전압계급 및 송전계통 구성 현황에 대한 자세한 논의는 장희천 · 김효진 · 김대식, "남북한 전력분야 협력방안에 대한 연구," 『전기설비』, 2000년 10월, pp. 47–55 참조.

동부와 서부로 구분되고 있고 동서계통이 약하게 운전되는 양상을 띠고 있다. 동부의 송전계통은 두만강 수계의 수력발전소와 선봉발전소, 청진 화력발전소를 연결하는 송전선이 동해안을 따라 남쪽으로 내려와 함흥 지역의 계통과 연계되고 일부는 원산과 휴전선으로 이어진다. 서부의 송전계통은 압록강 수계 발전소의 송전선이 압록강을 지나 서부해안을 따라 내려와 평양의 송전망과 연계된다. 전체 발전력의 50% 이상을 수력발전소가 담당하고 있지만 수요 밀집지역인 평양과 수력발전지와는 거리가 멀어 상당한 송전손실과 함께 전압조정에도 어려움이 있을 것으로 판단된다.

송배전 계통의 선로가 매우 노후화되었고 용량이 부족한 것이 대부분이어 전력난을 가중시키는 요인으로 작용하고 있다. 또한 송배전로가 지하에 매설되어 있는 것이 많은 것도 송배전 손실률을 높이는 요인이다. 북한의 송배전 계통은 전국이 단일계통으로 연결되어 있지만 말단 계통이나 중요한 전력 수요지역의 경우는 계통안정을 통한 전력 공급 안정을 위해 전체 계통에서 분리 운영하고 있다. 이같은 상황은 북한의 전력 부족난을 말해주는 것으로, 한정된 발전량을 한정된 지역에 공급하기 위해서는 계통 차단이 필요하기 때문이다. 또 전압과 주파수의 불안에 의한 전기품질의 불량이 전체 계통에 영향을 주지 않기 위해서는 불가피하게 계통을 독립적으로 운용할 필요가 있는 것이다.

북한의 전압이나 주파수 변동 범위가 심해 일부 지역의 경우 전압은 10－20%, 주파수는 10－15%에 달하는 것으로 알려지고 있다. 이는 남한 계통 운영에서는 일어날 수 없는 상황으로 전압과 주파수의 변동이 이 정도로 일어난다면 보호 계전기가 자동 작동하여 발전소는 운전정지 상태에 들어간다. 한전의 주파수 유지율은 99.9%, 전압 유지율은 99.2%

로 다시 말해 변동범위가 0.1－0.8% 정도로 국한되어 있다.

북한은 일찍이 1970년대부터 지방의 소규모 공장과 가정용 전력 수요를 충족하기 위해 건설비용이 적게 들고 건설기간도 짧은 설비용량 1만 kw 이하의 중소형 발전소 건설에도 많은 노력을 기울여 오고 있다. 북한의 중소형 수력발전소 건설은 당 중앙위 제5기 19차 전원회의(1979. 12) 결정에 따라 본격 추진되었으나 낮은 발전효율, 빈번한 설비고장 등으로 1990년대 들어 정책적 관심이 약화되었다가 '전력법' (1996. 1) 및 '전력법 시행규칙' (1997. 1) 채택시 중소형 수력발전소의 '전 군중적 건설원칙' 을 법규로 명문화하는 등 최근 다시 강조되고 있다.

군사적인 측면에서도 중소형 수력발전의 건설을 강조하고 있다. 북한은 중소형 발전소가 전시에 필요한 전력수요를 보장하는 데서 매우 효과적이라면서 각 지방들에 자체적인 중소형 발전소 건설을 촉구한 바 있다. 최근에는 전력난이 심해지자 전력난 완화의 일환으로 대대적인 중소형 수력발전소 건설이 추진되고 있어 현재 수천기에 달할 것으로 추정된다.

북한은 원자력 발전에도 지속적으로 관심을 기울여 왔는바, 그 이유는 북한이 에너지 자급자족 정책을 추진하여 왔기 때문에 상당한 매장량의 보유 우라늄을 사용할 수 있다는 점 때문이다. 따라서 북한은 1950년대에 이미 김책공업대학 등에 원자력 공업과를 설치하였고, 1956년 3월에는 소련과 조소 연합핵연구소 조직에 관한 협정을 체결하여 원자력 연구 프로젝트를 실시하기도 하였다. 1962년에는 소련의 지원으로 평안북도 영변에 2MW급 연구실험용 원자료 1기 공사에 착수하여 1965년 6월에 이 원자로를 가동시켰다. 1974년에는 제5차 최고 인민회의 제3기 대회에서 원자력발전법을 제정하였으며, 1989년에는 원자력발전소의 발전계통 분야에 비교적 앞서 있는 체코나 구동독과 원자력 협정을 맺기도 하였다. 1985년에는 당시 정무원 총리 강성산이 구소련을 방문하여 경제 및 기술 협조에 관한 협정을 체결하였는바, 이 협정에서 44만 kw급 4기의 원전건설에 대한 지원을 합의하였으며, 1990년 3월 원전부지 선택사업이 진행되고 있다는 것이 구소련 외무성 대변인이 발표함으로써 알려진 바 있다. 그러나 이후 구소련의 지원에 의한 원자력 건설 진전상황은 알려진 바 없으며, 북한의 어려운 경제사정과 원전 건설에 필요한 막대한 자금 및 구소련의 경제적 어려움 등으로 원자력발전소 건설은 진전되지 못하였다. 북한지역에는 총매장량 2천6백만 톤으로 추정되는 천연 우라늄이 부존되어 있으며, 웅기, 흥남, 평원, 평산 등지가 대표적인 매장지이다.

북한의 평북 청천강 지류인 구룡강 주변의 영변은 대표적인 핵 연구단지로 이곳에는 핵물리, 방사능화학, 핵전자연구소 등의 연구시설과 과학기자재 제조, 연구보급소용 원료 및 설비공장 등을 비롯해 연구용 원자로, 소형 원자료, 대형 원자로, 우라늄 농축공장, 핵연료 가공공장, 핵연료 재처리공장, 폭발실험장 등이 갖추어져 있다. 즉 북한은 원자력 발전소 건설에는 실패하였으나 소규모의 실험용 원자력발전소인 5KWe급 1기를 가동하고 있었으며, 영변과 대천에 각각 50MWe, 200MWe급 원자력발전소를 건설하는 과정에서 연료봉을 재처리하는 방사화학실험실이 필요 이상의 대형임이 IAEA에 의해 밝혀진 바 있다. 이후 미국과 북한 간 일련의 협상과정을 거쳐 제네바합의가 마련되었으며, 현재 한반도에너지개발기구(KEDO)가 한국형 경수로 원자력발전소 1000MWe급 2기를 북한에서 건설중에 있었으나 2차 핵문제 발발로 인하여 공사가 중단된 상태이다.

3. 북한의 석유산업

북한의 석유 소비량은 전체 에너지의 5－10%에 불과해 공업화된 나라들 중 석유 소비 비중이 최하위권에 머무르고 있다. 남한과 같이 아직까지는 원유가 생산되지 못해 전량 수입해서 사용한다. 주 수입원은 중국과 구소련이었으나 1990년대 이후 구소련에서의 도입은 중단된 상태이다. 과거에는 이들로부터의 원유 도입은 국제시세의 절반가격에 구상무역 형태로 도입해 왔다.

이란, 리비아 등 중동국가들에서 부분적으로 원유를 도입해 왔으나 소량이었고, 지속적으로 도입이 추진되지도 못했다. 대부분 원유와 무기와의 구상무역 형태로 도입해 온 것이 아닌가 한다. 아래 표에 나타난 바와 같이 북한의 원유는 대부분 중국에서 제공하고 있는 것으로 파악된다. 중국이 북한에 제공한 원유는 1990년에 114만 톤이던 것이 1998년에는 50만 톤에 불과한 기록을 보였으며, 이후 2000년대에 들어서 약 50만 톤 내외의 원유가 공급되고 있다.[9)]

북한은 과거 구소련이나 중국으로부터 우호가격의 구상무역으로 원유를 수입하여 왔다. 그러나 구소련이 고르바쵸프의 등장 이후 북한과의 정치적 관계에 변화를 보이기 시작하였고, 페레스트로이카에 따라 시장경제를 점차 중시하는 추세로 나가면서 북한에 대하여 그동안 에너지 교역관행이었던 낮은 가격의 구상무역 대신에 시장가격의 경화결제를 요구하였다. 사실상 이러한 거래방식의 변화는 원유뿐만 아니라 구소련

---

9) 중국으로부터의 2004년도 원유 수입은 금액 기준으로 1억 3,933만 달러였다.

과 북한과의 모든 교역제품에 적용되었으며, 1991년 평양에서 조인된 양국 간 무역경제협력 협정에서는 경화에 의한 결제와 국제가격에 의한 거래를 하기로 정하였다. 따라서 1999년 초 이후 구소련으로부터의 원유 수입량은 대폭 감소하기 시작하였다.

〈표 6〉 북한의 연도별 원유 도입 실적

(단위 : 만 톤)

구분	1991	1992	1993	1994	1995	1996	1997	1998	1999	2000	2001	2002	2003	2004
중국	110	110	105	83	102	93.6	50.6	50.3	31.7*	38.9	57.9	47.2	57.4	53.2
리비아	–	20	10	8	8	–	–	5.3	–	–	–	–	–	8.1
예멘	–	–	–	–	–	–	60	–	–	–	–	–	–	–
이란	75	22	21	–	–	–	–	–	–	–	–	–	–	–
러시아	4	–	–	–	–	–	–	–	–	–	–	12.5	–	–
시리아	–	–	–	–	–	–	–	5.3	–	–	–	–	–	–
합계	189	152	136	91	110	93.6	110.6	60.9	31.7	38.9	57.9	59.7	57.4	61.3

주 : 1998년도 무상원조분 8만 톤 중 잔여분인 20,527톤 포함.
출처 : KOTRA 북한팀, 『2004년도 북한의 대외무역 동향』, p. 23.

북한은 중국과 1990년대 이전에는 5개년 석유 공급 협정을 체결하여 시장가격보다 50% 싸게 연간 약 150만 톤의 석유를 공급받아 왔다. 이 당시 교역형태는 구상무역이었으며, 대금지불 방법으로 북한은 중국에 무연탄, 시멘트 등을 공급하였다. 중국은 그러나 1989년까지 원유를 톤당 58달러로 공급하던 것을 1990년에는 톤당 126달러로 공급하였다. 이 당시 중국의 일반적인 원유 수출 가격은 톤당 131달러 수준이었다. 그러나 중국은 대북한 원유 공급에 있어 국제시세에 의한 경화결제를 지향하고 있음에도 불구하고 사실상 대북한 수출량이 구소련의 경우와 같이 큰 폭의 감소세를 보이지는 않았다. 즉 북한이 구상무역의 대가로 약속한 물품을 중국 측에 제공하지 못함에도 불구하고 중국은 대북한 원유 수출을 지속하고 있었다는 것이다. 한편 중국의 급격한 경제성장에 의한 석유 수요의 폭발적 증가를 감안할 때, 중국이 머지 않아 석유를 대량 수입하게 될 것으로 전망되고 있어 중국의 대북한 석유 공급이 무한정 지속될지는 미지수인 실정이다.

북한의 석유 소비의 특징은 수송용 연료로 소비되는 휘발유와 경유의 소비율이 유난히 높다는 점이다. 북한 전체의 석유 소비에서 휘발유와 경유의 비중이 70% 가까이 되고 있다. 남한의 경우 양 제품의 구성비율은 25-30% 수준에 불과하다. 이것은 북한의 석유제품이 주로 수송용으로 이용되고 있음을 반증하는 것이다. 산업부문이나 난방용 연료는 석탄으로 대체가 가능하나 수송용 연료는 석탄으로 대체하여 사용하기 어렵기 때문에 불가피하게 수입해서 사용할 수밖에 없다. 북한의 석유 소비가 수송용에 편중되어 있는 것은 자력갱생의 원칙에 따라 수입 에너지원인 석유는 석탄이나 기타 북한이 갖고 있는 에너지와는 대체하기 어려운 수송부문에서 주로 사용하는 반면, 상대적으로 자국산 에너지와 대체하기 쉬운 산업용이나 민생부문에서는 석유 소비를 억제하고 있기 때문이다.

Ⅲ. 북한 에너지 산업의 문제점

1. 석탄수급의 문제점

북한이 주장하듯 석탄산업은 생산공정의 첫 단계이기 때문에 지금과 같은 북한 석탄산업의 붕괴는 경제 전반의 침체로 이어지고 있다. 경제의 순환고리상 "북한 석탄산업의 생산력 저하 · 경제력 저하"가 다시 석탄 생산력을 더욱 하락시키고 이것이 경제난으로 이어지는 악순환이 지속됨으로써 결국 지금과 같이 심각한 경제난을 겪고 있는 것이다. 석탄 생산이 감소하기 시작한 것은 북한 탄광의 구조적인 문제 때문인 것으로 분석된다. 해방 후 기계화 채탄이 발달되지 못했어도 석탄증산을 이룰 수 있었던 것은 양질의 탄광이 많았기 때문이나 1980년대 후반 들어서는 장기간 채탄으로 탄광심부화가 계속되나 이에 적절한 채탄장비의 현대화가 추진되지 못했고 다량의 노동력 투입도 생산력 유지에 한계를 보일 만큼 갱도의 작업여건이 악화된 것으로 보인다.

또 하나는 신규 탄광의 개발이 어려웠던 것으로 추측된다. 북한의 지하자원법에는 새로운 탄광개발보다는 기존 탄광에서의 생산 극대화를 강조한 점은 신규 탄광개발이 어려웠기 때문인 것으로 보인다. 지하자원법은 1993년 제정되었는데, 이때는 북한의 석탄 생산이 감소하기 시작한 때이기도 하다.

북한의 석탄 생산 감소의 또 하나의 원인은 북한 경제의 구조적인 문제에서 기인한 것으로 볼 수 있다. 그 하나가 북한 탄광의 심부화가 계속되면서 갱목이 계속 필요하나 이를 조달받지 못한 것도 석탄 생산 차질의 주 원인으로 지적된다. 원활한 갱목조달이 어려웠던 것은 북한이 식량증산을 위해 산지에 농지를 확장해 왔으나 이것이 산지를 훼손함에 따라 목재난을 겪고 있는 것이다. 그동안 부족한 목재는 구소련에서 우호적인 가격으로 수입해 사용했으나 1990년 초 구소련이 러시아로 변하면서 시장가격에 경화결제를 요구해 원목수입도 급격히 감소하였다.

북한의 석탄 생산 차질은 곧 전력난으로 이어지게 된다. 발전량의 절반이 석탄화력에서 공급되기 때문에 석탄 생산의 감소는 발전량에 큰 타격을 주고 전력 공급의 차질은 석탄장비나 부품, 그리고 선탄설비를 생산하는 기업소의 생산량에 차질을 주어 산탄지로의 공급이 원활하지 못했을 뿐만 아니라 산탄지에서도 전력사정이 어려워 설비나 장비의 가동에 애로를 겪고 있으며, 이는 다시 석탄 생산을 더욱 감소시키는 악순환으로 이어지는 것이다.

2. 전력산업의 문제점

북한 전력산업의 가장 큰 문제점은 수력의존적 전원구조를 가지고 있다는 점이다. 북한은 수력자원이 풍부하지만 갈수기나 홍수기 등 계절변화에 따라 전력 공급이 차질을 빚어 안정적인 전력 공급에 문제가 생긴다. 특히 지난 1990년대 후반 잦은 홍수는 수력발전소의 정상 가동에 큰 타격을 주었다. 홍수로 토사가 저수지로 유입되어 수력발전용 저수용량이 감소하여 결국 수력발전소의 가동률을 떨어트린 것이다. 대부분의 나라가 수력발전소를 부하조정용, 즉 전력수요 급증시 일시적인 피

크부하 전원으로 이용하는 반면, 북한은 기저부하용 전원으로 수력발전소를 이용하고 있어 기후여건에 따라 북한의 전력 공급 전체가 영향을 받는 불안전한 전원구조를 갖추고 있는 것이다.

둘째는, 화력발전소의 연료원이 단 하나의 석유발전소를 제외하고는 전부 석탄으로 구성되어 있으나 석탄 공급의 차질로 말미암아 전력공급체계에 큰 타격을 주고 있다는 점이다. 연료원의 다양화를 통해 한 연료원에 문제가 발생해도 대체연료에 의해 전력이 공급될 수 있는 구조를 갖추지 못하고 있는 것이다. 따라서 석탄 부족에 의한 전력 공급 차질이 다시 석탄 생산 공정에 영향을 주는 악순환의 구조를 갖고 있는 것이다. 또한 화력발전에 공급되는 석탄의 탄질이 낮아 열효율이 떨어지고 기기를 빠르게 마모시키는 것도 문제점으로 지적될 수 있다. 북한의 석탄정책은 탄질에 관계없이 대량생산에만 초점을 맞추고 있어 자연 탄질이 낮은 석탄을 과다하게 사용하는 석탄 소비체계를 갖고 있다. 북한은 저열탄을 효과적으로 사용할 수 있는 다양한 기술을 개발하였다고는 하나 저열탄 사용기기의 저효율을 개선하는 데는 기술적 한계가 있다.

셋째는, 북한의 발전소, 특히 화력발전소들은 대부분 구소련 및 동구권의 기술에 의해 제작된 설비를 갖추고 있는데, 1990년대 초반 구소련의 붕괴로 이들로부터의 기술이나 부품공급 지원이 중단되면서 발전소 설비의 유지보수가 어렵게 된 것이 전력 공급 차질에 많은 영향을 주고 있다는 점이다.

넷째는, 송배전 체계가 크게 낙후되었다는 점이다. 또한 송변전 계통이 자동화되지 않고 컴퓨터 시스템이 아닌 전화나 텔렉스에 의한 문서로 운영되고 있다. 이런 시스템 운영은 주파수 관리, 사고시 계통의 운전 정지를 통한 사고 파급의 차단 등에 취약성을 보이고 있다. 이러한 운영 시스템은 최종 소비자의 설비에 영향을 주고 송변전 설비의 수명을 단축한다.

결국 북한 전력산업의 문제점은 자력갱생에 충실한 전원구조가 갖는 한계와 이러한 문제점들이 구소련 및 동구권의 변화로 이들로부터의 지원이 중단되면서 악화되었고, 그럼에도 불구하고 계속 폐쇄경제 체제를 유지함으로써 문제가 더욱 누적되어 심각한 전력공급 부족을 낳은 것으로 분석된다

Ⅳ. 남북한 에너지 협력

1. 남북한 에너지 협력 현황

남한과 북한 간 에너지 분야의 협력은 해방 직후 북한이 남한으로의 송전을 중단하면서 반세기 동안 추진되지 못하였다. 해방 이전에 북한은 풍부한 수력을 바탕으로 남한에 전기를 공급하였으나 1948년 5월 14일 북한이 대남한 전력송전을 중단하였던 것이었다. 남북한 간 에너지 분야 협력 재개의 계기는 북한 핵문제를 해결하기 위한 북한과 미국 간 협상결과 마련된 제네바 기본합의에 의한 것이었다. 북한과 미국은 1994년 북한 핵개발을 동결하는 데 합의하는 동시에 국제적 컨소시엄을 통해서 북한에 원자력발전소를 건설하기로 합의한 것이었다. 이에 따라 유관국들은 한반도 에너지개발기구(Korean Peninsula Energy Development Organization : KEDO)를 설립하고, 2백만 kW 용량의 한국형 원자력발전소를 북한의 신포지역에 건설하기 시작하였다. KEDO는 1997년 8월에 기공식을 거행하였으며, 1999년 12월에 본공사 계약을 체결한 이후 2000년 2월 본격적인 공사를 시작하였다. 이후 2차 핵위기로 인하여 KEDO에 의한 원자력발전소 건설은 2003년 11월 34.5%의 건설 공정상태에서 중단되었다. 이와 관련, KEDO는 원자력발전소 준공시까지 매년 50만 톤의 중유를 북한에 제공하기로 하였으나 2002년 이후 중단된 바 있다. KEDO의 경수로 건설사업은 현재까지 15억 4천만 달러가 소요되었으며, 남한이 70%, 일본이 30%를 분담하였다.

남한과 북한 간 에너지 분야 협력의 또 다른 모델은 개성공단에 대한 전력지원이다. 물론 개성공단에 대한 전력송전은 엄격한 의미에서 볼 때, 대북 전력지원이라기보다는 개성공단 내에서 생산활동을 영위하는 남한공장들의 원활한 가동을 보장하기 위한 것이다. 개성공단에 대한 전력공급은 남한에서 북한으로 배전하는 방식을 취하고 있는바, 2005년 3월부터 개성공단 시범단지에 1만 5천 kW의 전력을 공급하고 있다.[10] 이를 위해서 개성과 문산 간 도로변에 220여 개의 전신주를 세웠으며, 향후 개성공단 100만 평 부지의 1단계 공사가 완공될 경우 한전은 송전선 방식으로 10만 kW를 공급할 예정이다.

2003년에 재발된 북한의 핵개발 문제를 둘러싸고 6자회담이 개최되었으나 북한의 완강한 입장으로 인하여 핵문제 해결의 돌파구가 마련되지 않은 가운데 2005년 7월 12일 정동영 통일부장관은 200만 kW의 전력을 북한에 제공할 용의가 있다는 대북 중대제안을 발표하였다. 이후

10) 통일부, "개성공단 사업추진 현황," 통일부 개성공단 사업지원단, 2005. 9.

통일부는 향후 9-13년간 대북 에너지 지원과 관련한 비용에 대해서 다음과 같은 추산결과를 밝힌 바 있다. 즉 대북한 전력지원은 남한이 주도적으로 제안한 것이기 때문에 남한이 부담해 나갈 계획이지만, 중유제공과 같은 대체 에너지 제공과 경수로 제공에 따른 비용의 분담 규모는 유관국과의 협의과정에서 구체적으로 추후에 논의해야 할 사항이라는 점을 밝혔다. 첫째, 3년간의 중유제공에 소요되는 비용이 약 1,500억 원이라고 추정하였다. 둘째, 대북송전은 송전시설 건설비가 약 1조 7,000억 원, 6-10년간 송전비용이 3조 9천억 원-8조 원으로 추정되었다. 셋째, 경수로 건설에는 5개국의 균등분담을 전제로 약 7천 억-1조 원이 소요될 것으로 추정하여 향후 9-13년간 약 6조 5천억 원에서 11조 원이 소요될 것으로 추정하였다.[11] 이와 같은 남한의 대북 중대제안 내용은 2005년 9월에 재개된 6자회담의 합의문에 반영되었다. 즉 6자회담 합의문은 남한이 북한에 2백만 kW의 전기를 제공할 것이라는 점을 명문화한 것이라 할 수 있다.

2. 북한 핵문제 해결과정과 대북 전력지원

주지하다시피 남한의 대북 전력지원 제안은 북한 핵문제의 해결을 전제로 한 것이기 때문에 북한이 핵무기 개발을 포기하는 과정과 관련이 있다. 따라서 남한의 대북 전력지원은 6자회담의 진전과 맥을 같이 할 것으로 예상된다. 북한이 6자회담에 성실히 임하는 자세를 보이는 것

11) http://unikorea.news

이 우선적 선결과제인 것이다. 이후 6자회담의 합의에 따라 북한이 NPT에 복귀하고 핵활동을 동결한 후 IAEA의 사찰을 받기 시작한다면 유관국들은 중유제공을 재개할 것이다. 대북한 송전을 위한 송전시설의 건설이 전제되어야 하는바, 송전시설 건설에는 약 3년이 소요될 것으로 예상되고 있다. 이를 위해서는 남한과 북한 간 협상이 시작되어야 할 것이며, 송전선 통과지역 및 송전지역 등 구체적 사안에 대해서 남북한 간 합의가 이루어져야 할 것이다. 북한에 대한 송전선 건설이 완료되어 송전이 시작될 경우 대북한 중유제공은 중단될 것이며, 중단된 경수로 건설문제를 어떠한 방식으로 처리할 것인지에 대한 협상이 진행되어야 할 것이다. 이러한 일련의 과정은 물론 6자회담 참가국들과의 협의하에 진행될 것이며, 북한을 제외한 5개국의 협조가 필수적이라 할 수 있다. 왜냐하면 6자회담 합의문에도 나와 있듯이 유관국들은 대북한 에너지 및 경제지원을 약속하였기 때문이다. 따라서 남한의 대북한 전력지원 문제는 남한과 북한 간 문제이기도 하지만 국제적 차원에서 북한 핵문제 해결과정과 밀접히 연결되어 있는 것이다.

남한의 대북한 전력지원은 북한의 전력난을 해소하는 것이 궁극적 목표이지만, 단기적으로는 북한 핵문제 해결을 위한 돌파구 마련의 성격을 가지고 있다. 한편 대북한 전력지원으로 인해서 북한 핵문제가 해결될 경우 수반되는 부수적 효과로는 남한의 대외신인도 상승이 지적되고 있다. 즉 남한 경제에 대한 국제사회의 평가가 북한 핵문제로 인해서 저평가되고 있는바, 북핵폐기로 인한 한반도의 평화안정은 남한의 신인도를 높인다는 것이다.

북한의 전력설비는 약 7,770MW로 추정되고 있으나 최근 최대 수요전력은 약 2,900MW 정도인 것으로 평가되고 있다. 따라서 남한이 2

백만 kW를 제공할 경우 북한의 전력난은 크게 향상될 것으로 예상된다. 그러나 북한의 송배전 설비가 크게 낙후되어 있으므로 남한에서 송전한 전기를 효율적으로 사용하기 위해서는 북한의 설비 개선사업이 필요한 것으로 판단된다. 이 경우 KEDO의 경수로 건설사업 경우와 같이 한국의 설비와 부품을 활용하는 방안의 모색이 필요할 것이다.

북한의 전력난은 단순한 전기 생산의 차질에서만 비롯된 것은 아니고 전반적 경제운영의 문제점에 기인한 것으로 파악되어야 한다. 앞에서 살펴본 바와 같이 북한의 에너지 사업은 석탄 생산에 과도하게 의존되어 있으며, 전력 생산은 수력발전 의존도가 매우 높다. 따라서 북한의 전력난은 1990년대 중반에 발생한 홍수와 가뭄 등 자연재해에 의해서 피폐해진 전력생산 구조 때문에 더욱 악화되었던 것이다. 이에 더해서 북한의 발전설비가 매우 낙후되어 있는 것이 제한된 전력 생산 설비조차도 제대로 가동하지 못하는 요인이 되고 있다. 즉 북한의 발전소는 대부분 1980년대 이전에 건설된 것이며, 구소련으로부터 지원을 받아서 건설된 것이기 때문에 구소련의 붕괴로 말미암아 부품 공급의 차질이 빚어진 것이다. 이러한 전력 생산의 악순환이 개선되지 않는다면 남한의 전력지원이 제대로 효과를 발휘하지 못할 것이다.

따라서 북한에 대한 전력지원 사업은 북한의 낙후된 설비를 보수하는 사업과 병행되어 실시되어야 경제적 효과를 극대화할 수 있을 것이다. 이러한 맥락에서 볼 때, 북한의 에너지난 해소를 위한 국제적 컨소시엄의 구성은 고려해 볼 필요가 있다. 북한은 동북아지역의 중심에 위치하고 있기 때문에 동북아지역의 경제협력에서 중요한 지위를 차지할 것이라는 지적이 있어 왔다. 특히, 러시아 극동지역은 가스 및 원유의 생산지로서 주목받고 있기 때문에 러시아에서 생산된 에너지를 남한 및 일본까지 수송하는 파이프라인의 건설이 논의되고 있다. 이러한 동북아지역의 에너지 협력체계에 북한이 참여한다면 지역국가들의 경제발전에 큰 도움이 될 것이다.

V. 결론

남한과 북한 간 경제교류 및 협력은 한반도 평화를 증진시키기 위한 중요한 수단임과 동시에 남북한의 경제력을 상승시킬 수 있는 잠재력을 가지고 있다. 이러한 맥락에서 남한은 북한과의 경제교류 및 협력을 꾸준히 증대시켜 왔으나 그 과정에서 많은 논란이 있어 왔다. 남북한 경제교류 협력의 시발점은 1988년 노태우 정부 시절의 7 · 7선언이었는바, 동 선언의 배경은 올림픽의 성공적 개최를 위한 북한의 호전적 태도를 완화하는 것이라 할 수 있다. 이후 시작된 남북한 간 경제교류 협력은 초기의 제3국을 경유한 간접교역에서 시작해서 직접교역과 임가공교역 등으로 발전하였으며, 금강산 관광 및 개성공단사업 등 다양한 분야에서 괄목할 진전을 보이고 있다. 사실상 북한의 경제력은 남한의 3% 수준에 불과하며, 1인당 소득도 1,000달러 이하인 상태에 있다. 따라서 북한 입장에서도 남한과의 경제협력은 매우 중요한 사안인 것이다.

북한은 1990년 초기에 구소련을 비롯한 사회주의권의 붕괴로 말미암은 우호적 경제관계의 단절과 1990년대 중반의 자연재해로 인한 경제난을 겪은 바 있다. 이러한 과정에서도 북한은 사회주의 경제체제를 유지하였으나 최근 시장경제 메커니즘을 받아들이려는 움직임도 보이고 있다. 즉 북한도 경제난을 해소하고자 최대한 노력을 기울이고 있는 것이다. 하지만 북한이 자체적으로 경제발전을 모색하는 데는 한계가 있을 수밖에 없으며, 남한과 국제사회의 도움을 매우 필요로 하고 있다. 이러한 맥락에서 우리의 입장에서는 북한의 경제회복이 북한 주민의 삶의 질 향상으로 이어질 수 있도록 하는 노력을 해야 할 것이다. 대북한 전력지원의 경우에도 핵문제의 해결이라는 우선적 목표를 염두에 두고 추진하여야 하지만 남한의 전력 공급이 북한 주민들의 생활향상에 도움이 되도록 하여야 할 것으로 사료된다.

●●● 참고문헌 ●●●

김경술.『북한 에너지수급 모형화 연구』. 경기도 : 에너지경제연구원, 2004.

김덕호. “전력, 석탄, 금속공업, 철도운수를 앞세워 나가는 것은 선군시대경제건설의 필수적 요구.”『경제연구』. 2004년 제2호.

권혁수.『북한의 석탄산업 현황 및 남북교류방안』. 경기도 : 에너지경제연구원, 1996.

방기열.『통일대비 남북한 에너지 수급 분석』. 경기도 : 에너지경제연구원, 1999.

북한경제포럼.『북한 에너지 문제에 관한 연구』. 서울 : 한국가스공사 연구개발원, 1997.

장희천 · 김효진 · 김대식. “남북한 전력분야 협력방안에 대한 연구.”『전기설비』. 2000년 10월.

정우진.『북한의 에너지산업』. 서울 : 공보처, 1996.

정영룡. “자연부원개발리용의 기본요구를 정확히 지키는것은 자연부원을 합리적으로 개발리용하기 위한 중요담보.”『김일성 선집』. 7권.

______.『남북한 에너지체계 비교분석 및 협력방안 연구』. 경기도 : 에너지경제연구원, 1993.

통계청.『남북한 경제사회상 비교』. 각년도.

통일부. “개성공단 사업추진 현황.” 통일부 개성공단 사업지원단, 2005. 9.

한국 에너지 정책의 변화 : 수급구조의 변화와 에너지 안보

장지호(한국외국어대학교)/이준범(한국석유공사)

국제 유가가 지속적인 상승세를 보인 지 벌써 몇 년이 되어가고 있다. 2004년 1월 국제 유가는 OPEC이 천명한 유가 상한선 $28/bbl[1]을 넘기면서 강세를 보이기 시작하였다. 그리고 8월에는 $38/bbl을 돌파하여 1970년대 석유위기 기간 중의 가격을 경신했다. 2005년도 들어서도 가격 상승세는 꺾일 줄 모르고 고공행진한 끝에 4월 초에는 급기야 $50/bbl을 돌파, 사상 최고를 기록하였다.[2] 지난 몇 년간의 고유가 현상

---

1) $/bbl은 1배럴당 달러표시 가격으로서, 국제유가가 통상적으로 표시되는 기준이다. 이하 국제유가는 중동산원유로서 우리나라 도입 원유가격 결정의 기준이 되는 두바이유 가격이다.

2) 최근의 고유가 현상이 단순히 일시적인 현상이 아니라 장기적으로 지속될 가능성이 제기되고 있을 뿐만 아니라, 일부에서는 1980년대 이래 유지해 온 저유가 현상

은 석유가격 상승으로만 그치지 않았다. 국제 유가 상승은 여타 상품가격 상승으로 연결되었다. 이 기간 중의 국제 유가와 일반 상품의 가격관계에서 석유가격은 여타 상품가격의 선도적 역할을 하거나 혹은 최소한 이들 상품 가격과 동반하는 상승하는 양상을 보이고 있다. 에너지원 간 가격구조에서도 석유가격 상승은 다른 에너지 가격 상승으로 이어진다. 천연가스 가격은 원유가격 혹은 난방유 가격과 연계되어 있고, 석탄은 석유와 경쟁적 관계에 있지만 일정한 시차를 두고 후발 상승하는 경향이 있다. 최근 상품가격 상승의 특이점은 석유가격 상승과 이들 원자재 가격 상승이 역사상 처음으로 동시에 이뤄지고 있다는 것이다. 즉 원유가격 상승이 철광석, 구리광, 원당 및 커피와 같은 산업원료 및 농산물 가격과 동반상승하고 있다.[3] 원유가격이 에너지와 관련 없는 상품가격과 동반 상승하는 경향을 보이면서 이런 원자재 다소비 경제구조를 갖고 있는 우리나라와 같은 개도국들이 국제 유가 상세에 크게 영향을 받을 것으로 보이고, 선진국들도 예외는 될 수 없을 것으로 보여 세계적인 경기 침체 가능성도 있다.

은 재현되지 않을 수도 있다는 입장을 보이고 있다. 즉 현상적인 측면에서는 국제유가가 과거보다 한 단계 상승하여 유지될 가능성이 있으며, 이는 국제유가에 대한 정치적 경제적 인식에 있어 구조적인 변화를 일으킬 가능성이 있는 것으로 진단되고 있다. 하지만 이 구조적 변화에 관한 논의는 아직까지 불충한 편이지만, 주목한 세계적인 금융회사인 골드만삭스는 최근 유가를 '초강세' (super-spike) 라고 언급하고 있고, 공공기관인 국제통화기금(IMF)은 '영구적인 석유공급 충격'이라는 표현하여 구조적 변화론에 호응하는 입장을 보이고 있다. "On the Climb : a natural resources boom is unearthing both profits and perils," *Financial Times*(April 11, 2005).

3) *Financial Times*, op. cit.

국제 에너지 가격 상승이 에너지 문제로만 한정되지 않고 경제 전반에 영향을 미칠 조짐을 보이면서 이에 대한 국내의 관심은 일반인 및 전문가를 망라하고 있다. 국내 언론들은 장기 고유가 가능성에 비상한 관심을 가지면서 국제적인 고유가가 국내 경제활동에 제약을 가할 것으로 보고 있다.[4] 또한 정책적 관심도 고조되고 있는 것이 사실이다. 행정부 차원에서는 현재의 고유가에 대응하기 위한 장단기 대책을 제시하고 있고, 이례적으로 최고 정책결정자 수준으로 에너지 정책 아젠다가 확장되고 있다. 이의 대표적인 예가 고유가에 대응하기 위해 열린 대통령 주재 '국가에너지자문회의'이다.[5]

본 연구는 국제 에너지 고가격 현상 속에 처한 한국 에너지 정책을 살펴보는 것을 목적으로 한다. 본 연구는 먼저 한국의 에너지 수요 및 공급 패턴 변화를 개괄적으로 살펴봄으로써 한국 에너지 수급구조의 현실을 이해할 것이다. 다음으로 한국 에너지 정책 기본 방향을 논하면서 이제까지의 한국의 에너지 정책의 특징을 도출할 것이다. 그리고 이런

---

4) 2003년부터 국제 석유가격의 급변에 대해 국내언론의 보도는 과거 어느 시기보다 빈번해진 것이 사실이다. 주요 일간 및 시사 잡지들은 고유가 현상뿐만 아니라 국내 경제 영향에 관해서도 보도하고 있어 일반인의 관심을 높여주고 있다. 또한 공영방송도 국제석유 문제를 다루고 있다. KBS가 2000년 10월 22일 '일요스페셜' 〈한국은 위기인가?〉 제2편 '고유가 시대의 1$' 이후 방송들은 석유를 중심으로 한 에너지 문제를 수시로 다루고 있고, 그 주제도 단순히 국제유가뿐만 아니라 동시베리아 송유관 건설과 같은 동북아 관련 국가들의 에너지 확보 경쟁도 다루고 있다. 이런 현상들은 최근의 국제 석유공급 불안과 무관치 않은 것으로 평가되며, 일반인들의 에너지에 대한 관심과 우려가 매우 높다는 것을 반증하고 있다고 하겠다.

5) 산업자원부 공보관실, "보도참고자료 ; 대통령 주재 '국가에너지자문회의' 개최" (2004. 11. 13).

특징들의 현재적 적실성을 살펴보기 위해 에너지 수급 관련 변화를 진단함으로써 최근에 추진되고 있는 정책 변화의 토대를 밝힐 것이다. 그리고 이런 정책환경의 변화 속에서 추진되고 있는 정책 핵심을 짚어보고, 이들 정책이 추진되는 과정에서 직면하고 있는 장애요인들을 규명할 것이다. 본 연구는 최근의 에너지 정책 변화를 좀더 포괄적인 시각에서 검토함으로써 한국 에너지 정책 변화 현실과 필요성을 천착할 수 있는 기회를 제공하고자 한다.

II. 한국의 에너지 수급구조와 그 변화

우리나라는 2003년 기준 2억 1,200만 TOE[6]의 에너지를 소비하였다. 이는 전 세계 에너지 소비 97억 4,100만 TOE의 2.17%에 불과하지만 세계 9위의 에너지 소비 규모이다.[7]

---

6) TOE는 석유환산톤(Tons of Oil Equivalent)을 의미한다. TOE는 상이한 에너지원의 열량을 석유 열량으로 환산하여 표시한 에너지 단위로서, 1TOE는 원유 1톤의 열량 100만 Kcal를 의미한다.

7) 이 비율은 세계 에너지 소비구조의 불평등을 시사하고 있다. 세계 최대 에너지 소비국인 미국은 2003년 22억 9,700만 TOE를 소비하여 전 세계 소비의 23%를 차지하였으며, 미국을 비롯한 중국, 러시아, 인도, 일본, 독일, 프랑스, 캐나다, 영국 등 상위 9개국이 전 세계 에너지 소비의 2/3인 67%를 차지하고 있다. *BP Statistical Review of World Energy*(June 2004).

〈표 1〉 연평균 총에너지 소비 증가율 비교(1991–2001)

(단위 : %)

한국	독일	영국	일본	미국
6.9	0.1	1.0	1.6	1.6

자료 : *BP Statistical Review of World Energy*(2004 June)에 기초하여 계산.

과거 우리나라 에너지 수요의 가장 큰 특징은 여타 국가들에 비해 그 소비 증가 속도가 매우 빠르다는 점이다. 1965년 640만 TOE였던 한국의 총에너지 소비는 2003년에 약 33배 증가했다. 또한 우리나라 경제가 OECD에 가입한 이후인 1991년부터 2001년 사이에도 에너지 소비 증가율은 여타 선진국에 비해 높은 것으로 나타나고 있다. 이 기간 중 우리나라는 6.9%의 에너지 소비 증가율을 보여 미국, 영국 및 일본에 비해 월등히 높았으며, OECD 국가 중 최고 수준을 보였다. 또한 우리 사회의 높은 에너지 소비 증가율은 앞으로도 계속될 전망이다. 2002년 우리 정부가 발표한 제2차 국가 에너지 기본계획에 의하면, 2020년까지 우리 사회의 에너지 수요 증가율은 과거보다는 훨씬 낮은 연평균 2.8%에 불과할 것으로 전망되고 있지만,[8] 여타 선진국의 1–2% 증가율에 비하면 상당히 높은 수준이다.

에너지 소비 측면에서의 또 다른 특징은 에너지 소비구조의 변화가 나타나고 있다는 것이다. 전통적인 재래식 에너지 소비 비중의 감소,

8) '국가 에너지 기본계획'은 에너지 이용 합리화법에 의거하여 10년 단위의 국가 에너지 기본계획을 5년마다 수립되고 있다. 가장 최근에 수립된 국가 에너지 기본계획은 2002년판으로서, 국무회의 의결을 거쳐 2002년 12월 10일에 확정되었다. 대한민국정부, 『제2차 국가 에너지 기본계획(2002–2011)』(대한민국정부, 2002).

석유 등 상업적 에너지 소비의 증가 및 천연가스 등 청정 에너지 수요 증가를 그 예로 들 수 있다. 1970년대까지만 하여도 석탄 등 재래식 에너지는 전체 에너지 소비에서 20% 이상 차지하는 중요한 에너지원이었다. 하지만 재래식 에너지 소비는 급격히 줄어들어 오늘날에는 예외적인 에너지원으로 취급되고 있으며, 석유 및 천연가스와 같은 상업적 에너지원이 절대적인 위치를 차지하고 있다. 또한 우리 사회의 전반적인 소득수준 향상에 의해 천연가스와 전력에 대한 소비는 과거에 비해 크게 늘어나고 있다. 천연가스의 경우 1990년 전체 에너지 소비에서 3.2%에 불과하였지만 2003년에는 11.2%를 차지하였으며, 전력 비중도 1990년 10.8%에서 2003년 15.4%로 늘어났다.

〈그림 1〉 에너지 소비 구성비

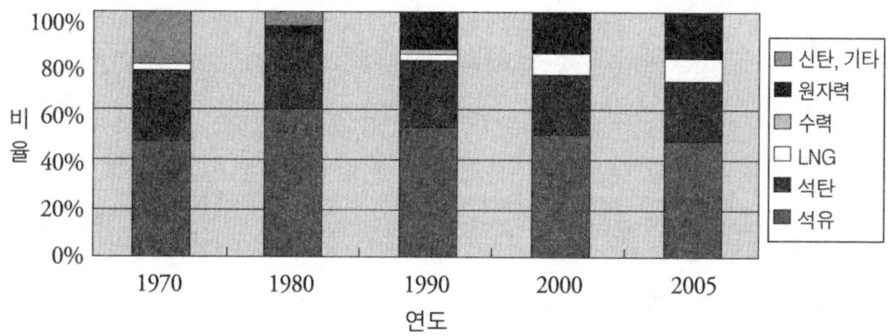

자료 : *BP Statistical Review of World Energy*(2004).

우리나라는 국내 소비 에너지의 대부분을 해외에서 조달하고 있기 때문에 에너지 공급 안정 구조가 매우 취약하다. 1970년대까지만 하여도 국내 석탄과 전통적인 비상업적 에너지인 신탄 등의 사용으로 국내생산 에너지가 전체 소비의 47.7%를 자치하였지만, 석유, 원자력 및 천연가스와 같은 상업적 에너지 소비 증가로 인해 국내 에너지 자급률은 급격히 하락하였다. 2000년 이후부터 우리 사회는 사용 에너지의 97% 이상을 해외에 의존하고 있는 실정이다.

〈표 2〉 에너지 수입 의존 변화

연 도	1970	1980	1990	2000	2003
소비(천 TOE)	19,678	43,911	93,192	192,887	215,067
국내생산(천 TOE)	10,333	11,622	11,298	5,403	6,728
해외의존율(%)		73.5	87.9	97.2	97.0

자료 : 에너지경제연구원 통계정보 시스템
주 : 원자력은 국내생산으로 간주하지 않았음.

전반적인 높은 해외 의존 속에서 석유를 비롯한 주력 에너지원의 특정 지역에 대한 의존은 매우 심각하다. 우리나라 에너지 소비의 49%를 차지하는 석유의 경우, 중동국가에 대한 의존도가 2003년 기준 79%에 이르고 있다.[9] 이는 1980년대의 98.8%에 비하면 다소 완화된 것은 틀림없지만 미국 및 유럽의 25%, 중국의 50% 등 여타 국가에 비하면 매우 심각한 상황이다. 천연가스의 경우, 연간 2,215만 톤의 도입물량 중 47%인 1,034만 톤을 카타르 및 오만과 같은 중동 산유국으로부터 도입하고 있다.[10]

에너지 소비가 증가됨에 따라 에너지 조달에 투입되는 자원 역시 크게 늘고 있다. 1981년의 경우, 우리나라는 에너지 수입에 약 77.7억 달러를 지출하였지만 2003년에는 383억 달러를 지불하였다. 그런데 다행

9) 한국석유공사, 석유수급통계 2004.

10) 한국가스공사, 가스 공급현황.(http://www.kogas.or.kr/gas/images/ sm3_pic_2_0.gif)

스러운 것은 우리 경제의 규모 확대에 의해 총수입에서 에너지 수입이 차지하는 비중이 다소 줄어들었다는 점이다. 1981년의 경우, 에너지 수입이 전체 수입의 약 29.5%였지만 2003년에는 이 비중이 21.4%로 감소하였다. 그렇지만 에너지 부문이 전체 수입에서 20%이상을 차지하고 있어 여전히 중요한 부문임에는 틀림없으며, 석유는 단일 상품으로는 가장 수입 지출 비중이 큰 상품으로 나타나고 있다.

〈표 3〉 에너지 수입금액 변화

	1981	1990	2000	2003
에너지 수입액(억 달러)	77.7	109.3	378.9	383.1
총수입 중 비중(%)	29.5	15.6	23.6	21.4

자료 : 에너지경제연구원 통계정보 시스템.

Ⅱ. 에너지 정책의 특징과 환경변화

한국의 에너지 정책은 지난 30년간 몇 가지 특징적 변화를 거쳤다. 1973년 석유위기를 거치면서 우리 경제는 석유 중심의 에너지 정책을 폈다. 즉 국내 에너지원인 석탄에서 석유로 주력 에너지원을 대체하는 소위 '주유종탄'(主油從炭)에 치중했다. 이는 비록 1973년 석유 공급 혼란을 통해 석유가 완전히 신뢰할 만한 에너지원이 아니라는 점이 목격되었지만 여전히 석탄에 비해 다양한 장점을 가졌기 때문인 것으로 평가된다. 석유는 석탄에 비해 열효율이 높고, 열량 조절이 용이하며, 석탄에 비해 경제적으로 수송할 수 있다. 또한 석유는 석탄에 비해 연소 후 공해물질도 적게 배출하여 환경적으로도 유리하다.[11)]

에너지원의 석유 중심화 과정에서 우리나라는 공급 인프라 구축에 정책적인 지향성을 유지해 왔다. 전력과 천연가스는 전선과 가스 파이프라인과 같은 망(網)에 의해서 수송된다. 에너지 공급 원활을 위해 민간이 아니라 국가 주도 인프라 구축에 치중해 왔다. 즉 경제에서 가장 핵심적인 역할을 수행하는 에너지 산업에 대한 국가의 역할, 즉 에너지 공급에 대한 직접적인 국가 참여와 에너지 공급 기간망 구축에 국가가 중요한 역할을 수행했다.[12)] 석유를 제외한 주요 에너지원의 수송 인프라 건설사업이 한국전력 및 한국가스공사와 같은 정부 투자기관에 의해 추진되어 왔다. 에너지 수송 기반시설 건설이 정부규제 하에 국내시장에서 독점적 지위를 인정받는 공기업에 추진되어 온 결과 이들 사업이 효율적이지 못하다는 비판이 제기된 것이 사실이다.[13)]

이런 비판에 대해 국내 에너지 산업은 1990년대부터 자유화를 추진해 왔다. 우선 석유산업의 경우, 정유산업이 갖고 있던 과점적 시장구조를 변화시키기 위해 신규 정유회사의 시장 진입이 허용되었고, 석유판

---

11) Joel Darmstadter, *Energy in the World Economy*(Baltimore : The Johns Hopkins University Press, 1971), p. 25–31.

12) Daniel Yergin and Joseph Stanlislaw, *The Commanding Heights : The Battle between Government and the Marketplace that is remaking the Modern World*(New York : Simon & Shuster, 1999), pp. 11–17.

13) 문영석, "새로운 에너지 정책추진 방향," 에너지경제연구원 주최 '고유가 시대 신 에너지 정책' 워크숍 발표자료(2004. 9. 2).

매 부문에서도 주유소 거리 제한제가 폐지되어 신규 주유소의 설립이 인정되어 현재 약 10,000여 개의 주유소들이 시장에 존재하고 있다. 전력산업의 경우, 국내 유일의 전력생산회사였던 한국전력의 발전부분이 복수의 회사로 분리되어 독립된 회사들 간의 전력 공급 경쟁이 가능한 구조로 이행되고 있다. 반면, 민영화 가능성이 논의되어 오던 천연가스 산업은 아직까지 민영화 혹은 자유화가 완성되지 않은 상황이며, 해외로부터의 천연가스 도입의 국가 독점체제에 일부 예외가 인정되어 전력 생산 등 자가소비를 위한 민간 천연가스 수입이 허용되고 있다. 그러므로 시장규제 완화, 국영기업의 민영화, 에너지 기업의 구조조정 등으로 대변되는 에너지 시장 자유화는 아직까지 완전히 달성된 것은 아니며, 현재 이행기에 있다고 하겠다.

이러한 에너지 정책 방향들은 긍정적인 성과에도 불구하고 최근 들어 그 약점을 드러내고 있다. 우선 에너지 구조의 '주유종탄' 정책의 경우, 정유부문의 해외자본 침투에서 벗어나지 못하고 있고, 안정적인 원유 공급원을 확보하고 있지 않은 결과 공급불안에서 벗어날 수 없어 석유 공급체계의 취약성을 보이고 있는 것으로 평가되고 있다. 국내 석유시장을 장악하고 있는 국내 정유회사들은 현재 모두 외국자본이 참여하고 있다. 일부 우리나라 정제회사들은 출발부터 외국기업과의 합작형태를 갖췄지만, 1990년대 국내 에너지 산업 자유화와 1998년 외환위기를 거치면서 외국자본의 진출에 의해 국내 정유산업은 실질적으로 외국자본의 영향 하에 있다.[14] 정유부문에 외국자본이 대거 참여함에 따라

---

14) 우리나라 최대 정유회사인 (주)SK는 외국인 지분이 60% 이상 차지하고 있고, LG정유는 미국계 Caltex가, 현대 오일뱅크는 아랍 에미리트 연합(UAE)이 각각

국내 정유산업과 석유시장은 외국자본의 이익과 투자 수출국의 국익이 반영되고 있는 것으로 지적되고 있다.[15)]

또한 안정적인 석유 공급원을 확보하지 못하고 있는 결과 에너지 공급 불안으로부터 상대적으로 자유롭지 못하다. 우리나라 석유산업은 일본이 1920년대 개발한 '소비지 정제주의' 개념과 유사하게 국내 정유산업 확대가 곧 안정적인 석유 공급으로 간주되었다.[16)] 하지만 정제부문의 배후에서 원유를 공급해 주는 석유 개발 · 생산기능이 국내 석유산업에는 매우 취약하였던 관계로 석유공급 혼란에 대처할 수 있는 대응능력은 한계를 갖고 있다. 유럽 및 미국의 경우, 국내의 부족한 원유 공급원

지분의 50%를 갖고 있으며, S오일은 사우디아라비아의 사우디 아람코(Saudi Aramco)가 지분 전량을 보유하고 있다. 마지막으로 우리나라에서 가장 규모가 작은 인천정유는 현재 법정관리 상태에 있지만 중국계 석유회사들이 인수 의향을 보이고 있어 외국계 기업이 인수할 가능성이 높은 것으로 예상된다.

15) 이복재, "석유위기 대응의 신사고 전략," 에너지경제연구원 주최 '고유가 시대 신에너지 정책' 워크숍 발표자료(2004. 9. 2).

16) '소비지 정제주의'는 정유공장은 원료 산지인 산유국보다 시장이 위치한 소비국에 둬야 경제적 효율성을 보장받을 수 있다는 인문지리적인 배경을 갖는 정유공장 위치 선정 주장이다. 이 개념은 1910년대 일본 정유회사들이 외국산 원유를 수입, 정제하는 부문으로 사업영역을 전환하면서 들고 나온 개념으로서 그 핵심은 '소비지 인근에서 정제한다'이다. 당시 일본 석유기업들은 수년간의 석유탐사 끝에 국내 석유 매장량이 없는 점을 확인하고 믿을 만한 원유공급원을 확보하지 못한 결과 스탠다드 오일, 쉘 등 외국계 석유회사들과의 경쟁에서 위기의식을 느꼈다. 이에 다수의 日本石油(Nippon Oil)를 중심으로 합병하였는데, 자신들의 정유회사 존재 이유를 정당화하기 위해 이 개념을 개발하였다. 일본 정유회사들의 이익을 위한 이 개념은 1986년까지 공식 정책으로 자리하였다. Richard J. Samuels, *The Business of the Japanese State : Energy Markets in Comparative and Historical Perspective*(Ithaca : Cornell University Press, 1987), pp. 171–172.

을 해외에서 확보하고 있는 결과 석유 공급 혼란 대응능력은 상대적으로 풍부한 편이다. 실례로, 프랑스는 자국기업들이 해외에서 생산하는 원유가 국내 소비의 70%를, 이태리는 54%를 담당하고 있는 점과 비교하면 우리나라 석유산업의 해외 석유 생산 비율 2.7%는 석유 안보 확보에 기여하는 바가 매우 미약하다.

아울러 에너지 산업의 자유화와 국가개입의 후퇴로 인하여 에너지 기반시설 건설이 어려움에 직면하고 있다. 에너지 산업 자유화 과정은 주로 국가적 수준에서 진행된 결과 에너지 기반시설이 실제 건설되는 지역수준에서의 이해관계에 대한 충분한 고려가 이뤄지지 않은 것으로 보인다. 실례로 석유산업 자유화, 전력 및 가스산업 민영화 등은 국가적 규모의 현존 에너지 구조의 변화를 의도하는 것으로서 지역적 수준의 이익과는 큰 관련이 없다. 하지만 사회 전반의 민주화와 지방화가 진행되면서 지역수준의 이익이 중요한 요인으로 등장하였다. 통칭 님비(NIBY) 현상이라고 일컬어지는 지역이익 극대화주의에 의해 신규 에너지 기반시설 건설은 어려움에 직면하고 있다. 대표적인 사례가 바로 2004년 사회적으로 큰 쟁점이 되었던 전북 부안지역의 원자력 방사능 폐기물 처리장 건설이라고 할 수 있다. 이 사건은 에너지를 둘러싼 지방과 중앙의 이익이 충돌한 사건으로서, 미국이나 일본에서 일어나는 이런 현상이 우리에게도 현재화되고 있다는 점을 구체적으로 보여준 사건이라고 하겠다.[17)]

국제관계의 변화 또한 이제까지 추진해 온 한국 에너지 정책에 도

---

17) S. Hayden Lesbirel, *NIMBY Politics in Japan*(Ithaca : Cornell University Press, 1999), pp. 18-20.

전이 되고 있다. 냉전이 종식되면서 과거 1970년대 및 1980년대를 풍미했던 자원민족주의가 퇴조하고 이의 빈 공간을 세계화로 대변되는 '시장의 힘' (market force)이 채우면서 국제 에너지 관계도 시장의 역할이 증대한 것이 사실이다. 많은 분석가들은 이런 변화에 의해 세계 에너지 시장이 세계화의 영향으로 단일의 시장으로 통합될 것이라고 전망하였다. 하지만 이런 예상과는 달리 세계 에너지 시장의 분절화 현상은 지속되고 있는 것으로 관측된다. 즉 전 세계를 대상으로 석유를 수출하는 중동 산유국들은 지난 1991년부터 2002년까지 아시아 지역 판매가격을 미국·유럽보다 통상 배럴당 1–2달러 높게 책정해 오고 있다.[18] 소위 '동아시아 프리미엄' (East Asia Premium)이라고 불리는 동아시아 지역의 높은 에너지 가격 구조는 다양한 요인들에 의해 설명될 수 있지만, 최소한 세계화론자들이 주장한 것처럼 세계 에너지 시장의 단일화 현상은 아직까지 나타나고 있지 않다는 의미를 던져주고 있다.

또한 소련이 붕괴되면서 구소련 지역은 세계 에너지 수급 방정식에서 새로운 변수로 등장하였다. 러시아, 카자흐스탄, 아제르바이잔을 포함한 구소련 지역의 여러 공화국들 간 상호 의존 경제체제도 소련의

---

18) 이의 대표적인 주창자는 석유경제학의 태두 M. A. Adelman이다. 그는 1990년대 구소련의 붕괴를 목격하면서 세계 석유시장이 거대한 수조(水槽)처럼 단일의 세계 석유시장이 형성될 것이라고 전망하였다. M. A. Adelman, *The Genie out of Bottle : World Oil since 1970*(Cambridge : MIT University Press, 1996) ; S. Guran Gulen, "Regionalization in the World Crude Oil Market : Further Evidence," *The Energy Journal*, Vol. 20, No. 1, pp. 125–139 ; Ronald Soligo and Amy Myers Jaffe, "A Note on Saudi Arabia Price Discrimination," *The Energy Journal*, Vol. 21, No. 1 (2000), pp. 121–133.

멸망으로 함께 붕괴됐다. 소련의 해체로 더 이상 지원을 기대할 만한 강력한 경제적 후견국가가 사라졌으며, 자신의 경제를 스스로 책임져야 하는 상황을 맞이한 것이다. 이들은 경제성장을 위한 외화와 자국을 정치적으로 지지해 줄 수 있는 강대국의 후원이 국제정치 무대에서 필요하였고, 이를 조달할 수 있는 몇 안 되는 유효한 수단으로서 석유 수출을 중요시하였다. 이들 국가들은 카스피해 유전 등을 외국, 서방 투자자들에게 개방하였고, 석유 수출을 통한 외화 수입을 확대하기 위해 석유시장 확보에 주력하였다.

국제환경의 주요 변수인 미국의 패권국가 등장은 석유 공급 안보를 확대시키기보다 오히려 현상적으로는 약화시키고 있다. 부시 행정부는 미국 경제가 에너지 수급에서 여러 가지 문제에 직면하고 있는 상황에서 출범하였다. 출범하기 2년 전인 1998년에 사상 처음으로 석유 소비량의 50%를 수입에 의존하기 시작하였고, 2000년 여름에는 미국 중서부를 중심으로 휘발유 제품의 공급부족 현상으로 휘발유 성수기에 휘발유 가격이 폭등하기도 하였을 뿐만 아니라, 캘리포니아에서는 전력 공급 부족현상까지 발생하였다. 집권 8개월 만에 발생한 9 · 11 테러사태는 국제 석유 공급이 불안을 겪을 수도 있다는 우려를 낳았다. 특히, 9 · 11 테러에 가담하거나 이를 배후에서 조종한 알 카에다 세력이 세계 최대 산유국인 사우디와 밀접한 관계를 갖고 있는 것으로 밝혀짐에 따라 미국과 사우디 간의 관계에 이상이 발생할 수도 있다는 우려가 나오기도 하였다. 더욱이 미국은 이란과 더불어 이라크를 테러 지원국인 '악의 축' 국가로 지목하면서 2003년에는 이라크와 전쟁을 시작하였다.

이러한 국제환경의 변화는 한국 에너지 정책이 직면하고 있는 도전이다. 전통적으로 한국 에너지 정책은 주로 국내 정책으로서 국제적

정책환경 변화는 크게 고려되지 않았다. 앞에서도 언급하였듯이 우리나라의 에너지 정책은 국내 에너지 공급 인프라 구축에 가장 큰 역점을 두었던 결과, 대외적 요인에 대한 정책적 관심은 상대적으로 적었다. 즉 미시경제학이 국제환경은 외생변수로서 시장 참여자들이 통제할 수 없는 조건으로 받아들이듯이, 한국 에너지 정책은 해외요인을 외생변수로 취급하고 국내시장 혹은 국내 에너지 공급을 보다 더 중요시하였던 것으로 평가된다.

Ⅲ. 새로운 정책의 시도

2000년대 들어 한국 에너지 정책의 가장 주목할 만한 부분은 대외 에너지 정책에 대한 관심 증가이다. 과거처럼 전력망 건설, 천연가스망 건설과 같은 국내 에너지 공급을 위한 기반시설 건설과 같은 국내 에너지 수급 관리 중심 정책으로부터 탈피하여 우리나라 에너지 공급을 절대적으로 담당하고 있는 해외부문에 대한 정책으로 확대되고 있다.

한국이 추진중인 대외 에너지 정책 중의 중요한 부분은 동북아지역의 에너지 협력을 위한 제도적 틀의 형성이다. 2001년에 제시된 한국의 동북아 에너지 이니셔티브는 동북아지역의 에너지 안보 불안에 대한 우려를 그 기저로 하고 있다. 동북아지역은 세계에서 가장 빠른 에너지 소비 증가를 보이고 있지만 역내 에너지 자원 보유 현황은 매우 불안하다. 한국과 일본은 에너지 자원부존이 전무한 상황이며, 중국도 최근 들어 에너지 수입에 적극적으로 나서고 있다. 실례로 중국은 경제성장에 의해 석유 소비가 급속히 늘어나고 있고 급기야 1993년에 석유 순수입국이 되었다.

이런 중국의 석유 수입 급증은 멀리 대서양 연안에서 미국과 원유 확보 경쟁을 벌이면서 2004년 국제 유가 급등을 초래하고 미국을 긴장시키기도 하였다.[19] 또한 동북아 역내 국가들 간의 에너지 확보 경쟁을 통한 마찰이 발생할 수도 있다는 우려도 있는 것이 사실이다.[20] 또한 동북아지역은 러시아 동시베리아 및 극동과 같은 에너지 자원 잠재력이 풍부한 것으로 평가되어 잠재적 에너지 공급가능 지역이 지근에 위치하고 있다. 러시아는 현재 이 지역에서의 석유 및 천연가스 개발을 위한 광범위한 계획을 준비하고 있어 우리도 여타 동북아 국가들과의 협력이 필요하다고 하겠다.[21]

한국은 동북아 에너지 협력 틀을 구축하기 위해 UNESCAP과 공동으로 역내 에너지 협력 지침을 제시할 정부 간 협의체 구성을 위해 노력하고 있다. 2001년 10월 한국, 몽골, 북한 및 러시아가 참가한 블라디

---

19) *Jane Intelligence Weekly*(August 2004).

20) 최근 중국과 일본은 중국이 개발한 동지나해 춘샤오 가스전을 두고 군사적 정치적 긴장을 일으키고 있다. 이런 사건이 발생하기 전부터 동북아 지역의 에너지 관련 긴장 발생 가능성은 여러 각도에서 논의된 것이 사실이다. Robert A. Manning, *The Asian Factor : Myths and Dilemma of Energy, Security and the Pacific Future*(New York : Palgrave, 2000) ; Kent Calder, *Pacific Defense*(New York : Willian Morrow and Company, 1996) ; 이준범 · 장지호, "동북아시아에서의 석유산업의 환경 변화 고찰," 『동북아논총』 제30집(2004), pp. 3-26.

21) 이준범, "러시아 동시베리아 송유관 건설 정책의 국제정치경제," 『에너지경제연구』 제3권 1호(2004), pp. 129-148.

보스톡 회의를 개최하였으며, 이 회의에서 2003년 10월에 다시 고위급 회의를 개최하기로 합의하였다.[22] 한국이 추진하고 있는 동북아 에너지 협력의 궁극적인 목표는 러시아와 같은 역내 에너지 부존지역으로부터의 에너지 공급을 실현하고, 에너지 공급과 사용의 효율성을 최적화하며 에너지 소비구조를 개선하여 에너지 소비에 의한 환경오염을 최소화하는 데 있다. 그리고 협력의 제도화를 위해 사무국의 설치 및 각 분야별 실무 그룹(working group) 구성을 의도하고 있다. 이런 구상은 EU의 탄생이 유럽의 석탄 철강 공동 이용 구상에서 출발한 점을 염두에 두고 있는 것으로 보인다.[23]

한국이 구상한 동북아 에너지 협력은 현재 진행중인 정책으로서 아직까지 평가를 내리기에는 어려운 점이 있는 것이 사실이다. 하지만 현재로서 이 정책이 성공하기 위해서는 선행적으로 해결해야 될 과제가 있는 것도 사실이다. 우선 역내 정치적 불안을 꼽지 않을 수 없다. 북핵 문제는 발생한 지 10년이 되었지만 아직까지 해결되지 않고 있으며, 과거 역사적 구원으로 인하여 일본과 중국 간의 관계도 원만하지 않은 편이다. 이런 이유로 인해 일부 동북아 국가들은 동북아 에너지 협력 참여

---

22) 동북아 에너지 협력의 참여 범위는 남북한, 중국, 러시아, 일본 및 몽고를 들 수 있으며, 블라디보스톡 커뮤니케에서는 역내 에너지 협력을 위한 원칙으로서 주권의 존중, 자유롭고 공정한 에너지 무역, 북한 및 몽고에 대한 특별지원, 투자증진 및 보호 그리고 환경보호의 원칙이 확인되었다. Sang Yul Shim, "Issues of Designing Energy Integration in Northeast Asia," 에너지경제연구원/국제에너지기구 공동주최 'Northeast Asia Energy Security and Regional Cooperation' 세미나(2004. 3. 16-17, 서울) 발표문.

23) 안충영 · 이창재 엮음, 『동북아 경제협력 : 통합의 첫 걸음』(서울 : 박영사, 2003), pp. 78-105.

에 소극적인 자세를 보이고 있다. 둘째, 역내 국가들의 경제적 상이성은 협력 이행 가능성에 의문으로 제기될 수 있다. 동북아지역의 경우 유럽과는 달리 역내 국가들의 경제적 발전단계는 상이한 것이 사실이다. 이런 경제적 이질성 때문에 국제적 협력에 미치는 영향에 대해서는 추가적인 이론 논의가 더 필요하다. 마지막으로 에너지 협력의 실질적인 참가자인 민간부문의 적극적인 참여가 필요하다. 현재 동북아 에너지 협력은 국가수준에서 논의되고 있으며, 에너지 시장에서의 논의는 아직까지 구체적으로 그리고 체계적으로 진행되고 있는 것은 아니다. 따라서 에너지 협력의 실질적인 과실을 얻기 위해서는 민간 에너지 사업주체들의 광범위하고 적극적인 참여가 있어야 할 것이다.

국제 석유 공급 불안 가능성의 증가와 함께 한국이 정책적으로 큰 관심을 보이고 있는 분야는 해외 에너지 자원 확보이다. 한국은 상업적 에너지 사용을 확대한 이래 에너지 조달에 있어 국세 에너지 시장의 공급체제를 수용하였다. 유럽 혹은 일본과는 달리 자체적인 해외 에너지 조달에 대한 노력을 크게 기울이지 않은 것이 사실이다. 그런데 최근 들어 국제 석유 공급 불안 조짐이 보이면서 이에 대한 정책 대응으로서 자체적인 해외 에너지원 개발을 강화하려 하고 있다. 소위 '해외 자주개발' 을 확대하는 것이다. 이를 위해 현재 2.7%에 불과한 석유의 해외 자주개발률[24]을 2010년까지 10%로 끌어올리고, 천연가스도 3.8%에서 30%로 확대한다는 것이다.

이를 위해서는 먼저 대규모 투자를 감당할 재원을 조달해야 할 것이다. 일본의 경우, 해외 에너지 개발을 적극 추진하기 위해 2002년에 21

24) 자주개발율(%) = (도입물량 / 자주개발물량) × 100

〈표 4〉 주요 에너지원의 해외 자주개발 목표

	석유	가스	유연탄
2010년 목표(%)	10	30	30
2002년 목표(%)	2.7	3.8	24.2

자료 : 산업자원부(http://www.mocie.go.kr/energy/policy/policy5.asp, 2005.4.10일 검색)

억 달러를 투자하였다.[25] 이러한 대규모 투자에 의해 일본은 현재 석유 소비 물량의 약 12%인 하루 40여만 배럴을 해외에서 생산하고 있다. 한국의 경우 석유 자주 목표율 10% 달성을 위해서는 하루 약 20만 배럴을 해외에서 생산하여야 하며, 이에 소요되는 자금은 적지 않을 것이다. 둘째, 이를 추진할 수 있는 제도적 틀을 갖추어야 할 것이다. 국제에너지 시장에서의 경쟁이 더욱 치열해지고 있는 상황에서 이 경쟁에 뛰어들 수 있는 조직과 제도를 키워야 할 것이다. 그리고 해외 에너지 자원 확보는 에너지 시장에 의한 경제적 논리 외에 정치적 · 외교적 산물이기도 하다. 해외 자주개발 에너지 확보라는 소기의 목적을 달성하기 위해서는 해외 에너지 확보에 대한 외교적 관심이 반드시 수반되어야 할 것이다.

이런 정책 수행과 에너지 안보 확보를 위한 다차원적인 노력의 실효적인 이행을 위해 국내 에너지 정책 이행부문의 제도적 강화 필요성이 강력하게 제기되고 있다. 앞에서 언급한 것처럼 세계적인 에너지 상황은 국제정치 환경의 불확실성 증가 및 국제 에너지 공급의 불안정(volatility) 증폭현상이 심화되고 있으며, 이런 환경변화 속에서 우리나라 에너지 정책은 이제까지의 국내 정책 지향성으로는 에너지 정책 환경변화에 체계적으로 대응하기에 역부족이라는 지적이 제기되고 있다. 이런 지적에 의

25) 日本國際協力銀行(Japan Bank of International Cooperation), 年次報告書 2004.

해 정부 및 시민사회에서는 종합적이고 체계적인 에너지 정책을 추진할 수 있는 제도적 틀을 만들기 위해 가칭 '에너지 기본법' 제정을 추진하고 있다. 에너지 기본법은 기존의 에너지법을 통괄하는 상위법으로서의 역할을 수행하고, 체계적인 에너지 정책 수립 및 추진을 위해 대통령을 위원장으로 하는 '국가에너지위원회' 설치를 골자로 하고 있다.

하지만 이 법안은 정부와 시민단체의 의견 차이로 추진과정에서 차질을 빚고 있다. 핵심은 국가에너지위원회 구성을 둘러싼 양측 간의 의견대립이다. 정부는 국가에너지위원회를 관련 장관 및 민간전문가 30인으로 구성하며 별도 사무국 설치 없이 추진하기를 바라는 반면, 시민단체는 관계부처 장관 및 민간전문가 등 총 20인 이내로 구성하며, 사무처리를 위해 별도의 사무처를 두고 민간위촉 간사위원이 사무처장을 맡을 것을 주장하고 있다. 이 법안의 성립이 우리나라가 현재 직면하고 있는 에너지 정책 현안을 모두 해결해 줄 수 있는 만병통치약은 아니겠지만 정부와 민간의 갈등이 에너지 정책 확립에 기여할 수 없다는 점만은 분명하게 보여주고 있다.[26)]

26) 문영석, "에너지기본법 제정에서 풀어나가자," 『석유협회보』(2005년 3 · 4월호), pp. 6－9.

Ⅳ. 결론

최근 '국제 유가 초강세' 및 '영구적인 국제 유가 충격' 등으로 표현되는 국제 유가 강세현상은 석유를 중심으로 한 에너지 공급상황이 안정적이지 않을 수 있다는 점을 시사하고 있다. 국제 유가 불안현상은 여타 에너지원 가격 불안으로 연결되고 다른 상품에도 영향을 미치고 있는 것으로 분석됨에 따라 많은 국가들이 에너지 안보에 대한 관심을 늘리고 있다.

우리나라는 지난 30년간 세계 어느 국가보다 높은 에너지 소비 증가율을 보이면서 에너지 소비를 확대해 왔다. 이 과정에서 재래식 에너지에 대한 의존을 줄이고 석유, 원자력 및 천연가스와 같은 상업적 에너지 사용을 늘렸다. 그렇지만 국내 에너지원 부족으로 해외 에너지에 대한 의존은 심각한 수준에 이르고 있다. 또한 에너지 수입으로 지출하는 비용도 급증하여 전체 수입액 중에서 21%를 차지하고 있다. 에너지 소비 확대과정에서 우리나라 주력 에너지원은 석탄에서 석유로 바뀌었고, 정책의 핵심은 에너지 공급망 건설에 치중하였다. 에너지원을 극도로 해외에 의존하면서 에너지 정책은 국내정책에 치중하였다.

1990년대부터 한국 에너지 환경은 변화를 겪었다. 국가 중심으로 건설된 에너지망이 완성되면서 국가 중심의 에너지 산업에 대한 비판이 제기되었고, 민영화 · 자유화 · 개방화를 통한 국가 역할의 후퇴는 국가적 수준에서 진행된 결과 오히려 지역적 수준의 이익 포함을 고려하지 못하였다. 그 결과 국가적인 에너지 정책은 지역적 반대에 직면하기도 하였다. 또한 냉전종식 이후 구소련 지역이 새로운 세계 석유 공급원으로 부상하면서 세계 에너지 시장은 단일의 시장으로 통합될 것으로 예상되었지만, 예상과는 달리 기존의 에너지 구조 분절화를 시정하지 못한 채 아시아 국가들은 유럽보다 높은 가격으로 원유를 수입하고 있다.

이런 국제 에너지 환경변화로 한국은 동북아 에너지 협력을 추진하고 있다. 동북아지역의 대규모 에너지 수요와 인근 동시베리아 및 러시아 극동지역의 잠재적 에너지원 공급의 통합을 통해 안정적인 에너지 수급을 달성하는 목적을 두고 있다. 그리고 국가적 수준에서는 해외 에너지의 자주개발 비율을 단기간에 확대하는 정책이 추진되고 있다. 그러나 이러한 정책을 수립 · 집행할 수 있는 제도적 장치의 필요성이 제기되면서 국가에너지위원회 설립이 고려되고 있지만 상반된 의견으로 인해 정체되고 있으므로 이에 대한 국민적 공감대를 형성하고 정책적 결단을 단호하게 내려 에너지 안보의 새로운 패러다임을 구축해야 할 것이다.

●●● 참고문헌 ●●●

대한민국정부. 『제2차 국가에너지기본계획(2002-2011)』. 대한민국정부, 2002.

문영석. "새로운 에너지 정책추진 방향." 에너지경제연구원 주최 '고유가 시대 신에너지 정책' 워크숍 발표자료, 2004. 9. 2.

문영서. "에너지기본법 제정에서 풀이나가자." 『석유협회보』, 2005년 3 · 4월호.

산업자원부 공보관실. "보도참고자료 : 대통령 주재 '국가에너지자문회의' 개최." 2004. 11. 13.

안충영 · 이창재 엮음. 『동북아 경제협력 : 통합의 첫 걸음』. 서울 : 박영사, 2003.

이복재. "석유위기 대응의 신사고 전략." 에너지경제연구원 주최 '고유가 시대 신에너지 정책' 워크숍 발표자료, 2004. 9. 2.

이준범 · 장지호. "동북아시아에서의 석유산업의 환경 변화 고찰." 『동북아논총』 제30집, 2004.

이준범. "러시아 동시베리아 송유관 건설 정책의 국제정치경제." 『에너지경제연구』 제3권 1호, 2004.

한국석유공사. 석유수급통계 2004.

한국가스공사. 가스공급현황.

http://www.kogas.or.kr/gas/images/sm3_pic_2_0.gif

Adelman, M. A. *The Genie out of Bottle : World Oil since 1970*(Cambridge : MIT University Press, 1996).

BP Statistical Review of World Energy(June 2004).

Calder, Kent. *Pacific Defense*(New York : Willian Morrow and Company, 1996).

Darmstadter, Joel. *Energy in the World Economy*(Baltimore : The Johns Hopkins University Press, 1971).

Gulen, S. Guran. "Regionalization in the World Crude Oil Market : Further Evidence." *The Energy Journal*, Vol. 20, No. 1 (2000).

Jane Intelligence Weekly(August 2004).

Lesbirel, S. Hayden. *NIMBY Politics in Japan*(Ithaca : Cornell University Press, 1999).

Manning, Robert A. *The Asian Factor : Myths and Dilemma of Energy, Security and the Pacific Future*(New York : Palgrave. 2000).

Financial Times(April 11, 2005).

Samuels, Richard J. *The Business of the Japanese State : Energy Markets in Comparative and Historical Perspective*(Ithaca : Cornell University Press, 1987).

Shim, Sang Yul. "Issues of Designing Energy Integration in Northeast Asia." 에너지경제연구원/국제에너지기구 공동주최 'Northeast Asia Energy Security and Regional Cooperation' 세미나 발표문(2004. 3. 16-17, 서울).

Soligo, Ronald. and Jaffe, Amy Myers. "A Note on Saudi Arabia Price Discrimination." *The Energy Journal*, Vol. 21, No. 1 (2000).

Yergin, Daniel. and Stanlislaw, Joseph. *The Commanding Heights : The Battle between Government and the Marketplace that is remaking the Modern World*(New York : Simon & Shuster, 1999).

日本國際協力銀行(Japan Bank of International Cooperation), 年次報告書, 2004.

남북한 에너지 협력 구축방안

김일수(충북대학교)/박상현(연세대학교 동서문제연구원)

I. 서론

북한 경제는 '빈곤의 늪'에 빠져 있다. 북한 경제가 마이너스 성장과 저성장을 지속하는 배경에는 에너지 공급 부족이 있다. 선도 산업인 에너지 산업의 공급 감소는 북한 산업 전반의 생산력 하락에 결정적인 영향을 미치고 있는 것이다. 경제침체는 북한 체제의 어려움을 가중시켰고, 북한은 핵개발을 통해 에너지원 확보와 체제유지를 하려 하고 있다. 그러나 북한의 핵개발 프로그램은 북미관계를 더욱 경색시켜 미국의 대북 경제제재를 야기하였고, 미국의 경제제재로 인해 북한의 경제난은 더욱 가중되고 있다. 북한 경제의 악순환의 고리, 즉 '에너지 부족→경제위기→체제위기→핵개발→북-미 대결→경제봉쇄→경제위기'에는 에너지 문제가 있다. 이러한 점에서 북한의 에너지 문제는 북한의 대외관계 악화와 경제침체의 '악순환'의 주요 연결고리이며 동시에 체제 불안의 원인이기도 하다. 따라서 북한의 경제회생과 대외관계 정상화에 실마리를 찾기 위해서는 에너지 문제를 해결해야 한다.

본 연구는 북한의 연착륙이 한반도 안보와 남북 교류협력 및 한반도 통일에 중요한 변수임을 인식하고 남북 에너지 협력을 통해 북한 에너지 문제를 해결할 수 있는 방법을 모색하였다. 이미 상당한 선진 연구들이 남북한 에너지 협력방안에 대해 논의하고 있다. 그러나 기존 연구들은 경제적 관점에서 남북한 에너지 협력을 분석한 한계를 지니고 있다. 다시 말해서 기존 연구의 핵심은 남북한 에너지 협력을 통해 양측 모두의 '공동이익'을 창출하는 에너지 협력을 추진해야 한다는 것이며, 이는 남북한 에너지 협력에 있어서의 군사 안보적인 측면을 간과한 것으로 보인다.

에너지 문제는 현대 국가경제의 근간을 이루는 가장 기본적이고 필수적인 요소이다. 에너지 공급 부족은 경제적 곤란을 야기할 뿐만 아니라 국가의 생존을 위협할 수 있는 중대 사안이다. 에너지의 이러한 측면 때문에 에너지 문제를 '에너지 안보'라는 측면에서 분석하는 노력이 있어 왔다. 앞서 말한 바와 같이 남북 간의 군사적 긴장이 여전히 지속되는 상황에서 남북한 에너지 협력은 경제적인 관점뿐만 아니라 군사 안보적인 관점도 고려하여 추진되어야 한다. 안보적 측면을 고려한 남북 에너지 협력이 이루어진다면 단기적으로는 한반도에서의 평화유지에 도움이 될 수 있을 것이고, 장기적으로는 통일을 위한 경제 안보적 기반도 조성하는 사안이 될 수 있을 것이다.

따라서 에너지 협력은 남북한 모두에게 경제적 이익의 창출과 이익의 분배라는 경제적 측면뿐만 아니라, 군사 안보적인 공동이익의 창출과 분배도 함께 고려되어야 한다. 이러한 분석이 요구되는 이유는 북한의 에너지 정책이 경제적 관점뿐만 아니라 군사 안보적인 측면에서 시행되었기 때문이다. 차후 구체적으로 설명되겠지만 북한의 에너지 정책은 주체사상에 바탕하여 대외적으로 자주권을 확보하고 경제적으로 자립을 확립하기 위한 노력의 일환이었다. 북한의 자주와 자립의 에너지 정책은 동구권의 붕괴와 자연재해로 인해 '돌연사' 상태라 할 수 있다. 현 북한의 정치상황을 볼 때 자주를 위해 자립을 포기하거나 자립을 위해 자주를 포기하게 하는 정책도 현실적이지 않다고 보여진다. 따라서 본 연구에서는 돌연사 상태의 북한과 에너지 협력을 추구하기 위해서는 경제적 공동이익뿐만 아니라 군사 안보적인 남북 공동이익도 동시에 고려해야 한다는 가정을 전제하고 있다.

본 연구는 상이한 이해집단 간의 분쟁과정에서 공동이익을 창출해 가는 방법을 제시하는 통합 협상론의 관점에서 남북 에너지 협력의 합리적인 방안을 제시하고자 한다. 이를 위해 본 논문에서는 다음의 3가지를 분석하는 데 초점을 두었다. 제II절에서는 북한 에너지 정책의 특징과 에너지난의 실상, 에너지 수급 현황에 대해서 살펴볼 것이다. 이 과정을 통해 에너지 안보에 대한 북한의 관점을 분석하고 몇 가지 주요 변수를 도출할 것이다. 제III절에서는 II절에서 도출한 변수를 중심으로 현재까지의 남북한 에너지 협력 현황을 분석하고자 한다. 그 사례로 북한의 에너지 공급을 위한 목적으로 제공되던 KEDO의 경수로 건설과 그 중단과정에서 나타난 남북한 에너지 협력의 문제점을 분석할 것이다. 또한 KEDO 경수로 건설 중단에 대한 대안으로 제시된 대북 송배전망 건설계획에 대한 의의를 알아보고자 한다. 제IV절에서는 앞서 살펴본 사항들을 바탕으로 단계별 남북한 에너지 협력 구축방안을 모색한다. 각 단계별 기본전략 및 성공적이고 효율적인 에너지 협력을 위한 재정조달과 부문별 에너지 협력 구축방안에 대해서 검토해 보고자 한다.

Ⅱ. 북한 에너지난의 현실적 문제

1. 북한 에너지 정책의 특징 : 자주와 자립의 딜레마

북한 에너지 정책의 특징은 주체사상에 기초한 "자력갱생"이다. 경제의 중요 요소인 원료와 연료의 해외 의존은 자국의 경제적 운명을 남에 손에 맡기는 행위라는 원칙에서 출발한다. 생산요소들을 국내에서 자급하여 궁극적으로 북한 내부에서 생산과 소비가 완결되는 경제체제를 완성하려는 것이었다.[1)]

자립경제는 정치적 자주, 국방의 자위를 뒷받침할 수 있는 물질적 토대였다. 국방에서의 자위와 경제에서의 자립은 에너지 정책에서 에너지원을 타국에 의존하지 않고 북한 영토 안에 풍부하게 매장되어 있는 석탄과 수력을 중심으로 한 에너지 생산구조를 만들었다. 그 결과 북한의 에너지 구조는 70%를 석탄 중심으로, 20%를 수력으로, 그리고 나머지 석유제품의 소비는 단지 7%에 불과했다. 이처럼 북한은 세계에서 석

---

1) 『북한경제사전 2권』, pp. 208－209.

탄 의존도가 가장 높고 석유 의존도가 가장 낮은 특이한 에너지 구조를 지니고 있었다. 특히 석유품의 경우 북한은 우호적인 국가였던 구소련과 중국을 비롯한 사회주의권 국가로부터 군대와 수송기관과 같이 제한된 부문에서만 석유제품을 수입하였다.[2)]

석탄과 수력발전에 의존한 북한의 에너지 구조는 에너지 수급의 안정적 공급이라는 측면에서 취약했다. 석탄 공급에 난관이 발생하면 전국이 에너지 위기에 빠질 수밖에 없다. 석유의 수요는 작지만 공급불안이 야기되면 석유 에너지 체제가 마비되는 결과가 벌어진다. 과도하게 자국 생산 에너지원에만 의존한 북한 에너지 체계는 또한 수력발전을 좌우하는 자연재해에도 매우 취약할 수밖에 없었다.

결국 석탄과 수력 위주의 자력갱생 전략은 에너지 안보상의 취약성을 초래하여 극심한 위기에 빠지게 된 것이다. 먼저 석탄 생산 감소는 산업 전 분야에 심각한 에너지 위기를 초래했다. 사회주의 붕괴 이후인 1990년에는 석탄 생산량이 23.4%나 감소하였다. 석탄 생산의 감소는 북한 전력 생산의 40%를 차지하고 있는 화력발전에 차질을 초래했다. 이러한 에너지 부족은 1996년 북한 전체 산업의 가동률을 30% 전후로 떨어뜨려 북한 경제에 결정적인 타격을 가했다.

또한 자급자족 정책은 자원배분의 비효율을 야기했다. 북한이 에너지 부분에서 자본집중적인 수력발전에 우선 투자함으로써 시설자금의 적정 배분을 왜곡시켰다. 이를 시정하기 위해 대체 에너지 개발에 주력하

---

2) 김광규 외, 『남북 환경 및 에너지협력 활성화 전략 연구』(한국환경정책평가연구원, 2002), pp. 25－26 ; 김경술, 『북한 에너지 문제 해결을 위한 장단기 전략 연구』(에너지경제연구원, 2003), pp. 13－15.

였으나 기술 및 자금의 부족으로 성과를 거두지 못했다. 최근에 와서 북한은 재생 에너지, 즉 풍력과 조력 및 태양열 에너지의 생산을 시도하고 있으며, 1995년 이후 부족한 전력 생산을 위해 원자력 발전을 추진한 바 있다.

북한은 자력갱생의 경제건설을 위해 자국 내의 유전개발에 큰 관심을 가져왔다. 비록 석유제품의 사용은 전체 에너지 소비의 7%밖에 되지 않지만 전체 수송 에너지의 75%를 차지하는 품목이다. 북한은 수송 에너지인 석유를 안정적으로 공급받기 위해 해외시장 개발이나 국제적 협력을 강화하는 대신 자국 영토 내에 매장되어 있는 유전을 개발함으로써 자력갱생 원칙을 유지할 수 있다고 판단한 때문이다.

북한은 1950년대 후반부터 현재까지 석유개발 사업에 착수하여 1965년에는 '연료자원 연구조정국'을 신설하여 최초로 석유자원 개발을 위한 지질조사를 시작했다. 1968년에는 '석유조사소'를 설립하였고, 1997년부터 서해안 대륙붕 지역에 대한 시추작업이 개시되었다. 1978년에는 14,000톤급 시추선 '유성호'를 도입하여 서해안 지역에 시추작업에 투입하였다. 1990년에는 구소련과 함께 원산지역의 해안과 인근 해역에 대한 지질조사를 벌였다. 30년 동안의 지질조사를 바탕으로 1993년부터 본격적인 석유자원 개발을 추진했다. 1997년 6월 남포 앞바다에서 450배럴의 석유를 최초로 생산함으로써 석유개발을 위한 서방기업과의 합작이 추진되었다.

최근 2002년 북한은 해상 3곳(서해 안부 분지, 서한만 분지, 동해 동한만 분지)과 육상 1곳(함북 나진지역) 등 4곳에 걸쳐 5개의 외국기업이 석유탐사에 참여하고 있는 것으로 알려져 있다. 이 중에서 단천-나진지역의 육상탐사를 실시한 싱가포르 소속의 벤트레스사(Sovereign Ventures)

는 2002년 9월 최소 283억 입방미터의 천연가스와 5천만 배럴의 석유가 매장되어 있다고 발표하기도 했지만 아직 경제적 규모의 유전 발견은 없는 것으로 파악된다.[3)]

결과적으로 석탄과 수력에 의한 과도한 의존, 자국 내에서 유전을 개발하려는 북한의 자력갱생 중심의 에너지 안보 정책은 오히려 북한의 에너지 위기를 야기하고 에너지 안보를 더욱 취약하게 만드는 결과를 초래했다.

북한은 에너지 안보 위기를 극복하기 위해 과감한 국제협력에 나서야 하나 주체사상과 자력갱생의 에너지 안보관을 고수하고 있기 때문에 국제협력을 얻기 위해 필요한 개혁과 개방에 대해서는 매우 부정적인 입장을 취하고 있다.

현재 북한이 에너지 위기를 극복하기 위해 취하고 있는 몇 가지 정책을 보면 다음과 같다. 첫째, 홍수로 수력발전소 댐 하부에 퇴적된 모래나 자갈을 제거하여 용수율을 높임으로써 수력발전 능력을 제고하는 것이며, 둘째는 노후된 발전소나 송배전망 정비 · 보수에 주력하는 것이다. 셋째는 중소수력, 풍력 등 자연 에너지 개발을 발전하는 것이다.

그러나 외부의 도움 없는 대책 마련은 큰 실효를 거둘 수 없을 것으로 보인다. 노후 발전소 보수나 정비도 부품의 교체 없이는 발전량을 늘리는 데 한계를 가진다. 또한 북한 발전소의 송배전망의 노후화로 인해 대규모의 자금과 기술을 투입하지 않는 한 손실전력을 막기가 어렵다. 자연 에너지 개발은 지방의 지역단위 에너지 수요나 소규모 공장의 연료원으로서 일부 기여할 수 있으나 북한 산업에서 부족한 에너지의 공

---

3) 김경술, *ibid.*, pp. 27-29.

급원으로 대체되기에는 한계가 있다.

최근에 와서 북한당국도 외부의 도움 없이 자신의 능력만으로는 에너지 위기를 극복하기 힘들다고 인식하고 한국을 비롯한 서방국가와의 접촉을 시도하고 있다. 2000년부터 북한은 스웨덴 ABB사와 전력설비 현대화 협력 등에 대한 협상을 진행하였으며, 2001년 ABB사는 평양에 지사를 개설하고 북한과 소규모 발전설비 계약을 추진중이다. 또 호주 경제사절단도 북한을 방문, 에너지 협력문제를 논의한 것으로 알려지고 있다. 2001년 4월 독일의 지멘스사 한국 대표의 북한 방문시 북한 당국이 발전설비 투자 요청이 있었다고 발표하였다. 그러나 서방기업에 대한 북한 측의 전력분야 투자 요청들은 아직 어떤 진척도 보이지 않고 있다.

한편, 북한의 에너지 확보 전략은 미국과의 충돌을 야기해 왔다. 그 이유는 원유 도입과 무기판매를 연관시켰기 때문이다. 고정된 원유 수입선이 없는 북한은 구상무역으로 석유를 확보해야만 하였기 때문에 무기가 필요한 아랍 국가들이 북한의 원유 수입선이 되었다. 북한은 무기 수출과 원유 수입을 연계한 전략에 따라 원유를 확보해 왔기 때문에 미국은 이 전략을 세계평화의 위험요소로 간주하고 북한을 '악의 축'으로 규정하게 되었다.

또한 북한의 에너지 산업은 군사부분과 밀접한 관계를 맺고 있다. 특히 김일성 사망 이후 선군정치를 내세운 김정일은 에너지가 부족한 상황에서도 선군산업의 주력인 중화학 공업에 에너지를 집중적으로 공급하는 정책을 유지하고 있다. 현재 북한의 경공업 전체가 8.8%의 소비를 기록한 것에 비해 중화학 공업의 소비가 30.5%로 매우 높다는 것은 이를 단적으로 보여준다. 이는 또한 개혁개방 없이 체제를 유지하려는 북한 당국의 폐쇄적인 에너지 안보 정책의 한 측면이라 할 수 있다.[4)]

개방 없이 에너지원을 확보하려는 북한의 노력은 원자력 발전을 통해 에너지를 확보하려는 시도로 이어졌다. 북한이 체제안정과 에너지원을 동시에 추구하려는 원자력 발전 전략은 비확산 전략을 최고 우선순위에서 고려하는 미국과 심각한 갈등을 야기하고 있다. 에너지 안보를 위해 원자력 발전을 추진했지만 미국과의 갈등이 심화되자 북한은 '벼랑끝 전술'로 대응하면서 국가 안보의 총체적 위기에 떨어지고 말았다.

이처럼 자력갱생의 에너지 확보 전략은 무기수출과 핵발전소 건설로 이어지고 있어 북한의 에너지 문제가 단순한 에너지 협력에만 국한된 문제가 아닌 정치·외교적인 문제, 또는 군사적인 문제로 연계되어 에너지 위기 해결을 더욱 어렵게 하고 있다. 북한의 '벼랑끝 전술'은 한반도뿐만 아니라 동북아 전체의 안전에 위협을 가하고 있다. 또한 북한이 미국의 테러지원 국가로 지목되면서 전략물자 수출 통제대상 국가에 오르면서 북한은 미국으로부터 더욱 엄격한 각종 경제적 제재조치를 받아오고 있다. 특히 미국과의 대결은 국제통화기금(IMF)이나 세계은행(World Bank), 아시아개발은행(ADB) 등의 국제금융기구 가입마저도 어렵게 함은 물론이고, 경제위기 극복을 위해 가장 중요한 재원조달이 원천적으로 봉쇄된 상태를 초래하고 말았다.

2. 북한 에너지난의 실상

북한의 에너지난은 북한의 산업 가동률을 30% 내외로 떨어뜨리

4) 김경술, *ibid.*, pp. 46-48.

게 한 직접적인 원인으로, 최근에는 식량난보다 더 심각한 문제로 부각되고 있다. 그러나 에너지난이 발생하기 전 북한의 에너지 상황은 경제자립 정책과 중화학공업 우선정책, 집단 농업정책 등으로 재건된 경제를 바탕으로 수입원유와 국내산 석탄과 수력발전에 의존하는 에너지 집약형의 모습을 보였다.

이러한 에너지 집약형 경제구조로 1990년 북한의 1인당 에너지 이용률은 그해 중국의 1인당 에너지 이용률의 2배였으며, 일본의 1/2배를 넘었다.[5] 그러나 1990년대에 들어서 북한은 경제와 사회 · 정치적으로 급격한 변화를 겪게 되었다. 소련 연방의 붕괴로 대북원조가 감소하고 소련에 의해 제공되던 우호가격의 원유와 기술지원 등이 1990년 이전에 비해 현저히 낮은 수준으로 감소하였다. 또한 중국은 자국의 경제개혁으로 대북지원을 줄였으며, 소련과 중국의 대북지원 감소액은 연간 10억 불에 달하는 것으로 추정된다고 한다.[6]

북한 에너지난의 원인은 크게 에너지 산업 · 경제구조, 구소련 · 중국과의 관계변화, 자연재해의 범주로 나눌 수 있다. 첫 번째 원인에서는 북한이 투자비가 높은 수력에 과도한 투자를 했지만 투자비에 비해 낮은 에너지 생산성을 보였고, 결과적으로 투자의 비효율을 불러왔다. 그리고 낮은 재원과 기술력으로 인하여 대체 에너지 개발을 추진할 수 없었다. 또한 에너지 다소비형 경제구조인 중공업 중심으로 에너지난이

5) David Von Hippel, Timothy Savage, Peter Hayes, "The DPRK Energy Sector : Estimated Year 2000 Energy Balance and Suggested Approaches to Sectoral Redevelopment" (Nautilus Institute, 2003), p. 9. http://www.nautilus.org(검색일: 2006. 8. 7) 참조.

6) *Ibid.*, p. 8.

더욱 가중되었으며, 에너지난으로 인한 공업생산성 저하로 에너지 투자 여력이 감소하는 등 경제난과 에너지난이 맞물려 영향을 주고받는 것을 여실히 보여주고 있다.

두 번째 원인은 냉전 종식 후 구소련과 중국과의 관계변화에서 비롯된 것으로, 저가의 석유 및 유연탄 지원의 중단과 발전설비와 관련된 에너지 설비의 기술 및 부품지원의 감축으로 인해 에너지 공급비용이 상대적으로 상승하면서 에너지난은 더욱 가중되었다. 특히 북한의 경제구조가 1970년대부터 석유 수요가 지속적으로 증대되는 방향으로 변화를 겪어오면서 1973년부터 1992년까지 20년 기간 동안 석유 공급의 연평균 증가율은 8.10%에 달해 석탄 공급 증가율(2.49%), 수력 공급 증가율(5.16%), 그리고 에너지 총공급 증가율(3.16%)을 크게 웃돌았고, 북한 전체 에너지원에서 석유가 차지하는 비중은 1972년 3.2%에서 1992년에는 8.2%로 급증하였다.[7)]

이러한 상황에서 석유 부족은 교통과 생산부문에 큰 타격을 입혔으며, 전력난을 야기하는 요인으로도 작용하였다. 구소련의 해체로 에너지 공급 인프라, 즉 발전기, 송배전선 등의 전력생산을 관장하는 필요한 부품 조달과 기술지원이 끊기게 되어 소련의 기술에 의존해 왔던 북한 에너지 기반시설의 유지와 개보수에 부정적인 영향을 미쳤다. 전력 기반시설은 이미 노후되어 있어 업그레이드가 필요한 상황이었는데, 소련의 해체로 인한 지원 중단은 에너지난을 더욱 악화시키게 된 것이다.

세 번째 원인은 연속적인 홍수 또는 가뭄과 같은 자연재해를 들 수 있다. 1995년과 1996년의 홍수로 인해서 발전과 송배전 설비에 피해가

---

7) 양문수, 『북한 경제의 구조』(서울 : 서울대학교 출판부, 2001), pp. 322-323.

발생했고, 댐에 토사가 유입되고 탄광에는 침수피해가 속출하였다. 또한 1997년에는 가뭄으로 댐 용수량이 감소하여 발전량이 저하되었다. 위에서 열거한 세 가지 요인들로 인하여 북한의 에너지난은 더욱 심각한 상황에 이른 것으로 분석할 수 있다.[8)]

〈그림 1〉 북한의 에너지 공급 지표 : 1990년과 1996년

(단위 : Petajoules)[9)]

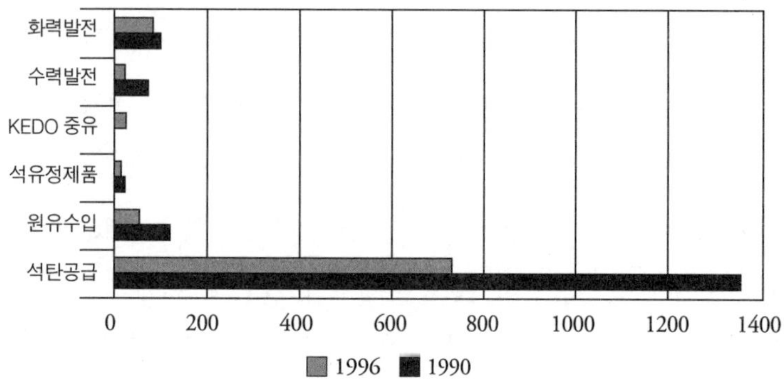

출처 : David Von Hippel, Peter Hayes, et al., "Modernizing the US-DPRK Agreed Framework : The Energy Imperative," Nautilus Institute for Security and Sustainable Development, p. 9.

북한은 1990년대부터 석유, 전력, 석탄이라는 3대 에너지 자원 모두에서 공급이 대략 50% 감소하여 총체적인 에너지난을 겪었다. 그리고 이들 개별 에너지 유형들 간에 서로 악순환을 그리면서 에너지 사정을 더욱 악화시킨 것으로 분석된다. 특히 〈그림 1〉은 북한의 주요 에너지

8) 이수훈, "북한 문제의 에너지적 차원," 『현대북한연구』 6권 1호(경남대 극동문제연구소, 2003), pp. 173-175 참조.

9) 1 petajoules는 약 24,000톤의 석유 상당량과 동등함.

공 급지표로서 1990년에 비해 1996년 에너지 공급이 급격히 감소했음을 잘 보여주고 있다. 북한에서 석탄은 주요 에너지 자원의 80% 이상을 차지하고 있는데, 1990년에서 1996년 사이에 석탄 생산이 50% 이상 감소했음을 나타내고 있다.[10)]

3. 북한의 에너지 수급 현황

앞서 살펴본 북한 에너지난의 실상은 심각한 양상이다. 이러한 에너지난을 타개하기 위해서는 정부의 적절한 대응과 정책이 제시되고 이를 추진해야 하는데 북한의 에너지 기구와 제도는 방대하고 정형화되어 있어 신속한 대응을 하지 못하고 있다. 즉 북한의 에너지 기구와 제도는 방대함과 제도의 획일성과 후진성, 정책집행의 주관성 등의 원인으로 인해 에너지난을 해결하는 중요한 장애가 되고 있다.[11)] 또한 북한의 에너지 관련 조직에서 보이는 특징은 발전소의 전망 계획과 구체적 설계, 건설에서 국가 지도자의 발언이나 지시사항은 모든 법규정과 제도보다 우선한다는 점에서 에너지 정책의 수립과 실행에 일관성이 결여되어 있음을 잘 알 수 있다. 이러한 예로 1990년대 말 전력난 해소를 위해 김정일

---

10) 북한은 대부분의 에너지 수요를 국내자원인 석탄과 수력에 의존하고 있으며, 2003년에는 석탄이 주요 소비의 82%를 충족시키고 있다. Energy Information Administration, Country Analysis Briefs Korea, 2006년 2월, http://www.eia.doe.gov (검색일 : 2006. 8. 7).

11) 이성수, "북한의 에너지 실태와 향후 과제," 『국토』 제285권(서울 : 국토안보연구원, 2005), pp. 141-142 참조.

국방위원장이 중소형 발전소 건설을 지시하였으나 3년 만에 실패하여 중단되었던 전력이 있다.

또한 북한의 에너지, 특히 전력은 국가 중점 대상(군수산업, 권력기관, 평양시 등)에 집중 배분되며, 최근 권력층과 부유층이 전기사용을 독점(배전소에서 필요한 곳까지 독립 배전선을 구축)하는 현상까지 나타나고 있다.[12] 이처럼 에너지 관련 조직의 경직성과 제도의 획일성 및 정책집행에 있어서 정책결정자의 주관적 의견 개입 등은 에너지난에 신속하게 대응하지 못하게 만들었고, 결과적으로 에너지 수급 현황에까지 영향을 미치게 되었다.

북한 체제의 특성을 간직한 경제체제와 정책은 그에 따라 운용되고 있는 에너지 수급 현황에도 상호 영향을 주고받고 있다. 북한의 경제는 '폐쇄경제'라는 특징을 지니게 되었고, 그 영향으로 국제경제 체제에 능동적으로 대응할 수 없어 경제난을 겪게 되었다. 더불어 극심한 에너지 부족 사태까지 겪게 되었다. 에너지 부족 문제는 북한 산업 가동률의 효율을 30% 내외로 떨어뜨렸으며, 더딘 회복세로 인하여 경제와 산업 전반에 큰 영향을 미치고 있는 것으로 보인다.

북한은 1960년대 초반부터 자립경제 노선에 따라 에너지 공급구조를 석탄→수력→석유→기타 등으로 석탄 의존체계를 구성하였다. 북한이 생산할 수 있었던 주요한 에너지 자원은 석탄이었고, 주로 매장되어 있는 석탄은 무연탄과 갈탄이었다.[13] 다음의 〈표 1〉에서 보듯이

---

12) *Ibid.*, p. 142 참조.

13) David Von Hippel, Timothy Savage, Peter Hayes, "The DPRK Energy Sector : Estimated Year 2000 Energy Balance and Suggested Approaches to Sectoral Redevelopm-

2004년도 석탄 에너지 의존율은 69%로 한국의 24.1%에 비하면 약 2.9배나 높음을 알 수 있다. 석탄은 북한 내에서 생산되는 유일한 화석연료로서 지하탄광에서 생산되었고, 석탄을 생산하기 위해서는 조명 · 채광 · 운반을 위한 전기가 필요하나 전력 부족과 이를 송배전할 시설의 노후화로 석탄 채굴량은 상당한 수준으로 감소하였다. 또한 석탄의 심한 질적 편차로 인해 생산되는 석탄들은 대규모 현대적 화력발전소 연료로 사용되기에는 열효율이 낮은 형편이다. 즉 북한은 국내자원인 석탄을 집중적으로 생산하는 정책을 집행하였고, 이러한 정책은 생산목표 달성이 최우선이라는 인식을 가져와 열량이 낮은 저질탄까지 다량 생산하게 하여결과적으로 석탄의 생산성과 에너지 효율성을 저조하게 만들었다.

한편, 집중적으로 생산된 석탄은 철도운송을 이용하여 도시 주변의 발전소와 기타 소비지로 운반되고 있으나 철도의 부식으로 원활한 수송에 어려움을 겪고 있어 기반시설의 복구와 확충이 있어야만 충분한 양의 석탄을 채굴하고 소비지로 운송할 수 있을 것으로 보인다.[14] 현재 북한의 화물운송 비율은 철도(74%), 도로(18%), 선박(8%)로 이루어지고 있으며, 철도운송 시스템은 총 5,214km이며, 철도의 95%는 단선철도이다. 철로의 노후화로 시간당 30－40km의 속력밖에 내지 못해 운송효율이 떨어지는 것으로 알려졌다.[15]

---

ent" (Nautilus Institute, 2003), p. 9. http://www.nautilus.org(검색일 : 2006. 8. 7) 참조.

14) David Von Hippel, Peter Hayes, 2001, *op. cit.*, pp. 12－13 참조.

15) Paik, Keun－Wook, "Revitalising North Korea's Energy : Based on pipeline gas option," *LNCV－Korean Peninsular Stability and International Dialogue*(1－2 June 2000), p. 167.

〈표 1〉 2004년도 남북한 1차 에너지 소비구조

(단위 : 천 TOE[16](%))

구 분	석탄	구성비	석유	구성비	수력	구성비	원자력	구성비
남한	53,128	24.1	100,638	45.7	1,465	0.7	32,679	14.8
북한[17]	11,400	69.0	1,230	7.4	3,125	18.9	–	–

출처 : 통계청 통계정보 시스템[18]

두 번째로 살펴볼 에너지 현황은 북한의 전력 생산에 가장 큰 비중을 차지하는 수력발전이다. 북한의 수력발전소는 함경북도와 평안북도, 자강도 등 주로 북한의 중북부 지역에 산재해 있으며, 북한 남부에 있는 수력발전소는 2000년에 일부 시설이 완공, 운영중인 강원도의 안변청년발전소뿐이다. 수력발전소는 17개 지역에 산재해 있으며, 이 중 6곳은 일제시대 때 건설된 발전소이며, 1950 · 1960 · 1970년대에 각각 1곳씩 건설되었다. 그후 1980년대는 5개 지역에, 1990년 이후에는 3개 지역에 건설되었다. 여기서 알 수 있듯이 북한의 수력발전소는 오래 전에 건설되어 발전기 등의 설비 등이 노후하고 부품 공급 역시 원활치 못하여 제대로 가동되지 못하고 있다. 또한 1995년과 1996년의 심각한 홍수로 토사가 발전설비로 흘러내려 심각한 손상을 입힌 것으로 알려지고 있다.[19]

---

16) TOE는 Ton of Oil Equivalent의 약어임(석유로 환산한 톤 단위).

17) 북한의 1차 에너지 소비구조를 파악한 공식적인 자료가 없으므로 공급된 소비구조를 수록하였다.

18) http://kosis.nso.go.kr(검색일 : 2006. 8. 1).

19) 에너지경제연구원, 『동북아 에너지 협력 연구』(경기 : 에너지경제연구원, 2002), pp. 221–222 참조.

〈표 2〉 남북한 수력발전량 비교

구분	수력	구성비	화력	구성비	원자력	구성비
	억 kwh	%	억 kwh	%	억 kwh	%
한국	59	1.7	2,055	60.1	1,307	38.2
북한	125	60.7	81	39.3	-	-

출처 : 통계청 통계정보 시스템[20)]

세 번째로 살펴볼 에너지 수급 현황은 전력이다. 1960년대 이전까지만 해도 북한의 전력상황은 한국보다 양호하였다. 해방 당시 북한이 한국의 7.5배에 달하는 152만 kw의 발전설비를 보유하고 있어서 한국에 잉여전력을 공급할 정도였다. 그후 6 · 25 전쟁의 발발로 많은 발전설비들이 파괴되었지만 중국과 구소련의 지원으로 해방 당시의 전력생산 수준을 회복할 수 있어서 1960년대까지만 해도 전력사정에는 문제가 없었다고 보인다. 그러나 경제규모가 확대되면서 1970년대 이후 전력사정이 저하되기 시작했으며, 이는 경제부문에까지 영향을 초래하였다.[21)]

네 번째로 살펴볼 북한의 에너지 현황은 석유 수급 현황이다. 북한의 석유 소비량은 전체 에너지의 5% 정도에 불과하다. 북한에서 생산되지 않는 에너지 자원이기 때문에 주로 중국과 구소련을 통해 수입하였고, 1990년대 이후 구소련의 붕괴로 원유 도입 및 지원은 중단된 상태이다. 중국에서의 원유 도입량도 대폭 줄어든 것을 다음의 〈표 3〉을 통해 알 수 있다.

---

20) http://www.serch.nso.go.kr(검색일 : 2006. 8. 1).

21) 에너지경제연구원, *op. cit.*, pp. 217-218 참조.

〈표 3〉 북한의 국별 원유도입 실적

(단위 : 만 톤)

구분	1990	1992	1994	1996	1998	2000
중국	116	110	83	93.6	50.3	38.9
러시아	41	–	–	–	–	–

출처 : KOTRA, 북한의 대외무역동향, 2001.

북한은 원유와 각종 석유정제 제품들을 러시아, 중국, 이란, 홍콩의 현물시장에서 수입하고 있으며, 소비를 최대한 억제하는 정책을 통해 석유의 수요를 줄이고자 노력하고 있다. 그러나 1990년대 이후로는 원유 수입이 산재해 있는 정치적이고 경제적인 문제들로 인하여 제한되고 있어 석유 공급은 더욱 어려운 실정이다.[22)]

이상에서와 같이 석탄, 수력, 석유 수급 현황에 대해 간략히 알아보았으며, 위의 내용을 바탕으로 〈표 4〉의 북한 에너지 공급 추이를 보면 에너지 공급이 1990년대 들어와서 급격히 감소하였음을 알 수 있다. 더욱 자세히 분석해 보면 2004년 현재 석탄 생산량은 2,280만 톤으로서 1989년에 비해 무려 35%나 감소하였고, 원유 도입량 또한 2004년의 도입량이 1990년에 비해 79%나 감소한 상태임을 보여준다. 이에 따라 발전량도 2004년 현재 1980년에 비해 29.9%가 감소 206억 kwh를 보이고 있다.

다음의 〈표 4〉를 살펴보면 에너지 수급의 저조는 에너지 다소비형인 북한의 중화학 공업에 심각한 지장을 초래하였고, 바로 폐쇄적인 경제체제에 영향을 미쳤다. 석탄 생산 및 석유 도입량의 급격한 감소는

---

22) David Von Hippel, *op. cit.*, p. 9. http://www.nautilus.org(검색일 : 2006. 8. 7) 참조.

〈표 4〉 북한의 에너지 공급 추이

(단위 : 만 톤)

구 분	1989	1990	1992	1994	1996	1998	2001	2002	2004
석탄	3,508	3,315	2,920	2,540	2,100	1,860	2,310	2,190	2,280
원유도입	–	252	152	91	94	50	57.9	59.7	52.7
발전량	294	277	247	231	213	170	202	190	206

출처 : 통계청 통계정보 시스템[23)]

곧바로 전력난으로 연결되고, 전력난은 다시 석탄 생산의 곤란을 가져오는 요인이 됨으로써 북한 에너지 공급체계는 붕괴되었고, 이는 또다시 경제부문에 큰 영향을 미쳤다. 경제가 어려워지자 북한은 국가 존립기반마저 심각하게 흔들리는 상황에 이르렀고, 이에 에너지 문제 해결을 통한 경제회복이 시급하다는 것을 인식하고 에너지난을 해소하기 위해 핵개발에 나서게 되었다.

제III절에서는 북한이 에너지난을 타개하기 위해 핵개발 카드를 내밀게 되고, 이에 미국과 일본 등의 국가와 한국이 중심이 되어 북한의 에너지 공급을 위한 경수로 건설 제안을 하게 되는 배경과 전개과정 및 그 영향에 대해서 살펴볼 것이다. 그리고 경수로 건설이 공식적으로 종료되자 한국 정부는 경수로를 대체하여 북한에 에너지 공급을 해줄 새로운 방안으로 대북 송배전망 건설이라는 계획을 모색하고 있다. 따라서 이 계획의 진행과 의의에 대해서도 검토해 보도록 하겠다.

23) http://www.serch.nso.go.kr(검색일 : 2006. 8. 1).

Ⅲ. 남북한 에너지 협력사업의 현황

1. KEDO 경수로 건설과 문제점

대북 경수로 건설사업은 북한이 핵개발을 포기하는 조건 하에 유상으로 제공되는 경수로로 북한의 전력난을 해결하는 것이 주목적인 사업이었다. 따라서 대북 경수로 건설과 그에 따른 문제점을 살펴보기 이전에 북한이 핵개발을 하게 된 근본적인 원인과 배경에 대해서 우선 검토하겠다.

북한은 1990년대 구소련의 해체와 동구 공산권 붕괴로 냉전이 종식되자 체제유지에 대한 심각한 위기의식을 인식하게 되었다. 더구나 세계 유일의 초강대국인 미국이 북한에 대해 '깡패국가' 내지는 '악의 축'으로 지목하고 있기에 체제유지에 대한 불안은 더욱 가중되었다. 따라서 북한이 핵개발을 통해 의도했던 목적은 다음과 같다.

첫째, 북한은 핵개발을 통해 안보위기를 해소하고 궁극적으로 체제유지와 생존권을 보장받으려고 하였다. 즉 핵개발을 통한 핵무기 보유로 최소한의 억지력과 공격력을 확보하여 외부의 공격을 억지하고, 때에 따라서는 공격까지 가능하도록 하는 데 그 목적이 있었던 것이다.

둘째, 북한은 핵무기 보유 사실을 대외적으로 알림으로써 정치적 위신과 협상지위 및 자주권을 제고시키고자 했다. 핵무기의 개발과 보유는 북한 체제의 위신을 고양시켜 김정일 체제에 정당성을 부여하고 정치적 안정도 도모할 수 있는 적절한 수단이었던 것이다. 북한 체제가 주체

이념과 '우리민족제일주의' 등 자주성을 강조하는 극단적 민족주의 색채가 매우 강하다는 것으로 미루어 볼 때, 핵무기의 보유는 단순한 군사용이라기보다 북한 체제 이념의 정당성을 강화시켜 주는 강력한 정치무기로 활용되기도 했던 것이다.[24)]

셋째, 위의 의도를 바탕으로 북한은 에너지난을 해소하고 나아가 경제난을 타개하여 궁극적으로는 체제유지를 위한 목적으로 북한의 핵개발을 추진한 것이다. 피터 헤이즈(Peter Hayes)는 "에너지는 북한 핵무기 도전의 핵심 구성분이자 이 위협에 대한 해결책에서 빠져선 안 될 요소"라며 "북한의 경우 에너지 안보 문제는 곧 비확산 문제"라고 말해 북한 핵문제 접근에서 북한 에너지 문제의 결정적 역할을 강조하고 있다.[25)]

이러한 북한의 핵개발을 좌시하지 않은 미국의 클린턴 행정부는 북한의 핵개발 포기라는 전제조건 아래 한반도 에너지개발기구(이하 KEDO) 주도로 플루토늄 추출이 어려운 경수로 발전소를 제공하겠다는 것을 요지로 한 제네바 합의를 이끌어냈다. 경수로 건설사업은 북한의 에너지난을 해결하는 것을 목적으로 시작되었던 것이다.

1995년 KEDO와 북한 간 경수로 공급 협정 체결 등의 준비과정을 거친 후 1999년 12월에 KEDO와 한국전력공사 간에 주계약이 체결되었다. 이어서 2001년 9월에는 본관 기초 굴착공사를 착공하여 본격적으로 공사가 진행되었다. 그러나 2002년 10월, 켈리 차관보와 강석주 사이의 회담에서 미국은 북한이 농축 우라늄을 이용하여 핵을 개발해 왔음

---

24) 남궁영, "북한 핵 개발과 미국 – 북한의 생존전략과 미국의 세계전략을 중심으로," 『21세기정치학회보』 제13권 2호(21세기정치학회, 2003), pp. 5 – 8 참조.

25) 연합뉴스, 2006년 4월 24일자. http://www.yna.co.kr(검색일 : 2006. 8. 1).

을 지적하였고, 북한은 미국의 대북 강압정책이 계속될 경우 북한의 핵 보유는 기정사실화될 수 있다고 하면서 호전적인 자세로 일관하여 핵문제가 다시 현실화되었다. 이후 미국은 북한에게 우선적인 핵 포기를 요구했고, 북한은 이에 대해 북한에 대한 미국의 우선적인 불가침 조약 체결을 주장했으며, 이러한 입장 차이가 팽팽히 맞서면서 양국은 대결국면으로 치닫게 되었다. 양국 간의 긴장은 2002년 12월 미국의 대북 중유지원 중단과 북한의 핵동결 해제 선언, 그리고 2003년 1월 북한의 NPT 탈퇴 선언으로 이어지면서 심화되었다.

KEDO는 2002년 11월 KEDO 집행이사회를 개최하여 북한이 농축 우라늄을 이용한 핵무기 개발 프로그램을 완전 폐기하기 위한 '구체적이고 신뢰할 만한 조치'를 취하지 않는 한 중유 공급을 중단하며, 북한 핵문제 전개상황을 보아가면서 경수로 사업 등 여타 KEDO 활동도 검토해 나가겠다는 요지의 성명을 발표하면서 북한에 핵문제의 조속한 해결을 촉구하였다. 아울러 후속 조치의 논의를 위해 2003년 4월 북경에서 개최된 미국, 중국, 북한 간 3자회담과 2003년 8월에 개최된 6자회담에서 의견의 합의를 이루지 못하고 별다른 성과 없이 회담이 끝났다. 이에 미국과 일본 등의 집행이사국 간에 경수로 사업에 대한 근본적인 재검토가 필요하다는 의견이 도출되었다. 이 과정에서 2004년 1월 30일 미국은 "경수로 사업의 미래는 없다"(we see no future for the light water reactor project)는 내용을 미 국무부 대변인을 통해 성명을 발표하였다. 일본도 북한의 일본인 납치 등의 문제에서 비롯된 국내 여론의 악화와 북일 간 갈등의 심화로 경수로 사업의 종료를 지지하게 되었다.

더욱이 대북 포용정책을 이행해 왔던 클린턴 행정부와 달리 2001년 대북 강경책 중심의 부시 행정부가 출범하자 경수로 사업에 대한 근본적인 재검토 논의는 더욱 표면화되었다. 이렇게 미국, 즉 부시 행정부가 경수로 건설사업에 대한 회의적인 태도를 지니게 된 데에는 다음과 같은 인식을 바탕으로 하고 있다.

첫째, 제네바 합의가 북한의 핵위협을 근본적으로 해결하지 못했기 때문에 북미 간, 남북 간에 잠재적인 갈등이 상존하고 있다는 것이다. 따라서 부시 행정부는 향후의 대북 접촉에서 핵 비확산과 세계 평화유지 원칙에 입각하여 북한의 핵과 미사일 문제에 근본적인 해결책을 모색하고자 한다.[26)]

둘째, 북한과 같은 불량국가를 상대하면서 유화전략(appeasement)과 물질적인 보상(bribe)을 사용하는 것은 잘못된 접근이며, 이는 미국과의 협상에서 '벼랑끝 전략'만이 성공한다는 그릇된 믿음을 북한에게 줄 수 있다는 것이다. 부시 행정부의 시각에서는 북한으로부터의 핵과 미사일, 재래식 무기와 관련한 "긍정적인 대응"이 전혀 오지 않는 상황에서 어떠한 보상이나 지원을 할 수 없다는 입장을 견지하고 있다.

마지막으로 부시 행정부는 근본적으로 김정일 정권에 대해 불신을 가지고 있다. 2001년 3월 개최된 한미 정상회담에서도 나타났듯이 부시 대통령은 김정일 국방위원장에 대해 개인적인 의구심을 갖고 있으며, 북한에 대한 환상도 갖고 있지 않음을 분명히 했다. 이러한 부시 대통령의 김정일 정권에 대한 불신은 북한을 '불량국가', '악의 축'으로 규정함으로써 구체화된 것이다.

북한 정권에 대한 이같은 인식 아래 부시 행정부는 클린턴 행정부

---

26) 김일수, "북미관계와 한반도 평화 : 북한 핵 문제를 중심으로," 『대한정치학회보』 제11집 2호(대한정치학회, 2003), p. 162 참조.

의 대북 포용정책과 제네바 합의를 비판하면서 대북 압박정책을 추진하였고, 중유 제공을 중단하고 경수로 건설사업 자체에 부정적인 입장을 견지하였다. 이에 북한 역시 부시 행정부의 이러한 태도는 제네바 합의의 틀을 와해하려는 것으로 인식하였고, 이에 대한 대응책으로 미국의 북한에 대한 제네바 합의 위반내용을 대내외에 알림으로써 미국의 압박을 피하고 국제사회의 동의를 구하고자 하였다.

경색된 북미관계로 6자회담이 무기한 연기되고 국제여론의 악화로 KEDO 집행이사국들은 2005년 11월 21-22일 뉴욕에서 집행이사회를 열어 경수로 사업을 종료한다는 데 원칙적인 의견접근을 이루었고, 2006년 6월 1일 경수로 사업 종료를 최종 선언하였다. 2006년 6월 1일에 KEDO와 북한이 경수로 공급 협정을 체결한 지 10년 6개월 만에 사업이 종료되었다.

2005년 11월 집행이사회의 경수로 사업 종료에 대한 의견 접근에서 최종 경수로 사업 종료의 최종 합의에 이르기까지 7개월이라는 시간이 소요되었고, 집행이사국 간 경수로 사업 청산방안 협의과정에서 주요 쟁점은 1) 청산비용 부담문제와 2) 기자재를 인수할 한전이 과다이익을 얻을 경우 어떻게 처리할 것인가가 주요 쟁점이었다.

협상 초기 한국 정부는 한 · 미 · 일 3국 간 균등 분담안을 제시하였으나 미국과 일본은 법적인 '면책'을 주장하면서 재정부담을 거부하였다. 이에 따라 한국 정부는 주계약자인 한전이 기자재를 인수하는 대신 청산비용을 부담하는 것을 내용으로 하는 일괄(package deal) 청산방안을 제시하였고, 이 방안이 해결책으로 채택되었다.[27] 이 방안은 청산비

27) 한전은 "2억 달러 정도로 추정되는 정산비용을 모두 부담하더라도 기자재의 적절

용 부담에 대한 집행이사국의 법적 의무가 모호한 상태였고, 특히 집행이사국 모두 추가로 비용을 부담할 수 없는 실정에서 유일 최선의 대안이었기 때문에 쉽게 합의에 이를 수 있었다.

그러나 청산방안을 합의한 이후 일본과 EU는 한전의 과다이익 발생을 경계하면서 이의 처리문제를 지속적으로 제기하였다. 이에 대해 우리 측은 한전의 과다이익뿐만 아니라 손실 발생시에도 KEDO가 책임져야 한다는 논리로 설득, 결국 "기자재 및 청산비용 처리는 공정하고 형평성 있는 방식으로 한다"고 하는 선에서 최종 합의하였다. 이와 같은 합의와 결정에 따라 경수로 사업 청산과 관련한 한국 정부의 추가적인 재정부담이 없게 되었을 뿐만이 아니라, 주계약자인 한전 또한 원전 관련 기자재와 기술문건(약 8.33억 달러 투입)을 인수, 이를 활용 · 처분하게 되었다.[28]

이상 북한의 핵개발 의도와 경수로 건설사업의 전개과정 및 종료까지 살펴보았다. KEDO 경수로 건설사업은 북한이 평화적 의도, 즉 에너지 문제 해결을 위한 핵개발이라고 주장하지만[29] 국제정세에 엄청난 파급효과를 지닌 북한의 핵개발을 저지하고 북한이 요구하는 에너지의 공급을 위해 시행된 사업이라고 간략하게 정리할 수 있다.

한 재활용처나 매각방안을 찾을 경우 청산비용 회수가 충분히 가능할 것으로 판단하고 있다"고 밝혔다. 세계일보, 2006년 6월 2일자, www.segye.com(검색일 : 2006. 8. 1).

28) 통일부 통일뉴스, http://unikorea.news.go.kr(검색일 : 2006. 8. 29).

29) Tae-Hwan Kwak, "Resolving the North Korean Nuclear Issue through the Six-party Process : A creative formula," *The Journal of East Asian Affairs*, Vol. 20, No. 1 (Spring/Summer, 2006), p. 1.

또한 KEDO 경수로 건설사업이 우리에게 시사하는 바는 다음과 같이 요약할 수 있다. 먼저 긍정적인 측면에서 보면 경수로 사업을 통해서 북한이 남북 경협의 필요성을 인식하게 되어 금강산관광 사업 및 개성공단 개발 등 경협이 확대 · 발전하는 계기가 되었다는 점이다. 또한 경수로 사업과 관련하여 체결된 각종 협정 · 의정서 등 제도적 장치가 여타 분야 협력사업의 법적 · 제도적인 틀 구축에 영향을 주었다고 볼 수 있겠다.[30]

둘째, 북한과 한국 그리고 국제사회와의 신뢰관계가 구축되지 않은 상태에서 시작된 경수로 사업은 결국 상호 불신으로 끝나고 말았다는 것이다. 북한으로서는 체제수호의 마지막 수단인 핵개발을 에너지 공급과 맞바꾸는 조건은 쉽게 수락하기 어려운 사업일 것이다. 따라서 북한의 핵개발 포기에 이르기 전에 북한과 관련국들이 신뢰를 쌓을 수 있는 사업부디 점진적으로 시행되어야 한다.

셋째, 북한의 에너지난을 해소하기 위해 남북한 협력과 국제사회의 원조가 있다 하더라도 북한의 확고한 의지가 없으면 에너지 협력이 어렵다는 점이다. 따라서 북한은 국제사회의 지원규모에 따라 자신의 대외개방과 개혁을 의지를 조금씩 현실화시킬 필요가 있다. 그리고 국제사회의 에너지 지원도 북한의 개혁개방을 추동할 수 있도록 기획되어야 할 것이다. 이러한 에너지 지원사업의 궁극적인 목적 없이 시행된 경수로 건설 종료에서 보듯이, 북한에게 시급한 전력을 공급하기 위해 시행된 사업이지만 북한의 핵개발 재개와 미사일 발사 등으로 경색된 국제여론으로 결국 소기의 목적을 달성하지 못했다.

---

30) 통일부 통일뉴스, http://unikorea.news.go.kr(검색일 : 2006. 8. 29).

넷째, 경수로 사업의 종료로 남북협력기금의 경수로 계정에서 투입된 11억 3,700만 달러[31)]의 투자재원 손실과 그에 따른 변제문제가 제기되고 있다는 점에서 아직까지 제도적 장치가 미흡함을 보여준다. 따라서 앞으로 대규모 에너지 사업보다는 소규모에서 출발하여 점진적으로 에너지 사업을 확대하는 것이 필요하고, 이 과정에서 각종 리스크에 대한 해결방안에 있어서 법적 · 제도적 틀을 보다 확고히 구축해야 할 필요가 있다.

2. 북한 전력 공급을 위한 송배전망 건설계획의 의의

2006년 6월 1일 KEDO 집행이사국은 대북 경수로 건설사업을 종료함을 공식적으로 발표하였다. 이후 북한 핵문제를 비롯하여 에너지난 역시 미결의 과제로 남아 있는 실정이다. 그리하여 노무현 정부는 탈냉전 후 변화된 안보환경에 대한 새로운 인식 아래 6 · 15 공동선언 이후의 남북관계 진전을 바탕으로 한반도 안보환경의 개선, 즉 '한반도 평화의 제도화' 를 추구하고 있다. 그 일환으로 평화번영 정책의 기조를 바탕으로 하고 북한 핵문제를 조속하고 주도적으로 해결하고자 대북 송전제안(중대 제안)을 마련한 것이다.

---

31) 현재 신포 경수로 사업에 투입된 비용은 모두 15억 6,200만 달러로, 이 가운데 한국이 11억 3,700만 달러, 일본이 4억 700만 달러, EU가 1,800만 달러를 부담하였으며, 미국은 사업비 대신 북한에 중유를 제공하였다.「세계일보」. 2006년 6월 2일자. http://www.segye.com(검색일 : 2006. 8. 1).

노무현 정부의 '중대 제안'이란 북한이 핵폐기에 합의하면 현재 중단된 경수로 건설을 종료하는 대신 한국이 독자적으로 북한에 200만 kw 전력을 '송전방식'으로 직접 제공하는 것이다. 또한 전력을 제공할 수 있도록 송배전선로 건설에 즉각 착수하면서 이후 공사를 진행하여 3년 이내(2008년 이후)에 핵폐기와 동시에 송전방식에 의한 전력을 무상으로 공급한다는 내용이다.[32] 이에 노무현 정부는 2005년 7월 19일 중대 제안을 구체적으로 준비하기 위한 정부 내 대북송전추진기획단을 공식 출범시켰다.

이에 대해 미국은 '적극적이고 창의적인 안(案)'이라는 반응을 보이고 있다. 이 점에 있어서 2005년 7월 29일자 국민일보는 '2008년이란 시한을 정함으로써 북 핵 해결의 기간이 짧고, 어떤 형식으로든 대북송전 컨트롤을 확보함으로써 북한을 견제할 수 있으며, 핵확산 위험이 없는 비핵 에너지라는 점 때문'이라고 해석하고 있다.[33] 반면 당사국인 북한은 대북 송전계획의 수용 여부에 대해서 아직 공식적인 입장을 밝히지 않은 상태이다. 이는 한국의 전력에 전적으로 의지해야 하는 상황이 초래할 수 있는 에너지 안보에 대한 취약성으로 인해 선뜻 수용하기 어려운 입장이기 때문이라고 분석된다.

현재 한국전력공사는 북한 개성산업공단에 철탑 등을 통한 대규모 송전 공급 대신에 전신주를 통한 소규모 배전방식으로 전력을 공급하고 있다. 이를 통해 공급되고 있는 전력량은 개성공단 시범단지 2만

---

32) 대북 송전로와 변환설비 건설비용은 경수로 건설에 추가적으로 들어가는 24억 달러로 충당하겠다고 함.

33) 강정민, "'대북 송전' 정밀분석," 『주간동아』, 2005년 9월호, pp. 2－3 참조.

8,000평에 1만 5,000kw이며, 이를 위해 남북한 사이에 2만 2,900V 배전 선로를 건설하였다.[34)]

대북 송전이 이루어진다는 가정 아래 산술적인 측면에서 전력 공급을 분석해 본다면, 약 770만 kw로 추정되는 북한의 발전설비 중 실제 가동되는 것은 250만kw 내외인 북한의 전력 공급 규모는 2배 가까이 증강될 것임이 예측된다. 또한 경수로 사업이 중단되었기 때문에 경수로에 의한 전력공급 방안보다 한국에서 송전지원을 받는 것이 더욱 효율적이라는 관점에서 볼 때, 대북 전력 공급안은 북한의 에너지난을 해소하는데 보다 실효성 있는 방안이라고 보인다.

그러나 일각에서는 다양한 이견이 제시되고 있는데, 북한의 전력 공급 방식이 과거 일제시대의 낡은 방식을 그대로 사용하고 있고, 여타 제반 조건들이 국제기준과 달라 대대적인 대규모의 송 · 배전 선로와 변전소 설비가 대대적으로 구축되어야 할 필요성이 있다고 말한다. 또한 전력 공급에 따른 비용문제에 대한 논의도 다양하게 제기되고 있기에 이에 대한 논의들이 신중하게 다뤄질 필요성이 있을 것이다. 그리고 한국 내에서도 이 '중대 제안'에 대한 의견 역시 분분한 상태이며, '중대 제안' 이후 개최된 6자회담과 2005년 9월 19일 공동성명에도 이를 언급했으나 현 시점에서 이행계획에 대한 윤곽이 잡혀 있지 않은 상태이다.

따라서 노무현 정부와 여당에서는 2006년 6월에 2007년도 예산안 시안에 포함돼 있던 남북협력기금 내 대북 송전사업 관련 예산을 정식 예산에 포함시키는 것을 일단 유보하고 단계적으로 반영하기로 결정하였다. 또한 이 제안은 전력 생산비가 비싼 한국에서 생산된 전력을 상

---

34) 세계일보, 2005년 7월 2일자, http://www.segye.com(검색일 : 2006. 8. 1).

대적으로 낮은 생산비를 가진 북한에 지원하는 방식이다. 따라서 경제적 효율성이라는 측면에서 본다면 북한에서 생산하는 것보다 효율이 떨어진다.

북한의 에너지 정책도 자력갱생의 원칙으로 진행되어 왔다. 그런데 북한이 자국에서 필요한 에너지가 아닌 타국에 의존한다는 것은 그들의 원칙에 맞지 않는 방안이다. 북한으로서는 한국으로부터의 송전에 의지해서 안보적 요소가 강한 핵개발을 포기하기는 어려울 것으로 보인다. 대북 송전방식은 남북 에너지 협력이나 북한 핵개발 포기를 위한 주동력으로 활용하기보다는 보조 동력으로 활용하는 것이 필요할 것이다.

Ⅳ. 에너지 협력의 기본 방향 및 방안

1. 에너지 협력의 기본 방향

남북한 에너지 협력의 안정성과 지속성을 위해서는 다양한 변수들을 고려하여 진행되어야 한다. 첫째로 고려되어야 할 사항은 남북 에너지 협력의 군사 안보적인 측면이다. 현실적으로 북한에 대한 에너지 협력이 국제사회의 일방적인 지원에 가까운 형식을 띨 수밖에 없는 상황이다. 이때 북한에 대한 에너지 지원이 한반도의 긴장상태를 악화시키거나 북한의 한국에 대한 군사적 위협이 증가하는 쪽으로 전개되어서는 안 될 것이다. 따라서 남북 에너지 협력은 남북관계의 발전 정도에 따라 그

수위를 조절할 필요가 있다.

둘째, 남북 에너지 협력이 안정적이고 장기적으로 추진되기 위해서는 먼저 남북한 모두의 국내 지지를 얻을 필요가 있다. 에너지 협력에서 추진되는 사업들은 초기에 대규모 설비투자가 요구된다. 기존의 대북협력 사업에서 나타나고 있는 '퍼주기' 식의 시혜성의 원조가 계속된다면 지속적인 남북협력이 어려울 수 있다.[35] 양자 간 상호주의 원칙에 입각하여야 상호 이익을 도출할 수 있어야 보다 발전적인 에너지 협력을 이루어 나갈 수 있을 것이다. 그러나 현실적으로 남북 에너지 협력에서 한국과 상호 교환 할 수 있는 에너지 자원이 부족하다는 점을 고려하여 엄격한 상호주의보다는 '비대칭적 상호주의'를 고려할 필요가 있다. 즉 한국이 먼저 북한이 시급히 필요로 하는 에너지를 지원하고, 이후 북한에 대해 상응하는 조치를 요구하는 것이다. 특히 'Logroll' 방식을 적극

35) 협상의 관점에서 협력을 살펴보면 크게 두 가지 단계로 구분된다. 교섭의 단계(bargaining)와 승인의 단계이다. 국내의 튼튼한 지지와 동의를 바탕으로 한 교섭은 공개교섭이므로 다양한 국내의 요구로 인해 합의 자체를 이끌어내는 데 어려움이 있다. 반면 비공개 교섭은 당사자 간의 동의를 얻어내는 데는 유리하다. 그러나 이후 승인과정에서는 비공개 교섭은 국내의 승인을 받기가 어려운 측면이 많다. 협상을 하는 당사자들은 합의 결과가 상대의 국내 승인을 받기 어렵다고 판단된다면 진지하게 협상에 임하기 않는 경향이 있다. 이러한 경우, 협상 테이블은 협상 이외의 목적을 위해 활용되는 경우가 많이 있다. 지금까지 남북협력 혹은 협상이 합의를 이끌어내고도 실행되지 못한 사례가 많고, 또 협상 자체가 합의 도출을 위한 장소가 아니라 정치적 선전이나 상호 비방의 장이 된 것은 남북 서로가 합의내용이 실현되기 어려울 것이라는 가정에 바탕한 것이라 할 수 있다. 이러한 측면에서 본다면 남북 에너지 협력은 국내의 지지를 바탕으로 이루어져야 하고, 이를 통해 건설적인 방안을 모색할 수 있을 것이다.

적으로 수용할 필요가 있다. 즉 한국의 에너지 지원 대가로 북한은 에너지 부분이 아닌 한국이 필요로 하는 다른 분야에서 한국의 이익을 실현시켜 줄 필요가 있다. 이를 통해 한국 내 여론의 반대를 막을 수 있을 뿐만 아니라 지속적인 남북교류 협력의 기반을 달성할 수 있을 것이다.

셋째, 남북 에너지 협력은 경제적인 측면에서 남북한 모두에게 이익이 되는 방향으로 진행되어야 한다. 비교우위와 남북한 에너지 생산비를 고려하여 경제적으로 가장 합리적인 협력방안이 모색되어야 할 것이다. 다시 말해서 남북 에너지 협력이 민족의 공동이익을 실현할 수 있게 진행되어야 한다. 한반도 주변의 변화하는 에너지 자원의 공급 및 교역 환경을 남북한이 공동으로 대처해야 공동이익이 실현된다는 점을 인식해야 한다. 동북아지역은 자원 보유국과 자원 소비국 및 선진국과 중진국, 후진국이 혼재하고 있어 다양한 경제구조를 갖는 잠재력이 큰 시장이다. 한반도는 이러한 동북아의 중간지점에 위치하고 있고, 노력 여하에 따라서는 동북아와 동남아 에너지 시장의 가교역할도 가능하다. 남과 북이 이러한 지역적 장점을 활용하고 상호 간 비교우위를 보완하여 공동으로 동북아를 비롯한 아시아 시장에 진출한다면 양측 모두의 에너지 산업 발전에 크게 기여할 것으로 예상된다.[36]

넷째, 통일에 대비한 장기적인 협력방안이 모색되어야 한다. 남북 에너지 협력은 장기적인 관점에서 남북 통합시 발생할 수 있는 여러 문제와 이에 수반되는 통합비용을 최소화할 수 있다. 남북 통합시 에너지 부문의 실질적인 통합구조를 구축하는 데 있어서 시행착오와 경제적 손실이 있을 수 있다. 따라서 현재부터 남북한 에너지 협력 구축방안을

---

36) 에너지경제연구원, *op. cit.*, pp. 245－246.

체계적으로 수립하고 모색하는 과정이 향후 남북 단일 경제권 형성을 위한 준비단계로서 그 역할을 다할 수 있을 것이다.

다섯째, 남북 에너지 협력은 통일정부의 미래상과 관련하여 진행되어야 한다. 먼저 한국 내에서 통일의 기준 혹은 척도에 대한 국민적인 합의가 있어야 하고, 또한 통일정부의 미래상에 대해서도 국민적 합의가 이루어져야 한다. 본 연구에서는 먼저 지금까지 논의를 종합해서 다음의 각도에서 통일의 정의와 통일정부의 미래상을 정의하고자 한다. 즉 통일은 자유왕래가 실현되는 시점을 말하는 것이다. 그리고 통일 정부의 미래상은 시장경제와 다원민주주의의 원칙이 실현되는 정체여야 한다. 남북한 에너지 협력도 이러한 통일정부의 미래상에 기초해야 북한에 시장경제와 다원민주주의를 유도할 수 있는 방식으로 진행되어야 할 것이다.

여섯째, 남북 에너지 협력은 한반도 이해당사국들의 합의와 동의를 바탕으로 이루어져야 한다. 에너지 경제연구원의 조사에 의하면 북한의 691만 kw를 회복하기 위한 단순 개보수 비용으로 총 2조 3,585억 원이 소요되고, 송배전을 위한 설비를 개보수하는 비용도 3조 4,354천억 원이 달할 것으로 예상하고 있다.[37] 막대한 기금이 소요되는 남북 에너지 협력을 위해서는 한국 정부의 경제력만으로는 부족하다. 국제협력을 위해서는 IMF, World Bank, ADB 등의 국제금융기관의 협력이 필요한데, 미국과 일본은 대주주로 역할하고 있다. 최근 북한의 미국과 일본과의 관계가 악화되고 있어 북한과 이들 국가 간의 관계 정상화가 중요한 요인으로 등장하고 있다. 설령 한국 정부의 능력만으로도 가능하다 할지

37) 양의석 "북한 에너지 부족의 실체와 남북한 에너지 협력 가능성," 『에너지 포커스』 제1권 7호(에너지연구원, 2004).

라도 남북 에너지 협력이 통일 기반사업이라는 점을 염두에 둔다면 주변국들의 동의를 바탕으로 진행되는 것이 더욱 바람직하다. 특히 북한과 안보적인 대치관계에 있는 미국과 일본의 동의와 이해를 구하는 것이 중요하다. 미국과 일본은 대북 에너지 사업에 필요한 자금지원에서 중요한 역할을 할 수 있기 때문에 이들에 대한 국제적 협력이 더욱 중요하다 할 것이다.

남북한 에너지 협력의 당위성을 바탕으로 한 남북한의 효율적인 에너지 협력의 기본전략은 첫째 남북 에너지 협력이 한반도 긴장을 완화하는 방향으로 진행되어야 하며, 둘째 상호주의의 원칙에 따라 진행되어야 하고, 셋째 남북 경제이익이 극대화되는 방향으로 진행되어야 한다. 넷째 통일 정부의 미래상에 충실한 지원이 되어야 하며, 다섯째 국제적 협력을 바탕으로 이루어져야 한다는 것이다.

2. 단계별 남북 에너지 협력방안

레위키(Lewicki)는 매우 상이한 이해관계를 가진 당사자들 간의 협상에서 공동이익을 극대화하는 방안을 제시하고 있다. 이 중에서 레위키가 강조하는 원칙들은 다음과 같다. 첫째 공동협력을 통해 전체 이익을 크게 하고(Expanding pie), 둘째 상호 우선 순위에 있는 항목을 교환하며(logroll), 셋째 우선 순위에서 차선의 것을 선택한 상대에 대해 보상하는 방법(cut the costs for compliance)을 제시하고 있다.[38)]

---

38) Lewicki, R., B. Barry, D. Saunders and J. Minton, *Essentials of Negotiation*(fourth

레위키의 제안을 바탕으로 남북교류 협력방안을 모색해 보면 다음과 같다. 우선 남북한의 공동이익을 실현하기 위해서는 상호 간의 정보교환이 중요한 역할을 한다. 정보는 올바른 협력의 방안과 건설적인 협력방안을 고안하기 위해 가장 시급한 것이다. 그러나 현실적으로 볼 때 북한 에너지 실태에 대한 정보가 부족한 실정이다. 예를 들어 지하에 매설되어 있어 북한의 송배전 시설의 복구를 위해서 얼마의 자금이 필요한지 정확한 데이터를 구하기 어려운 실정이다. 또한 북한의 발전소 중 어느 곳에서 어느 정도의 보수가 필요한지에 대한 정보도 부족하다. 또한 북한의 광산의 경우 침수와 장비지원이 필요하다는 요구가 있지만 그 규모를 측정하기는 어려운 실정이다. 따라서 남북한은 먼저 이러한 조사사업부터 진행할 필요가 있다. 그러나 이러한 조사사업마저 국가 기간산업을 적대국에게 공개하는 것이므로 북한은 조심스러울 수밖에 없다. 따라서 먼저 한국이 에너지 협력을 위해 먼저 공급을 시행하고, 이 대가로 북한 지역에 대한 에너지 실태조사를 요구하는 것이 바람직하다.

둘째, 남북한의 협력에서 상호주의를 실시한다고 할 때, 한국의 에너지 공급에 대해서 북한이 현금으로 지불할 능력이 부족한 것이 현실이다. 이 경우 북한은 현금이 아닌 한국이 필요로 하는 것, 즉 한국이 우선 순위를 두고 있는 것을 제공하는 방법이 있을 수 있다. 즉 한국의 에너지 공급에 대해 북한은 한국 정부가 원하는 긴장완화, 남북 이산가족 상봉, 국군 포로 및 납북자 가족 상봉 혹은 고향방문을 그들의 우선 순위에 따라 상호 교환하는 방식이다. 특히 한국이 대북 에너지 지원에서 가장 원하는 것은 한반도에서 긴장완화이다. 특히 북한의 핵개발과 미사일 개

---

edition) (McGraw-Hill, 2005).

발이 가장 중요한 우선 순위에 있다. 북한의 경우 이 주제는 체제수호와 밀접한 관계가 있는 것이므로 최후에, 그리고 고가의 대가를 받고 가능한 것이라 할 수 있다. 따라서 북한 미사일과 핵개발은 북한의 에너지 문제가 완전히 해결되는 시점에서 논의하는 것이 필요하다. 이 과정에서 한국과 북한은 상호 수용 가능한 제안을 하고, 어려운 제안에 대해서는 순응 비용을 줄여줄 수 있는 방법을 적극 모색해야 할 것이다.

남북 에너지 협력은 위의 기본 협력방안을 바탕으로 진행되는 것이 바람직하다. 현재 남북 간의 군사적 긴장이 해결되지 않는 상태이고, 북한의 미사일 시험발사와 위폐문제 등으로 북미 간 관계가 악화되고 있으며, 납치자 문제로 북한이 일본과 갈등관계에 있다는 점을 염두에 둘 때 대규모 남북교류는 어려운 것이 현실이다. 따라서 현재 가능한 분야부터 먼저 점검하고, 남북관계의 발전과 미-북, 미-일 간의 관계 정상화 과정을 살피면서 진행하는 것이 바람직하다.

가장 협력이 용의한 부분부터 시작해서 어려운 부분까지 확대해 가는 단계적 남북한의 에너지 협력방안의 대강은 〈표 5〉에 제시하였다. 우선 수급상황을 고려할 때 가장 쉬운 협력분야는 무연탄과 중유 교환사업이다. 무연탄의 경우 한국은 과잉 생산상태에 있다. 1988년까지 한국 에너지 공급의 20%를 차지하던 무연탄은 이후 사용이 급격히 줄어들어 2002년에는 단지 1.9%에 불과하다. 무연탄 산업에 대한 대규모 구조조정이 단행되었으나 현재 막대한 규모의 무연탄 재고는 한국 에너지 산업에 막대한 비용부담이 되고 있다. 2003년 현재 무연탄 재고는 1천만 톤 이상으로 추정되고 있으며, 이 중 60%가 중앙정부의 관리 하에 있다.[39)]

---

39) 양의석, *op. cit.*, p. 14.

〈표 5〉 남북 에너지 협력의 단계적 방안

	대북 협력 방안	북한의 대응
1단계	• 무연탄 공급 • 중유 공급	• 이산가족 상봉 확대 • 남북철도 연결 • 남북경협 확대 • 에너지 실태 조사사업
⇩		
2단계	• 전력지원사업 • 북한 광산복구 지원	• 지하자원 공급
⇩		
3단계	• 북한 발전소 건설 지원 • 북한 정유시설 건설 지원	• 건설재(시멘트와 모래) 공급
⇩		
4단계	• 북한 발전소의 개-보수 • 북한 송배선 개-보수	• 국군 포로의 한국 방문 • 납북자의 한국 방문
⇩		
5단계	• 경수로 지원	• 미사일 발사 중지 • 핵동결 및 폐기

한해 200만 톤을 공급하는 경우 5년간 공급이 가능하며, 북한 전력 36억 khw를 지원할 수 있다.[40] 유휴 무연탄을 북한의 발전소 발전용과 가정용 난방으로 공급하는 방법은 한국의 단독 사업으로 추진 가능한 사업이다. 그러나 무연탄 공급사업은 해상 및 육로 수송이 어렵다는 맹점을 가지고 있다. 특히 남북한 철도연결사업마저도 어려움을 겪고 있는 점을 감안할 필요가 있을 것이다.

무연탄 공급보다 효율적인 초기 공급은 중유의 공급이다. 한국의

40) 정오영. "북한의 산업 IV : 에너지산업," 『통일경제』 2000년 11월호(현대경제연구원, 2000), p. 43.

석유수요가 경질유 중심으로 확대되고 있어 잉여 중유의 양이 증대하고 있다. 2001년의 경우 총생산된 중유 2억 2100만 배럴 중에서 6,700만 배럴을 덤핑 수출로 해결하고 있지만 이마저도 갈수록 어려운 실정이다. 중유는 무연탄과는 달리 육상과 해상운송이 용이하며, KEDO의 기존 공급방식을 활용할 수도 있다.

중유와 무연탄은 가장 쉽게 시행할 수 있는 남북 에너지 협력사업이다. 이때 북한에 요구할 수 있는 대응조치로는 비안보적인 요소가 강한 사업이다. 즉 한국의 무연탄과 중유 공급의 대가로 비안보적인 성향이 강한 이산가족 상봉사업과 남북 철도연결 사업, 남북 경협사업 등의 확대를 요구할 수 있을 것이다. 이산가족 사업은 한국의 식량지원과 비료 지원 사업과 연계하여 그 규모의 확대를 요구할 수 있고, 남북 철도사업은 무연탄의 공급을 위해 필요한 사업이므로 북측에 자연스럽게 요구할 수 있는 사업이다. 또한 공급과정에서도 Salami 방법을 통해 북측의 대응 조치 여부에 따라 그 규모를 늘리는 것이 바람직하다. 특히 중유의 경우 군사용으로 전용이 가능하므로 KEDO에서 사용한 방법과 같이 공급지에서의 사용을 정기적으로 모니터하는 것도 필요하다.

중유와 무연탄 공급과정에서 한반도 주변국과 긴밀한 협조관계를 마련할 필요가 있다. 특히 국제협력이 크게 요구되지 않는 중유와 무연탄 공급사업이지만 이는 시범사업으로서 북한의 대응조치들과 태도가 차후 남북 에너지 협력과 국제협력의 기초가 된다. 남북 중유와 무연탄 협력의 성과와 그 영향력을 주변국에게 홍보함으로써 차후 진행될 사업에서 국제협력을 유도할 필요가 있다. 또한 이 사업과정에서 북한 에너지 실태를 조사하기 위한 국제조사단을 구성하여 북한 에너지 사업지원을 위한 국제적 연구를 진행할 필요가 있다. 이를 통해 북한 에너지 산업 회복을 위한 필요자금 규모와 국제적 협력방안이 구체적으로 논의될 수 있을 것이다.

두 번째 단계에서의 남북 에너지 협력방안은 전력부분의 교환사업과 북한 홍수와 부품 부족으로 생산의 차질을 야기하고 있는 광산에 대한 지원을 들 수 있다. 먼저 전력의 경우, 한국의 경우 최고 전력수요 시점은 하절기인 7-8월인 데 비해 북한은 동절기 12-1월이다. 또한 한국은 주간보다는 야간에 전력사용이 많은 특징이 있다. 우선 한국의 시간과 계절에 북한에 전력을 공급하는 방법을 찾을 수 있다. 이것은 한국이 가동률이 낮은 시기나 시간대에 북한에 많은 전력을 송전하고, 한국에서 과잉생산되고 있는 무연탄이나 중유를 북한의 발전용 연료로 제공하여 우리가 필요한 시간에 전력으로 공급받는 협력체계를 구축함으로써 효율적인 에너지 협력체계를 구축할 수 있을 것이다.[41]

두 번째 단계의 1단계에서 중유와 무연탄을 중심으로 한 '응급수혈'이었다면 2단계에서는 북한 스스로 에너지 자립을 어느 정도 달성할 수 있는 기반을 조성해 주는 것이 필요하다. 북한 광산은 홍수 피해와 원자재(광목 등)의 부족, 그리고 장비의 노후화와 부품의 부족으로 어려움을 겪고 있다. 북한 자체의 자립력을 높여주기 위해 1단계에서 착수된 국제공동조사단의 조사에 따라 북한 광산산업을 체계적으로 지원해 줄 수 있을 것이다.

두 번째 단계의 2단계에서 북한에 요구할 수 있는 사안은 한국의 지원과 북한에서 생산되는 지하자원 중 한국에서 필요한 마그네사이트, 철광석, 흑연, 우라늄 등을 전력 공급과 광산개발 지원사업의 대가로 교

41) *Ibid.*, pp. 250-253.

환하는 방법을 생각해 볼 수 있다. 특히 광산개발 사업으로 얻어진 생산물에 대해서 북한이 시급하게 필요한 것과 한국에서 시급하게 필요한 것을 구분하여 진행하는 것이 필요하다. 북한에서 에너지원으로 필요한 것은 북한지역에, 한국에서 필요한 것들은 한국에 우선 공급하는 방식도 생각해 볼 수 있다.

세 번째 단계 사업으로는 남북 에너지 교환사업을 들 수 있다. 국가마다 에너지 생산비가 차이가 있다. 한국의 토지보상 가격의 증가와 친환경적인 요인으로 인해 최근 에너지 생산비가 더욱 높아지고 있는 실정이다.

전력의 경우 한국은 시간대와 계절적 필요 전력을 공급하기 위해 발전소를 추가로 가동해야 하는 실정에 있다. 남북 간의 정치군사적 관계가 호전될 경우, 전력 생산비가 높은 한국에서 추가 발전소를 가동하는 것보다 북한지역에 화력발전소를 건설하여 한국의 전력 요구가 높은 시기에 북한의 전력을 사용하는 방식을 생각해 볼 수 있다. 발전소의 위치는 현재 개성공단 중심으로 남북한 교역과 시범사업이 활발한 곳을 중심으로 진행하는 것이 효율성이 높을 것이다.

이 단계에서는 정유부분의 협력사업도 상정할 수 있다. 한국에 풍부한 자본과 기술을 바탕으로 북한에 풍부한 입지와 노동력 등을 제공받아 북한 내에 정유공장을 건설하여, 거기서 생산되는 석유제품을 남과 북이 일정 비율로 나누어 갖는 합작투자를 고려할 수 있다. 이는 남북한의 석유제품 수요가 각각 다르기 때문에 보완해 줄 수 있다. 한국은 석유경질 제품의 수요가 많이 요구되는 반면에 중유 등 일부 제품은 공급과잉 상태에 있고, 북한은 향후 석탄의 대체 에너지로 중유제품의 빠른 수요 증가가 예상되기 때문이다.[42)]

이 단계에서 한국의 에너지 지원에 대해 북한은 한국이 필요한 골재를 대가로 지불하는 방법을 생각해 볼 수 있다. 북한에 대해 대동강 및 북한의 하천 유역의 모래와 자갈을 교환하는 방법이 있다. 발전소 건설과 정유시설은 막대한 금액이 필요한 사업이므로 한국의 일방적인 지원은 현실적으로 어려울 것이다. 따라서 북한은 한국의 건설부분에서 필요로 하는 모래와 자갈을 대동강을 비롯한 북한 하천에서 한국 자본의 투자로 가져오는 방법이 현실적이다. 특히 대동강의 간문으로 인해 유입되는 토사가 퇴적되어 홍수의 원인이 되고 있어 북한 하천개발은 북한의 홍수조절에도 도움을 줄 수 있다.[43]

현재 북한의 바다모래는 많은 양이 수입되고 있고, 수도권 필요량의 70% 이상을 충당하고 있는 실정이다. 2005년의 통계를 보면 576만 톤 이상의 북한산 모래가 수입되고 있으며, 2006년 8월까지 770만 톤이 수입되어 그 규모가 점차 확대되고 있는 실정이다.[44] 골재의 수송거리가 40km 이상이면 채취비용보다 수송비용이 많아지는 특성상 한국과의 교류를 활성화하는 것이 이익을 극대화하는 방편이 될 수 있다. 그러나 한국 수입업체 간의 경쟁으로 인해 많은 혼란이 야기되고 있다. 이를 정부차원에서 조정하여 합리적인 가격으로 공급하는 방향을 모색할 필요가 있을 것이다.

네 번째 단계에서는 북한 발전소의 개보수를 들 수 있다. 1단계 사

---

42) 에너지경제연구원, *op. cit.*, pp. 251-252.

43) 김광규 외, *op. cit.*, pp. 93-97.

44) 남북해상수송지원센터 http://nambuk.haewoon.co.kr/Nambuk/north. aspx(검색일 : 2006. 8. 29).

업과 함께 시작된 에너지 연구조사를 바탕으로 북한의 발전소 중에서 쉽게 개보수할 수 있는 지역과 새로 건설하는 것이 효율적인 곳을 등급별로 분류하여 개보수가 용이한 사업부터 추진할 필요가 있다. 또한 북한의 대외 개혁과 개방을 유도하기 위해 경제특구나 나진 · 선봉지역 중심으로 송–배선 개보수를 우선 실시할 필요가 있다. 기존 지하자원 교환과 건설제 교환에 덧붙여 한국의 국군포로 문제와 납북자들의 생사확인 및 가족방문을 요구할 수 있을 것이다. 북한이 한국의 납북자 문제에 대해 전향적인 자세를 보인다면 북–일 간의 납북자 문제 해결을 위한 단서를 마련할 수 있을 것이다.

다섯 번째 사업은 북한 경수로 사업 지원을 들 수 있다. 북한 경수로 사업은 경수로 건설에만 20억 달러가 소유되고 이후 송배전 시설까지 포함한다면 막대한 금액이 투자되는 사업으로 한국 단독으로 시행할 수 없는 사업으로 국제협력이 요구된다. 이 사업을 위해서 북한의 대 일본 청구권 자금을 활용하는 방안도 상정해 볼 수 있다. 북한은 협상에 따라 50–120억 달러를 얻을 수 있을 것으로 예상된다. 이를 북한 경수로 건설과 이와 관련된 송배전 시설 건설에 활용하는 것이다. 특히 일본은 현금이 아닌 현물로 지급할 가능성이 높다. 현물로 받을 경우 송배전 시설과 경수로 건설에 필요한 핵심 부품 구입으로 대체하는 방법도 상정해 볼 수 있을 것이다.

이를 위해서는 현재 북한 핵개발과 미사일 발사 및 납치자 문제로 냉각된 북–일관계가 정상화되어야 한다는 것을 전제로 하고 있다. 또한 이를 위해서는 북한의 핵개발 동결과 미사일 발사 유예조치가 함께 이루어져야 한다. 또한 경수로의 주요 부품이 북한지역에 전달되는 때에 맞추어 북한은 IAEA로부터 핵사찰을 수용하는 방법과 한반도 비핵화를 위한 노력을 보여주어야 할 것이다.

여기에서 한국의 외교적인 노력이 중요한 역할을 할 것으로 보인다. 특히 냉각된 북-미관계와 북-일관계를 정상화하기 위해서는 한국의 설득이 더욱 중요하다. 이를 위해 최근 냉각된 한-일관계와 전환기에 있는 한-미관계를 건설적인 방향으로 변화시킬 필요가 있을 것이다. 북한과 국제사회를 연결하는 매개자의 역할을 위해 앞에서 논의된 에너지 협력의 성과를 활용하고 북한이 연착륙할 수 있는 새로운 대안도 제시할 필요가 있다.

Ⅴ. 결론

에너지 부분은 북한 경제와 대외관계에서 침체와 고립을 야기한 핵심 사안이다. 북한 에너지 위기를 남북 협력을 통해 극복할 수 있다면 단기적으로는 한반도의 안정을 유지하고 장기적으로는 통일의 기반을 확충하는 방법이 될 수 있다.

본 연구는 북한의 에너지 위기가 주체사상에 입각한 자력갱생의 원칙에서 기인한 것이라는 것을 살펴보았다. 따라서 북한의 에너지 위기의 근본적인 해결을 위해서는 자력갱생의 원칙을 버리고 국제 경제협력을 통해 극복방안을 모색해야 할 것이다. 그러나 현실적으로 북한이 그들이 지배 이데올로기인 주체사상에서 벗어난 정책을 추진하기는 어려울 것으로 보인다. 따라서 남북 에너지 협력은 한국의 주도로 점진적으로 진행하되 개혁과 개방이 경제 현실을 극복하는 방안임을 북한 스스로 인정할 수 있도록 진행되어야 한다.

이러한 관점에서 보면 기존 KEDO의 경수로 사업과 한국의 중대 제안으로 제시한 200만 kw의 대북송전 제안은 실현이 어려운 사업이라 할 수 있다. KEDO의 경우는 상호 신뢰와 제도화가 이루어지지 않은 상태에서 점진적인 방식이 아닌 경수로와 북한 핵 프로그램을 교환하는 최종목적에 기초한 것으로 성공이 어려웠다. 한편 대북 송전 제안은 전력 생산비가 비싼 한국에서 북한에 송전하는 방식으로 경제적 효율성에 맞지 않았다. 또한 북한이 자국에서 필요한 에너지가 아닌 타국에 의존한다는 것은 그들의 원칙에 맞지 않는 방안이다.

기존 사업의 한계를 바탕으로 본 연구는 다음의 남북 에너지 협력 원칙을 제시하였다. 첫째 남북 에너지 협력이 한반도 긴장을 완화하는 방향으로 진행되어야 하며, 둘째 상호주의의 원칙에 따라 진행되어야 하고, 셋째 남북 경제이익이 극대화되는 방향으로 진행되어야 한다. 넷째, 통일정부의 미래상에 충실한 지원이 되어야 하며, 다섯째 국제적 협력을 바탕으로 이루어져야 한다는 것이다. 이러한 원칙 하에서 Logroll 방식에 입각한 다섯 단계의 점진적 남북 에너지 협력방안을 제시하였다.

남북 에너지 협력방안을 제시한 본 연구는 많은 한계점을 가지고 있다. 연구의 한계가 등장하는 원인으로는 연구자들의 역량 부족도 있지만 각종 통계와 정보의 부족에 기인한 것도 크다. 앞으로 북한 에너지 실태에 대한 구체적인 정도들이 수집됨에 따라 보다 구체적이고 정교한 방법도 제시되어야 할 것이다.

남북 에너지 협력은 민족문제일 뿐만 아니라 국제협력이 요구되는 사업이다. 최근 북한 미사일 시험과 핵실험 시사 발언으로 인해 남북 에너지 협력 자체가 난항에 빠지고 있는 느낌이 강하다. 긴장이 고조되는 상황에서 남북 에너지 협력을 위해서는 무엇보다도 우리 정부의 창의적이고 국제협력 지향적인 노력이 요구되는 시기이다. 차후 연구는 이러한 국제정세의 변화와 한국 정부의 노력도 함께 고려되어야 할 것이다.

●●● 참고문헌 ●●●

강정민. "'대북 송전' 정밀분석." 『주간동아』 2005년 9월호.

고성수. "프로젝트 파이낸싱에 대한 이해." 『토지연구』 제11권 제3호(한국토지공사, 2000).

김광규 외. 『남북 환경 및 에너지협력 활성화 전략 연구』(한국환경정책평가연구원, 2002).

김경술. 『북한 에너지 문제 해결을 위한 장단기 전략 연구』(에너지경제연구원, 2003).

김동엽, "남북한 에너지의 수급구조 및 협력방안." 『통일문제연구』(평화문제연구소, 1996).

김일수. "북미관계와 한반도 평화 ; 북한 핵 문제를 중심으로." 『대한정치학회보』 제11집, 2호(대한정치학회, 2003).

남궁영. "북한 핵 개발과 미국-북한의 생존전략과 미국의 세계전략을 중심으로." 『21세기 정치학회보』 제13권 2호(21세기정치학회, 2003).

대한무역투자진흥공사. 『북한의 대외무역동향』. 서울 : KOTRA, 2001.

류지철 · 김경술. "에너지 위기와 북한 당국의 대책." 『통일연구』 제9권 제2호(평화문제연구소, 2005).

방기열. "통일 대비 남북한 에너지 수급 분석." 『에너지경제연구원 민간출연보고서』(에너지경제연구원, 1999).

양문수. 『북한 경제의 구조』(서울 : 서울대학교 출판부, 2001).

양의석. "북한 에너지 부족의 실체와 남북한 에너지 협력 가능성." 『에너지 포커스』 제1권 7호(에너지연구원, 2004).

에너지경제연구원. 『동북아 에너지 협력 연구』(경기 : 에너지경제연구원, 2002).

에너지경제연구원. 『새천년을 향한 에너지산업의 도전』(경기 : 에너지경제연구원, 2000).
윤덕룡. "한반도 인프라 개발을 위한 재원조달과 국제협력." 『국토』 제289권(국토연구원, 2005).
이성수. "북한의 에너지 실태와 향후 과제." 『국토』 제285권(국토안보연구원, 2005).
이수훈. "북한 문제의 에너지적 차원." 『현대북한연구』 제6권 제1호(극동문제연구소, 2003).
장형수 · 이창재 · 박영곤. 『통일대비 국제협력과제 : 국제금융기구 활용방안을 중심으로』(서울 : 대외경제정책연구원, 1998).
정오영. "북한의 산업 IV : 에너지산업." 『통일경제』 2000년 11월호(현대경제연구원, 2000).
정우진. "북한의 전력 실태와 남북 협력 방안." 『통일경제』 제44권(현대경제연구원, 1998).
정우진. "남북 전력협력방안과 추진 관제." 『통일경제』 2005년 여름호.
조동호. "북한의 지역개발과 사회간접자본 확충을 위한 재원조달 방안." 『국토』 제227권(국토연구원, 2000).
통일교육원. 『북한이해』(서울 : 통일교육원, 2006).
통일부. 경수로사업 종료 및 청산 관련 해설자료, 2006.

David Von Hippel, Peter Hayes "Northeast Asian Energy Cooperation." *Regional Energy Infrastructure Proposals and the DPRK Energy Sector : opportunities and Constraints*(Nautilus Institute, 2003).
David Von Hippel, Peter Hayes, Masami Nakata, Timothy Savage, and Chris Greacen. "Modernizing the US-DPRK Agreed Framework : The Energy Imperative." *Nautilus Institute*(2001).
David Von Hippel, Timothy Savage, Peter Hayes. "The DPRK Energy Sector : Estimated Year 2000 Energy Balance and Suggested Approaches to Sectoral Redevelopment." *Nautilus Institute*(2003).
Lewicki, R., B. Barry, D. Saunders and J. Minton. Essentials of Negotiation (fourth

edition) (McGraw-Hill, 2005).

Paik, Keun-Wook. "Revitalising North Korea's Energy : Based on pipeline gas option." *LNCV-Korean Peninsular Stability and International Dialogue*(1-2 June, 2000).

Tae-Hwan Kwak. "Resolving the North Korean Nuclear Issue through the Six-party Process : A creative formula." *The Journal of East Asian Affairs*, 20-1 (Spring/Summer, 2006).

〈인터넷 자료〉

노틸러스 연구소 http://www.nautilus.org (검색일 : 2006. 8. 7)

미국 에너지정보 행정국 http://www.eia.doe.gov (검색일 : 2006. 8. 7)

세계일보 http://www.segye.com (검색일 : 2006. 8. 1)

연합뉴스 http://www.yna.co.kr (검색일 : 2006. 8. 1)

통일부 통일뉴스 http://unikorea.news.go.kr (검색일 : 2006. 8. 29)

통계청 통계정보 시스템 http://www.serch.nso.go.kr (검색일 : 2006. 8. 1)

한국일보 http://news.hankooki.com (검색일 : 2006. 8. 1)

남북해상수송지원센터 http://nambuk.haewoon.co.kr/Nambuk/north.aspx

저자 소개

- 김규륜

통일연구원 선임연구위원
서강대학교 외교학과 학사
Northwestern University 정치학과 석사 및 박사

[저서 및 논문]
Energy Cooperation with North Korea(Seoul : KINU Press, 2005).
"Regional Cooperation in East Asia : Suggestions for Future Development," *New Asia* Vol. 12, No. 2(Summer 2005).
『북한의 국가위험도 측정모델 개발연구』(서울 : 통일연구원, 2002).

- 김일수

충북대학교 정치외교학과 부교수
미국 Eastern Kentucky University, 정치학 학사 및 석사
미국 Miami University 정치학 박사

[저서 및 논문]
"President Bush and North Korea," in Robert M. Hathaway & Wilson Lee eds., *George W. Bush and East Asia*(Washington D.C. : Woodrow Wilson International Center for Scholars, 2005).
"A Comparative Analysis of President Clinton and Bush's Handling North Korean Nuclear Weapons Program: Power and Strategy," *Pacific Focus*, 2004.
"Clinton, Korea, and Presidential Diplomacy," *World Affairs*(Summer 1999).

- 김재두

한국국방연구원 에너지안보실장, 대외협력실장 및 KIDA PRESS실장 역임
육군사관학교, 한국외국어대학교 체코어과 졸업
한국외국어대학교 정치학 석사 및 박사

[저서 및 논문]
『이란을 읽으면 북한이 보인다』(한국경제신문, 2007).
『오일 100달러 시내는 오는가』(김&정, 2006).
『2025 미래대예측』(김&정, 2005).
『이라크전쟁 : 분석과 전망』(KIDA PRESS, 2003).
『미국의 대이라크확전 : 카스피해와 에너지안보』(KIDA PRESS, 2002).

- 류동원

국방대학교 안보대학원 국제관계학부 교수
1995년 국립대만대 정치학연구소 박사과정 수료
1999년 북경대 국제관계학부 박사

[저서 및 논문]
"중국의 다자안보협력에 대한 인식과 실천 : 상하이 협력기구(SCO)를 중심으로," 『국제정치논총』(2004. 12).
"21세기 중국외교정책 : 연속성과 변화," 『대한정치학회보』(2003. 9).

『21세기 미중관계 : 적인가 동반자인가』(신지서원, 2004).

– 박상현

연세대학교 동서문제연구원 연구교수
한국외국어대학교 서반아어학과 학사
미국 University of Tennessee at Knoxville, 정치학 박사
한국외국어대학교 중남미지역학과 정치학 석사

[저서 및 논문]
"비대칭 분쟁과 약소국의 선택 : 전망이론의 관점에서 본 포클랜드 전쟁," 『국제정치논총』(2007. 3).
"Prospect Theory and the October War in Middle East," 『세계지역연구논총』(2006. 12).
"후세인의 전쟁 선택요인에 대한 인식론적 고찰 : 1차 걸프전과 사담 후세인의 선택을 중심으로," 『한국중동학회논총』(2005. 1).
"Peace Regime in Korean Peninsula and 'peace and prosperity policy' : theoretical debates," in Peace and Prosperity Policy and Peace Regime on the Korean Peninsula : the Limits of Coercive Diplomacy in Korean Peninsula (Seoul : IEAS, 2005).
"초기 대북포용정책의 전망이론(Prospect Theory)적 함의," 『북한연구』(2005. 12).
"Mediator Makes Difference : the Role of South Korea in Six Party Talks," *East Asian Review*(2005. 6).
"지렛대 이론의 시론적 적용 : 1994 년 북한 핵위기를 중심으로," 『극동문제』(2005. 1).

– 이재승

현 고려대학교 국제학부 조교수
서울대학교 정치학과 졸업
예일대학교 정치학 석사 및 박사

[저서 및 논문]
『프랑스 사회주의의 패러독스 : 미테랑 정권의 환율정치』(인간사랑, 2005).
『동북아 에너지공동체 형성을 위한 분석틀의 모색』(외교안보연구원, 2004).
"에너지 안보와 동북아 협력 : 하위정치이슈에 대한 상위정치적 접근," 『국제지역연구』 Vol. 14, No. 1(2005년 봄호).

- 이준범

한국석유공사 조사연구팀장
고려대학교 정경대학 정치외교학과 졸업
미주리 주립대 정치학과 석사 및 박사

[저서 및 논문]
"북한 석유 문제의 대외적 요인," 『통일문제연구』(2002. 상반기호).
"러시아 동시베리아 송유관 건설 정책의 국제정치경제," 『에너지경제연구』 제3권 제1호(2004. 6).
The Gas Dispute between Russia and Ukraine and its Implication for North East Asia, *Northeast Asia Energy Focus*, Vol. 3, No. 1(Feb. 2006).

- 장지호

한국외국어대학교 행정학과 조교수
고려대학교 사회학과 학사
미국 조지워싱턴대학교 국제관계학 석사
미주리주립대학교 정치학과 박사

[저서 및 논문]
"Assessing the Shifting Qualities of Democratic Citizenship : The Case of South Korea," *Democratization* 12(2), 2005.
"Does Political Instability Matter? U.S. Foreign Direct Investment Policy and Political Instability in Korea," *Korean Social Science Journal* 31(1), 2004.

"Economic Crisis and Its Consequences," *Social Indicators Research* 62－63, 2003.

– 정상화

연세대학교 동서문제연구원 연구교수
연세대학교 정치외교학과 졸업
미국 University of Missouri 정치학 박사

[저서 및 논문]
『경제발전과 정치환경의 한일 비교분석』(공서) (서울 : 집문당, 2003).
"經濟發展與傳統文化 : 以韓國爲例," 程偉 主編, 『經濟社會發展與傳統文化』(沈陽 : 遼寧大學出版社).
"체제 유지의 관점에서 본 북한 경제 개혁의 함의 및 평가," 국방대학교 안보문제연구소, 『국방연구』 48 : 2.
"Democratic Consolidation and Electoral Reform in Southeast Asia : The Philippines, Thailand, and Indonesia," *Global Economic Review* 33 : 4.
"Wriggling into Regionalism? Political Economy of Free Trade Agreement in Northeast Asia," 『국제정치논총』 43 : 5.
"The Differential Impact of the Economic Crisis on Thailand, Indonesia, and South Korea" (December 2002), *Current Politics and Economics of Asia* 11 : 4.

– 주재우

경희대학교 중국어학부의 조교수
미국 웨슬리언(Wesleyan Univ.) 대학 정치학 학사(국제정치 전공)
중국 북경대학교 국제관계학원, 국제정치학 석사 및 박사

[저서 및 논문]
"Energy Cooperation Problems in Northeast Asia: Unfolding the Reality," *East Asia: An International Quarterly*, Vol. 23, No. 3 (Fall 2006).
"중국의 에너지정책과 동북아협력문제," 『국제정치논총』 제44집 1호(2004).

“21세기의 중국 외교 : 에너지 외교?” 『대한정치학회보』 제10집 4호(2003).

협력과 갈등의 동북아 에너지 안보

초판1쇄 / 2008년 4월 30일

엮은이 **한국세계지역학회**
펴낸이 **여국동**
펴낸곳 **도서출판 인간사랑**
인 쇄 **백왕인쇄**
제 본 **은정제책사**

출판등록 1983. 1. 26. / 제일-3호

정가 20,000원

ISBN 978-89-7418-245-8 93340

(411-815) 경기도 고양시 일산구 백석동 1178-1
TEL (031)901-8144, 907-2003
FAX (031)905-5815
e-mail / igsr@yahoo.co.kr
igsr@naver.com